朝鮮常識問答續編

최남선 한국학 총서 23

조선상식문답속편

최남선 지음
이영화 옮김

景仁文化社

• 목차 •

2. 문학

3.도서

4.금석

조선상식문답속편

5. 음악

6. 연극

7. 서학

8. 회화

조선상식문답속편

일러두기

본 총서는 각 단행본의 특징에 맞추어 구성되었으나, 총서 전체의 일관성을 위해 다음 사항은 통일하였다.

1. 한문 원문은 모두 번역하여 실었다. 이 경우 번역문만 싣고 그 출전을 제시하였다. 단, 의미 전달상 필요한 경우는 원문을 남겨 두었다.

2. 저자의 원주와 옮긴이의 주를 구분하였다. 저자 원주는 본문 중에 ( )와 ※로 표시하였고, 옮긴이 주석은 각주로 두었다.

3. ( )는 저자 원주, 한자 병기, 서력 병기에 한정했다. [ ]는 한자와 한글 음이 일치하지 않는 경우와 한자 조어를 풀면서 원래의 한자를 두어야 할 경우에 사용했다.

4. 맞춤법과 띄어쓰기는 『표준국어대사전』의 「한글맞춤법」에 따랐다. 다만 시문(詩文)의 경우는 운율과 시각적 효과를 고려하여 예외를 두었다.

5. 외래어 표기는 『표준국어대사전』의 「외래어표기법」에 따랐다. 「외래어 표기법」의 기본 원칙은 현지음을 따른다는 것으로, 이에 의거하였다.

  1) 지명: 역사 지명은 우리 한자음으로, 현재 지명은 현지음에 따르는 것을 원칙으로 하였다.

  2) 인명: 중국은 신해혁명을 기준으로 이전의 인명은 우리 한자음으로, 이후의 것은 현지음으로 표기하였고, 일본은 시대에 관계없이 모두 현지음으로 바꾸는 것을 원칙으로 하였다.

6. 원래의 글은 간지·왕력·연호가 병기되고 여기에 일본·중국의 왕력·연호가 부기되었으나, 현재 우리에게 익숙한 시간 정보 규준에 따라 서력을 병기하되 우리나라 왕력과 연호 중심으로 표기하였다. 다만, 문맥상 필요한 경우에는 해당 국가의 왕력과 연호를 그대로 두었다.

7. 이 책에 수록된 사진은 모두 새로 작업하여 실은 것들로, 장득진 선생이 사진 작업 일체를 담당하였다.

서문

 조선인에게 빨리 조선 지식을 제공하려면 학교 · 강습회 · 도서관보다 쉬운 상식 문답 책이 더 먼저 필요하다는 생각으로 『조선상식문답』 1부를 출간하였다. 발행 이래로 이미 막대한 부수가 퍼져 우리의 자그만 뜻이 부질없지 않았음은 적이 다행으로 아는 바이다.

 그런데 이 전편 수록분 이외의 필요한 부분의 항목을 속편으로 만들어 달라는 요구가 날로 간절하여서, 우선 학술 · 문예 분야에 관한 일부 항목을 만들어 세상에 물어보기로 하였다. 내용이 고급 문화에 관한 것인 만큼, 어쩔 수 없이 서술 방법과 표현 문투가 전편보다 좀 어려워졌다. 조각, 건축, 일반 공예 등을 이 책에 거두어 모아 조형 미술 관계를 모가비로 보이게 하려 하였으나 지면 수에 구애되어 후일로 미루게 되어 못내 유감이다.

정해(1947) 유월 보름 소원(素園)에서

1

과 학

조선 과학사의 주축을 듣고 싶습니다

과학이란 모든 방면의 지식을 체계적으로 정리한 덩어리를 이르는 말이므로 너무 광범하여 과학 전체의 역사를 간단히 말하기는 어렵습니다. 그러나 보통 자연 과학만을 가리켜 과학이라 합니다. 또 근대 이전의 자연 과학은 과목이 그다지 많지 않습니다. 그래서 자연 과학에 한정하여 조선 과학사의 큰 줄거리를 추려서 개괄적으로 이야기할 수 있을 것입니다.

무릇 학술 발달은 생활환경에 부응하고 원시 생활의 약속은 신화와 전설에 투영되므로 학술의 맹아는 모름지기 고대 신화 속에서 찾아야 할 것입니다.

조선의 건국 신화를 살펴보겠습니다. 천왕랑 환웅이 태백산 신단수 아래에 신시(神市)를 배포하시니, 풍백(風伯)·우사(雨師)·운사(雲師)를 거느리시고, 곡(穀)을 주관하며 명(命)을 주관하며 병(病)을 주관하며 형(刑)을 주관하며 선악을 주관하여 무릇 인간의 360여 가지 일을 주관하시면서 세상을 다스리셨다 합니다.

이것을 학술적 과목으로써 관찰하면 정치적 주도자는 바람·비·구름의 능력자 곧 천문학의 달인이고, 그 밑에 정치가 5부로 나뉘었습니다. 곡은 농업, 명은 성산(星算), 병은 의약, 형은 법금, 선악은 윤리를 의미하니, 제각기 이 방면의 지식인이 관장하였음을 보여줍니다.

그러면 조선의 과학은 이미 신화 속에 천문학·농학·성명학(星命學; 당시에 있어서는 응용 천문학)·의학·법률학·윤리학의 뿌리를 가졌습니다. 조선 인민은 일찍부터 농업 경제의 단계에 들어간 듯합니다. 역사 시대에 들어와서는 완전한 농업민이 되었고, 신화 속에도 이미 농업민의 자태로 출현하였습니다.

농업은 기후 조건에 절대적으로 좌우됩니다. 이러한 농업에 생명을 걸고 있으므로 여기서 원시 천문학이 성립할 수밖에 없습니다. 오랜 동안 천체 현상을 관찰하다 보면 고대 문화의 특징인 별자리 모양과 세상과의 숙명적 관계를 생각하는 점성술이 당연히 부수적으로 발생합니다.

농사를 지으면서 식물의 성능을 알게 되고 나아가 약리적 가치를 발견하여 의학이 생겨납니다. 농업인은 정착 생활을 영위하므로 고도의 사회 질서 유지가 필요하여 법리·윤리 등의 규범을 세우는 일이 촉진되었을 것입니다. 이것들은 다 상상하기 어렵지 않은 일입니다. 요컨대 신시 신화에 나오는 조선 문화는 진실로 전형적인 농업 문화입니다.

조선 고대 신화는 원체 심하게 이지러져 겨우 편린만이 남아 있어서 한 걸음 진전된 사실을 붙잡아 보기는 어렵습니다. 그러나 신화 시대로부터 전설 시대와 역사 시대로 내려오는 모든 시대의 실제를 살펴보면, 조선의 학술이 대개 천문학·농학·의학·법학·윤리학의 5과목을 주축으로 하여 생장 발전하여 나왔음이 명백합니다. 그리고 이것은 조선에서만 그런 것이 아니라 다른 옛 문명국에서도 유형적으로 공통적인 사실입니다.

조선 고대 천문학의 실마리를 찾아볼 것은 없을까요

어느 나라든지 고대의 천문학이란 것은 엉성하고 어설프기 짝이 없습니다. 고대의 천문학은 대개 자기네의 실제 생활에 필요할 만한 정도에 그칩니다. 별자리 배치의 관찰, 별자리 이동에 따른 시각과 절기 변화의 인식, 별자리 간의 상호 관계에서 나타나는 농사 형편, 인명, 세상 운수 점치기 등이 주요한 탐구 대상입니다.

1,700~1,800년 전의 사실을 전하는 중국[1]의 고문헌에 의하면, 지금의 강원도 영동 지방에 해당하는 예(濊)나라에서는 별자리 모양

을 관찰하여 그 해의 농사 풍흉을 판단할 줄 안다고 하였습니다. 예나라에서 이러한 천문 지식만 가졌는지 동방 여러 나라 중에 예나라 사람만이 이 능력을 가졌는지 알 수 없지만, 이것은 분명 우리 고대 천문학의 일단을 우리에게 알려주는 것입니다.

현재 우리 민속에는 구력(舊曆) 2월 초6일 초어스름에 좀생이와 달의 거리를 보고서 그 해의 홍수 · 가뭄 · 풍작 · 흉작을 판단하는 일이 있습니다. 좀생이는 그전 동양 천문학에서는 28수(宿)[2] 중의 묘(昴)라고 하는 것이고, 지금 천문학에서는 플레이아데스 성단입니다. 수많은 별이 유난히 다닥다닥 모여 있어서 먼 옛날부터 인류의 주의를 끌어왔고, 세계 각국의 신화 전설이나 시문에 많이 나옵니다. 그러나 다 시적 상상의 대상으로 삼았을 뿐이고, 유독 조선에서 이것을 생활 지침의 한 표상으로 이용하여 하늘에 있는 친절한 예언자를 만들었습니다.

우리가 일찍 이 민속이 외래적인 것이 아닌지 의심하여 내외의 문헌을 좀 섭렵하여 보았지만, 고루한 탓인지 아직 그 유례를 발견하지 못했습니다. 그래서 대개 조선 특유의 옛 습속으로 알고 있습니다. 예나라에서 별자리 모양을 관찰하여 그 해의 농사 풍흉을 판단할 줄을 안다는 것도 이런 사실을 가리키지 않는가 생각합니다. 이밖에도 비슷한 민간 천문학이 더러 있고, 이 중에 우리 원시 천문학의 부스러기(survival)가 들어 있을 것으로 생각합니다.

---

1 여기서 중국은 원문에는 지나(支那)로 되어 있다. 최남선은 천하의 중심이란 뜻을 지닌 '중국(中國)'이란 말이 사대주의적이라 하여 배척하였다. 최남선은 비단 이 책 뿐 아니라 자신의 저작물 전체에서 중국을 지나로 표기하였으나, 여기서는 독자의 이해를 돕기 위해 중국으로 표기하겠다.
2 하늘을 적도를 따라 스물여덟으로 등분한 구획 또는 그 구획의 별자리를 말한다.

조선의 천문학은 어떻게 변천하여 나왔습니까

첨성대(경북 경주)
『삼국유사』에 의하면 신라 선덕 여왕(632~647) 때 건립되었다고 한다. 너무 낮기 때문에 제단이었다는 학설도 있다.

역사상에 나오는 우리 천문학은 주로 역서(曆書) 제작에 관하여 전하고 있습니다. 삼국 시대의 기사를 보겠습니다. 백제 무왕 3년(602)에 승려 관륵(觀勒)이 역서와 천문 지리서와 둔갑 방술서를 일본에 전하였고, 일본에서는 그를 스승으로 모시고 이것을 배웠습니다. 관륵은 호류사(法隆寺)에 머물며 일본 초대 승정(僧正)·승도(僧都)가 되었으니, 진역(震域)[3]에는 천문·역학이 이 이전부터 있었음은 물론입니다.

신라 시대의 아주 오랜 일은 모르지마는, 선덕왕 16년(647)에 경주 동남쪽 교외에 돌을 다듬어 기대(基臺)

119척의 첨성대를 지은 것이 지금까지 남아 있어, 현존하는 동양 최고의 천문대라는 영광을 세계에 자랑하고 있습니다.

문무왕 14년(674)에는 덕복(德福)이 당나라에서 돌아와 새 역술

---

3 우리나라를 가르치는 명칭 중 하나로, 이 책의 전편인 『조선상식문답』에는 다음과 같이 설명되어 있다. "진(震)은 옛날 조선에서 동양을 가리키는 말입니다. 한문으로는 새봄에 우레 소리가 처음 울려 나오는 동북방을 의미합니다. (중략) 동방에서 나라를 세워 진을 나라 이름으로 쓴 이가 여럿이었습니다. 고구려를 대신하였다고 자처한 발해국의 원래 이름이 진이며, 역시 고구려를 다시 일으키겠다고 나선 태봉국의 처음 이름이 마진이었습니다. 그러므로 동방에 있는 모든 나라를 통틀어 이야기할 때에 진역(震域)이라 하는 데는 깊은 의미가 담겨 있습니다." (『조선상식문답』1. 국호) 이 책에서는 진역에 대한 최남선 자신의 고유한 의미를 살리기 위해 그대로 썼다.

(曆術; 아마 麟德曆인 듯)을 전하여 역서 제작상의 한 기원을 열었습니다. 효소왕 원년(692)에 승려 도증 (道證)이 당에서 돌아와서 천문도를 올리니, 진역의 천문 관측이 이로부터 궤범을 가지게 되고 이후 여러 번 천문도의 모범이 되었습니다.

고려 초에는 내내 당의 선명력 (宣明曆)을 썼습니다. 충선왕[4] 때에 이르러 원의 수시력(授時曆)을 채용하였으나, 일식과 월식에 관한 것만은 구법을 계속 썼기 때문에 오차가 있을 수밖에 없었습니다. 수시력은 원나라 천문학자 곽수경(郭守敬; 1231~1316)이 천체를 관측하여 새로 편제한 것으로, 이슬람 역법을 응용하여서 그때까지의 여러 역법에 비하여 가장 정밀하다고 일컬어지는 것이었습니다.

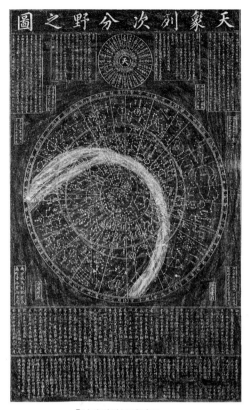

「천상열차분야지도」
(국립고궁박물관)
태조 4년에 만들어진 석각 천문도를 말한다. 권근 등 11명의 천문학자들이 참여해 다년간 노력한 끝에 완성했다.

이조로 들어와서 국가 신흥의 기세가 있고 또 마침 세종을 지도자로 하는 국민 문화 건설의 운동이 활발하였습니다. 일반 학술에서도 천문학에 대한 관심이 가장 커서, 의기(儀器) 제작, 역법 연구, 천문 관측 등 각 방면에서 획기적인 발전을 이루어 조선에서 전에

4 고려가 원의 지배를 받게 되면서 국왕의 시호에는 원에 충성한다는 의미로 충렬왕, 충선왕, 충숙왕 등 '충(忠)'을 붙였다. 최남선은 원문에서 이러한 '충'을 빼고 열왕, 선왕, 숙왕 등으로 표기했다. 이 책에서는 원래의 시호를 썼다.

없던 과학의 황금시대를 연 것은 진실로 일대 장관이었습니다.

태조 4년(1395)에 석각 천문도(石刻天文圖)와 아울러 그 설을 만들고 뒤에 여러 차례 복각된 것은 이미 이조 과학사의 자랑거리이었습니다. 이어 세종의 과학 사업에는 당시까지의 동양 학술이 수집 정리되고, 특히 아라비아 학술의 영향이 깊이 침투하여서 당시 세계 최고의 첨단 문화를 만들어 낸 것은 퍽 흥미 있는 일입니다.

세종이 제작하신 주요 의기에는 세종 20년(1438)에 일괄 완성한 ① 대소간의(大小簡儀), ② 혼의혼상(渾儀渾象), ③ 현주천평정남앙부일구(懸珠天平定南仰釜日晷), ④ 일성정시의(日星定時儀), ⑤ 자격루(自擊漏) 등이 있습니다.

이 의기 제작의 원리는 아라비아에서 연원한 것입니다. 처음 원나라에서 중앙아시아인 자말루아딘(札馬刺丁)과 유태인 이사 켈레메치(Isa Kelemechi; 1227-1308)의 조력 하에 곽수경이 이를 작성하여 그 정밀함이 현재까지 세계적 찬탄을 받는 북경의 의상(儀象)에 근거하여 이를 확장하고 보완하여 성립한 것입니다. 만일 실물이 남아 있었다면 확실히 세계적인 일대 경이일 것입니다.

세종께서는 이러한 의기를 작성하심과 함께 천상(天象)을 관측하여 종전의 오차를 바로 잡으시고, 학자를 백두산·마니산·한라산 등 각처로 파송하여 국토의 경위도를 정확히 측정하는 등 응용 방면에 주력하셨습니다.

또 세종 15년(1433)에는 고금을 참고하여 신법 천문도를 완성하여 새기고, 당시 최고의 권위를 가진 『칠정산내외편(七政算內外篇)』·『교식추보법가령(交食推步法假令)』·『제가역상집(諸家曆象集)』·『누주통의(漏籌通義)』 등 허다한 역산서(曆算書)를 편찬하였습니다. 세종 24년(1442)에는 측우기를 만들어 각 도의 치소에 나누어 주어 강우량을 정밀하게 계산하게 하였습니다. 이는 실로 세계 최초의 기계적 측우이니, 영조 때의 모조품은 지금도 전하는 것이 있습니다.

세종의 아들 세조는 일찍부터 아버지의 문화 건설에 큰 조력자였습니다. 임금 자리에 오르자 선대의 과학 정책을 이어받아 여러 가지 성과를 냈습니다. 고려 이래의 결함을 보충하여 일월교식추보법(日月交食推步法)을 정하였으며, 세조 12년(1467)에 친히 규형(窺衡)과 인지의(印紙儀)를 만들어 고저·

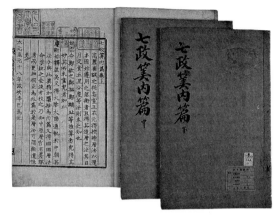

「칠정산내편」(서울대학교 규장각)
세종의 명을 받아 편찬한 책으로 이후 200년 간 역서 편천의 기본이 되었다.

원근 측량의 준칙을 정함으로써 천상에 치우쳤던 세종의 의기 제작을 지리 방면으로 당기어 왔습니다.

진역에서는 고대부터 지도에 대한 관심이 커서, 이미 여러 번 제작되었습니다. 의기의 발달과 함께 지도의 정확성도 고려되었습니다. 규형 완성에 조금 앞서 세조 8년(1463)에는 정척(鄭陟)과 양성지(梁誠之)가 『동국지도』를 새로 편찬하고, 양성지는 더 나아가 『동국도경(東國圖經)』을 완성하여 간행하였습니다. 지금은 실물을 볼 수 없지만, 아마 이때부터 조선의 지형이 실제에 가깝게 그려졌을 것이고, 이 뒤의 모든 지도가 다 이것을 원본으로 하였을 것입니다.

이러한 의기들은 궁중 안 흠경각에 보관되어서 줄곧 찬연한 빛을 쏟아냈지만, 후대의 임금들은 이에 대한 관심이 엷어서 계속적인 연구와 계승은 없었습니다. 그러다가 인조 9년(1631)에 명나라에 사절로 갔던 정두원(鄭斗源)이 돌아와서 서양인 로드리게즈(Johannes Rodriguez)에게 선사받은 『치력연기(治曆緣起)』 1권, 『천문략(天文略)』 1권, 자명종 1부, 천리경 1부, 일구관(日晷觀) 1좌를 임금에게 바쳤습니다. 이는 서양의 천문학이 처음 우리를 찾아온 실로 중

조선상식문답속편

흠경각(경복궁)
조선 전기에 자동으로 작동하는 천문 시계인 옥루를 설치했던 건물로 경회루 동남쪽에 있다.

대한 사실입니다. 이로부터 서양 역법이 정밀하다는 것을 알게 되었습니다.

또한 중국에서 청나라가 베이징을 차지하자마자 서양인 아담 샬[5]의 역법을 채용하여 순치(順治) 원년(1644)에 "서양의 새 역법에 의거"한 시헌력(時憲曆)이 시행됨을 알게 되었습니다. 이에 관상감으로부터 서양 역법 채용론이 대두되고, 사신이 갈 때마다 관상감 관리가 따라가서 고심 탐방하였습니다. 여러 해 만에 겨우 그 역법을 배워다가 효종 4년(1653)에 비로소 청나라의 시헌력법에 따라 신력을 만들었습니다. 이는 실로 조선이 순음력으로부터 태양음력으로 전진한 획기적인 사실입니다. 여기까지 오는 데에는 관상감

5 아담 샬(Adam Schall: 1591~1666)은 독일의 예수회 선교사 · 천문학자로, 중국에 건너가 서양의 천문과 역법을 소개하고 망원경, 총포의 제조 등을 전파하다가 기독교 배척 운동이 일어났을 때 옥사하였다. 중국명은 탕약망(湯若望)이다.

관리 김상범(金尙范)의 공로가 컸습니다.

그러나 세부적으로는 오히려 전해 오지 못한 것이 있어서 달의 대소와 절기의 시각에 가끔 착오가 있었습니다. 그래서 허원(許遠)이 노력하여 숙종 34년(1708)에 시헌법 칠정표(七政表)를 얻어오고 이어 연근법(年根法)을 배워서 천문 관측상에 진보된 경지를 크게 열었습니다.

영조 초에 『역상고성(曆象考成)』이 들어오고, 영조 17년(1741)에는 서양인 쾨글러[6]에게서 『일월교식표(日月交食表)』·『팔선대수(八線對數)』·『팔선표(八線表)』·『대수천징표(對數闡微表)』·『일월오성표(日月五星表)』·『율려정의(律呂正義)』·『수리정온(數理精蘊)』·『일식주고(日食籌稿)』·『월식주고(月食籌稿)』 등을 얻어 왔습니다. 또 영조 20년(1744)에는 『역상고성후편(曆象考成後編)』을 사왔습니다.

이렇게 전후 1세기의 꾸준한 고심 노력으로 겨우 태양음력의 법을 완전히 조선화하였습니다. 천문학의 대상 가운데서 특히 역법에 대한 의지가 부지런하고 정성을 다했던 것은, 농업국에서 역(曆)을 알려주는 것을 왕의 대정(大政)으로 아는 전통 정신에 기인한 것입니다.

한편 의상(儀象)의 유지와 건설에 대한 성의는 해가 지나도 쇠하지 않았습니다. 성종 22년(1491)에는 별의 위치를 살펴 시각을 정확히 알기 위하여 규표(窺標)라는 것을 3건 만들어서 하나는 대전 안에, 하나는 승정원에, 하나는 홍문관에 두고, 제각기 궁중의 물시계가 맞는지 안 맞는지를 점검하게 하였습니다.

중종 20년(1524)에는 이순(李純)이 『혁상신서(革象新書)』에 따라 천문 관측 기구인 목륜(目輪)을 지극히 정교하게 만들어 바치니 왕이

6 쾨글러(Ignaz Kögler; 1680~1746)는 독일인 예수회 선교사로 1716년 중국에 들어와 30년 동안 청나라 왕실의 보호 아래 수학·천문학 등을 관장하였다.

규표와 소간의(여주 영릉)
규표는 방위 · 절기 · 시각을 측정하는 천문 관측 기기이고, 간의는 천문대에 설치되었던 오늘날의 각도기와 비슷하다.

관상감에 두게 하였습니다. 성종 25년(1494)에는 이극배(李克培)에게 구리를 부어서 소간의(小簡儀)를 만들어 바치게 하였습니다.

선조조에 임진왜란을 치루면서 옛 기구가 모두 불타 잿더미가 되니, 선조 34년(1601)에 이항복(李恒福)에게 명하여 옛 양식에 따라 의상(儀象)을 복구하게 하였습니다. 효종 8년(1657)에는 최유지(崔攸之)가 선기옥형(璿璣玉衡)을 만들어 바쳤는데, 수력으로 저절로 움직여 해와 달의 운행과 시계의 느리고 빠름이 조금도 차이나지 않았습니다.

현종 5년(1664)과 10년(1669)의 양 차례에 걸쳐 송이영(宋以穎)과 이민철(李敏哲) 두 사람에게 명하여 측우기와 혼천의를 개수하게 하여 흠경각의 옛 모습을 거의 회복하였고, 숙종 13년(1687)에 다시 이민철에게 명하여 현종 때의 옛 의기를 중수케 하여 창덕궁 희정

당의 남쪽에 제정각(齊政閣)을 세워 안치하였습니다.

숙종 30년(1704)에는 안중태(安重泰)와 이시화(李時華)에게 명하여 혼천의 여벌을 주조케 하였으며, 경종 3년(1723)에는 청나라가 서양식 새 문신종(問辰鐘)[7]을 선사해 오자 관상감에게 그 모양대로 본떠 만들게 하였습니다.

영조 8년(1732)에는 안중태 등에게 명하여 숙종 때 만든 여벌 혼천의가 차이가 생긴 것을 바로잡게 하여 경희궁 흥정당의 동쪽에 규정각(揆政閣)을 세워 안치하였습니다. 영조 46년(1770)에는 창덕궁 내에 방치되었던 국초의 석각 천문도와 지평일구(地平日晷)를 관상감으로 옮겨서, 석각 천문도는 각(閣)을 세워 감추고, 지평일구는 대(臺)에 올려놓게 하고, 또 세종 때의 옛 모양대로 측우기를 만들어서 각 도에 나누어 주었습니다.

영조의 신하 중에 서명응(徐命膺)이 영조 42년(1766)에 백두산에 올라가서 상한의(象限儀)로 세밀하게 관측하여 위도가 42도 3분임을 측정하고, 한편으로 남천(南天)과 북천(北天)을 따로따로 한 신법 혼천도를 만든 일이 있습니다.

이 뒤의 일은 기록이 소상치 않습니다. 다만 고종 13년(1876) 경복궁 대화재로 흠경각이 불탄 적이 있는데, 예전 기물이 마지막으로 흩어져 없어진 것이 대개 이때의 일일 것입니다. 지금 민간에 혼의(渾儀)나 기타 고물이 더러 돌아다니는 것이 혹시 이런 데서 흘러나온 나온 것일지 모릅니다.

또 순수 수학 방면에도 기록할 만한 일이 많지마는 지금까지 너무 장황하였으니까 다 생략하고 몇 가지만 들겠습니다. 정조 때에 서호수(徐浩修)와 아들 서유본(徐有本)이 다 역법과 기하학에 정통하였습니다. 서호수는 『혼개통헌집전(渾蓋通憲集箋)』·『수리정온보해

---

7 어두운 밤중에라도 고동을 누르면 시간을 알려 주던 탁상시계를 말한다.

（數理精蘊補解）』・『율려통의(律呂通義)』 등을 지었습니다. 철종 때에 남병철(南秉哲)・남병길(南秉吉) 형제가 또한 이쪽 학문에 정통하였습니다. 남병철은 『의기집설(儀器輯說)』・『추보속해(推步續解)』를, 남병길은 『시헌기요(時憲紀要)』・『성경(星鏡)』・『추보첩례(推步捷例)』를 지었습니다.

고종 32년(1895) 11월에 음력을 폐지하고 순 태양력을 채용하여 그 달 17일을 33년(곧 건양 원년, 1896) 1월 1일로 삼은 것은 역법상의 대개혁이지만, 이는 시대의 대세에 밀린 것이지 우리의 학술적 노력은 물론 아닙니다. 태양력을 채용한 뒤 광무 원년 말에 비로소 우리의 독자적인 역명을 만들어 명시력(明時曆)이라 하였지만, 이 또한 역서 면에서 독립 정신을 보인 것일 뿐 역산(曆算)의 법을 창안한 의미가 있는 것은 물론 아닙니다.

관측학상에 자랑할 만한 업적은 무엇이 있습니까

관상감 관천대(서울 종로)
조선 초기의 관상감은 경복궁 영추문 안과 북부 광화방의 두 곳에 있었는데, 이중 북부 광화방이다.

신라의 첨성대, 세종의 측우기 등 허다한 자랑이 있지만, 또 한 가지는 장구한 기간에 걸쳐 날마다의 관측 기록이 계속 축적되어 남아 있다는 것입니다. 고려의 일은 차치하고, 이조에는 관측 관서로 서운관, 후에는 관상감이란 것이 있어 엄격한 제도와 주밀한 방법으로 매일 별자리와 기후와 천변지이 등을 관찰하여 기록하였습니다. 이것을 모아 책으로 만든 것을 『풍운기(風雲記)』라고 불렀습니다.

서운관에서는 이를 작성하기 위하여 전담한 책임자가 주간에는 2인 야간에는 5인이 돌려가면서, 맑음·흐림·비·눈·서리·이슬은 물론이고, 풍향·천둥번개·우박·지진·유성·혜성·해무리·달무리·금성·흑점·햇빛·구름의 움직임 등까지를 일일이 기록하였습니다. 더욱이 눈·비·서리·이슬에는 강약의 정도를 규정하였습니다. 이를테면 비는 미우(微雨)·세우(細雨)·소우(小雨)·하우(下雨)·쇄우(灑雨)·취우(驟雨)·대우(大雨)·폭우(暴雨) 등 8단계로 구별하였습니다. 이러한 것은 현재 세계 각국에서 시행하는 관측법도 따라가지 못하는 것입니다.

강우량을 잴 때는 세종 이래로 각 도에 명하여 땅에 얼마나 얕게 또는 깊게 스며드는지 여부로 강우를 측정하게 하고, 일정한 측우기와 수표(水標) 등으로 강우량과 마찬가지로 하천 물의 고저까지를 측정한 것도 있어서 그 과학적 주밀함에 경탄하지 않을 수 없습니다.

이 『풍운기』는 어느 해에 시작되었는지 단정할 수 없지만 줄잡아도 세종 이래로 존재해왔음을 짐작할 수 있습니다. 앞 시대 부분은 병란이나 기타의 원인으로 잔멸해버리고, 지금은 겨우 영조 13년(1737) 이후의 분량이 남아 있습니다. 이렇게 지속적이고 이만큼 세밀한 측후 기록은 진실로 세계에 유례가 없습니다.

『풍운기』 외에 최근 수 세기 간의

수표(세종대왕기념사업회)
1441년(세종 23)에 청계천 수위를 재기 위하여 세웠다. 1959년 청계천 복개 공사로 장충단공원으로 이전했다가, 1973년에 현재 장소인 동대문 세종대왕기념관으로 옮겨 놓았다.

기록으로는 『기우제등록(祈雨祭謄錄)』· 『천변록(天變錄)』· 『성변측후단자(星變測候單子)』· 『성변록(星變錄)』 등 귀중한 문적이 있어서 이 학문에 대한 조선의 문헌적 영예를 자랑하고 있습니다.

조선의 원시 의학은 어떠한 것이 있습니까

우선 중국 고어에 무(巫)와 의(醫)가 거의 동일한 성질의 것이었듯이 고대에는 영적 능력자(무당·승려)가 질병의 진단과 치료를 맡았고, 이는 인류 공통의 민속학적 사실입니다. 조선의 고대 신화에 천왕랑 환웅이 신시(神市)를 배포하시고 인간 제반사를 다스리는데, 제3조목이 "병을 다스림"이라 한 것도 곧 이러한 의미입니다. 조선의 의학은 여기서 출발합니다.

그러면 치료 방법은 무엇일까요. 주술(방예·풀이 등)에 많이 의존하였으리라는 것은 얼른 짐작되는 바이지만, 또 약물 요법도 이미 있었습니다. 환웅이 신웅(神熊)에게 신비한 영약이라 해서 영험한 쑥과 마늘을 먹으라고 일러주신 일에서 이를 분명히 살펴볼 수 있습니다. 쑥과 마늘은 다 원시 의학에서 흔히 약재로 사용하는 것입니다.

이 이상 당시의 의약학적 사실을 더 찾기는 어렵지만 여기에 한 가지 흥미 있는 재료가 있습니다. 중국의 가장 오랜 의서로 유명한 『황제소문(黃帝素問)』의 「이법방의론(異法方宜論)」에 폄석(砭石; 석침을 주는 것)의 법이 동방에서 나와 천하에 퍼졌다고 한 기사입니다. 『황제소문』에 폄석과 다른 여러 가지 요법이 어떻게 생겼다고 한 이론은 우리가 물을 것이 아닙니다.

그러나 폄석술 동방 기원설과 폄석 시술자가 동방으로부터 온다고 한 것은 『황제소문』이 성립할 때의 사실을 전하는 것으로 볼 수 있습니다. 고대 동방에 폄석술, 즉 석침으로 하는 자극 요법이 있어서 지방적 특장이던 것이 중국인에게 알려졌던 것입니다. 물론 이른바 동방이 어디까지인지 분명하지 않지만, 이것을 우리 원시 의술의 일부로 고찰해 볼 수 있다고 생각하고 싶습니다.

삼국 시대 의술의 개략을 듣고 싶습니다

삼국 시대 의술의 실제는 본국에서보다 중국과 일본의 문헌에 증거할 것이 많습니다.『주서(周書)』백제전에

> 풍속에 말 타며 활쏘기를 중히 여기고 겸하여 고서를 사랑한다. 그 중 뛰어난 자는 자못 글을 풀 줄 안다. 또한 음양오행을 풀 줄 안다. 송나라의 '원가력(元嘉曆)'을 사용하고, 음력 정월을 한 해의 시작으로 삼는다. 또한 의약과 점복의 술수를 안다. 투호(投壺)[8]와 저포(樗蒲)[9] 등의 놀이를 알고 그리하여 바둑과 장기를 숭상한다.

라 하여 어지간한 술업(術業)이 죄다 행해지고 있음을 말하고 있습니다. 백제뿐 아니라 고구려나 신라도 크게 다르지 않았을 것입니다.

역법으로 '원가력'을 쓴다는 것은 중국 남조와의 문화적 연락이 깊다는 것을 말하므로, 백제의 의학도 대개 당시 남조에 성행한 동한(東漢) 장기(張機: 張仲景)의『상한론(傷寒論)』, 김궤(金匱)와 진(晉)나라 왕숙화(王叔和)의『맥경(脈經)』과 도홍경(陶弘景)의『주후방(肘後方)』·『명의별록(名醫別錄)』에 의거하였을 것입니다. 이때에는 이미

---

8 옛날 궁중이나 양반집에서 항아리에 화살을 던져 넣던 놀이이다.
9 나무로 만든 주사위를 던져서 그 사위로 승부를 다투는 놀이이다. 가죽나무(樗)와 부들(蒲)의 열매로 주사위를 만든 데에서 이름이 유래하였다. 저포는 원래 중국의 놀이인데, 우리나라의 윷놀이와 노는 방법이 비슷하다.

진역의 의학이 중국 의학권 내로 들어갔다고 볼 수 있을 것입니다.

돌이켜서 일본의 옛날 역사를 보겠습니다. 신라 실성왕 13년 (414)에 일왕이 병이 있어 양의를 구하자 신라에서 파진한기(波鎭漢紀) 벼슬을 지낸 김무(金武)가 가서 치료해 주고 후한 상을 받고 돌아온 일이 있습니다. 이것이 '의(醫)'란 글자가 일본사에 나오는 처음입니다.

백제 개로왕 5년(459)에 일본이 의술이 뛰어난 의사를 구하자 고구려 의사 덕래(德來)를 보냈고 그 자손이 난바(難波)에 거주하여 대대로 의술을 업으로 삼았습니다. 이것이 일본에 세습의의 문벌이 생긴 시초입니다.

백제 성왕 31년(553)에 일본이 의박사 · 역박사(曆博士) · 역박사(易博士)와 약물을 요청하여 다음해에 의박사 왕유릉타(王有陵陀), 채약사(採藥師) 반량풍(潘量豊) · 정유타(丁有陀)를 보낸 일이 있습니다.

이처럼 일본 고대의 의업은 오로지 진인(震人)[10] 중심으로 추진되어 궁중의 시의(侍醫) 등도 다 진인이나 진인 계통 사람에게 맡겼습니다. 고토쿠(孝德) 왕 시의인 고려인 모치(毛治)와 덴무(天武) 왕 시의인 백제인 억인(億仁)과 역시 덴무 왕 때의 시의인 백제승 법장(法藏) 등이 그들입니다.

특히, 법장은 유명하여 왕의 병에 백출(白朮)을 달여 먹여 효과를 얻고 상을 받았으며, 위에 언급한 덕래의 5세손으로서 당에 유학하여 '약사(藥師)'의 성씨를 얻은 혜일(惠日)[11] 등도 그 중 두드러진 자들입니다. 이런 이들이 전한 진역의 의약은 『백제신집방(百濟新集方)』 · 『신라법사방(新羅法師方)』이란 이름으로 일본의 후세에 널리

---

10 진역인(震域人) 또는 진역 사람이란 뜻으로, 우리나라 사람을 통칭한다.

11 혜일은 스이코왕(推古王) 때 당나라에 유학하여 의술을 익힌 뒤 '약사(藥師)'라는 칭호를 얻었고, 이후 자손 모두가 약사라는 성을 사용하였다. 원문에서는 '의사'를 성씨로 하였으나 '약사'로 수정하였다.

전하였습니다.

통일 신라 시대의 의학은 어떠하였습니까

통일 신라의 문화는 당나라 문화의 축쇄판이나 마찬가지이므로 의학 등도 당나라의 것을 그대로 옮겨온 정도일 것입니다. 효소왕 원년(692)에 비로소 의학을 두고 박사 2인으로 하여금 학생을 가르치게 하였습니다. 교과목은 『본초경(本草經)』·『갑을경(甲乙經)』·『소문경(素問經)』·『침경(針經)』·『맥경(脈經)』·『명당경(明堂經)』·『난경(難經)』 등으로 당나라에서 의생과 침생에게 가르치는 과목과 같습니다. 다만 안마 박사, 축금(祝禁) 박사의 이름이 빠진 것이 다를 뿐입니다.

이밖에 중국 본토에서는 수나라 소원방(巢元方)의 『병원후론(病源候論)』, 당나라 손사막(孫思邈)의 『천금방(千金方)』, 왕도(王燾)의 『외대비요(外臺祕要)』가 있어 당나라 이전 의학이 집대성되었습니다. 또한 본초학도 당나라 대에 이르러 부쩍 진보하였으므로, 이것들이 신라 의학에 큰 도움이 되었을 것이라 쉽게 짐작할 수 있지만 자세히는 알 길이 없습니다.

한편으로 불교가 널리 퍼짐에 따라서 인도 의술이 들어와서 병행한 사실이 중요합니다. 『수서(隋書)』의 경적지(經籍志)에는 『용수보살약방(龍樹菩薩藥方)』·『바라문제선약방(婆羅門諸仙藥方)』·『기파소술선인명론방(耆婆所述仙人命論方)』 등 허다한 서역계 의서가 실려 있습니다. 당나라 대에는 그것이 더 늘어서 대장경에 편입된 것이 있으니, 이것이 우리 불교인 사이에 알려져서 어느 정도 응용되었을 것입니다.

『삼국유사』에는 인도계 축술(祝術) 기사가 많고 혜통항룡(惠通降龍) 조에는 주술로 병을 치료한 여러 전설이 실려 있습니다. 또 경덕왕 때의 승려 충담(忠談)은 「찬기파랑가(讚耆婆郞歌)」를 지어 세상에 유명했다는 사실을 기록하고 있습니다(기파는 인도의 醫聖). 일본에 전한 『신라법사방』에 무릇 복약할 때에는 이러한 주문을 외라 하여 이르기를

> 동방에 계신 약사유리광불(藥師瑠璃光佛), 약왕보살(藥王菩薩)과 약상보살(藥上菩薩), 기파의왕(耆婆醫王), 설산동자(雪山童子)에게 귀의합니다. 영약(靈藥)을 베풀어 환자를 치료해 사기(邪氣)가 소멸되어 없어지고, 선신(善神)이 도와주어 오장(五臟)이 편안하게 되고, 육부(六腑)가 순조롭게 되며, 70만의 맥이 자연스럽게 통하고 펴지고, 사지가 강건해져 수명이 연장되게 하고, 가거나 머무르거나 앉으나 누우나 모든 하늘이 보호하여 주소서. 사바하.(동쪽을 향해 한 번 외고 나서 복약한다)

라 하였으니, 이는 다 신라 의학에 끼친 인도의 영향을 증명하는 자료입니다. 돌이켜서 당시 문학의 주도권이 불교에 있었음을 보면, 의술도 승려의 손에 운용되지 않았을까 생각하게 하기도 합니다.

고려 시대의 의학은 어떠하였습니까

고려 시대에 들어와서는 다른 문화와 함께 의학이 현저하게 진보하였습니다. 더욱이 제도에서 위로 국가의 기관으로부터 아래로 개인의 시설에 이르기까지 자못 볼 만한 것이 있었습니다. 고려 건국 초에 중앙에서는 대체로 신라 의학의 옛 제도를 이어받았을 것입니다. 태조 13년(930)에 평양에 서경을 세우고 학교와 학원을 두어 교화할 때에 그 중에 의업이 있었습니다.

광종 9년(958)에 비로소 과거제를 시행하는데, 명경(明經)과 함께

의(醫)와 복(卜)이 각각 한 과목으로 들어 있었습니다. 이때부터 정기적으로 과거가 열렸는데, 『소문경』·『갑을경』·『본초경』·『명당경』·『맥경』·『난경』·『구경(灸經)』 등에 대하여 첩경(貼經)[12]·파문(破文)·의리(義理) 등의 방법으로 일정한 점수를 획득하여 급제하게 하였습니다. 따로 주금사(呪噤師) 채용에는 『맥경』·『유견자방(劉涓子方)』·『소경창저론(小經瘡疽論)』·『명당경』·『대경침경(大經針經)』·『본초경』 등을 대상으로 했고, 방법은 같았습니다.

성종 초에 여러 주군현의 자제를 서울로 뽑아 올려 경학과 의술을 익히게 하다가 후에 사정에 따라 일부를 돌려보냈습니다. 성종 6년(987)에는 학문 있는 이를 경학 박사와 의학 박사로 삼아서 12목에 각각 1인씩을 파견하여 교수를 담당하게 하고, 겸하여 경전에 밝고 의술에 능한 사람을 찾아서 중앙으로 보고하는 것을 법도로 삼았습니다. 이 뒤에도 갖가지로 권장하는 방법을 썼는데, 다만 경학만큼 의업을 중시하지 않았기 때문에 업적은 그리 시원치 못하였습니다.

성종은 의료 보급에도 뜻을 두어 성종 8년(989)에 조칙을 내려 이르기를

조정과 양반과 백성이 병들어도 의약의 혜택을 입지 못하는 자 많음은 심히 딱한 일이로다. 아직 널리 베풀어 다 미치게 하지는 못할지라도 우선 지금으로부터는 내외의 문관 5품과 무관 4품 이상의 질병은 모두 본사(本司)로 하여금 증세를 자세히 적어서 알리면 시어의(侍御醫)·상약직장(尙藥直長)·대의의정(大醫醫政) 등을 보내어 약을 가지고 가서 치료하게 하리라.

---

12 과거 시험의 방법으로, 경전(經典)의 곳곳에 종이를 오려 붙여 글자가 보이지 않게 해 두고 응시자로 하여금 그 글자나 글을 알아 맞추게 하는 것을 말한다.

상약국 글씨가 써 있는 그릇
(충북 음성, 한독의학박물관)
상약국이란 고려 시대에 의약을 담당
하던 관청으로, 이 그릇은 약을 담는 용
도로 사용되었다.

라 하니, 신하들이 표(表)를 올려 감사한 일이 있었습니다.

제11대 문종은 백성을 사랑하고 학문을 숭상한 고려 유수의 명군인데, 의학 진흥에도 크게 마음을 두었습니다. 문종 2년(1048)에 의업은 널리 학습시킬 필요가 있으니 다른 과거 시험처럼 문벌의 제한을 두지 말고 서민 누구라도 응시할 수 있게 하라는 특명을 내렸습니다. 문종 3년(1049) 이후로 여러 번 제위보(濟危寶)와 실행 기관인 대비원(大悲院)을 강화하여 질병 기아자를 구휼 진찰하게 하고, 일찍부터 전적을 구비하려 하였습니다.

특히 의서 구비에 힘을 썼습니다. 문종 12년(1058)에 충주목이 새로 조성한 『황제팔십일난경(黃帝八十一難經)』·『천옥집(川玉集)』·『상한론』·『본초괄요(本草括要)』·『소아소씨병원(小兒巢氏病源)』·『소아약증병원(小兒藥證病源)』·『일십팔론(一十八論)』·『장중경오장론(張仲景五臟論)』 등의 판(板)을 올리고, 다음해에는 안서도호부가 새로 조성한 『주후방(肘後方)』·『의옥집(疑獄集)』 등의 판을 올리자 다 비각(秘閣)[13]에 두게 하였습니다.

문종 대에는 송나라의 상인이 자주 오는데, 일행 중에 의술인이 있으면 어떻게든지 붙잡아 머물게 하여 신지식을 얻는 데에 주력하였고 뒤에는 적극적으로 의약을 보내 달라고 청하였습니다. 문

---

13 고려 시대 비서성(祕書省)의 문서와 서적을 보관하던 관청을 말한다.

종 26년(1072)에 송나라가 의관 왕유(王愉)와 서선(徐先)을 보내온 이래로 공적 사적으로 의료인의 입국이 끊이지 않으니, 송나라 의학의 영향 아래 고려의 의학은 크게 진보하였습니다. 더욱이 왕이 말년에 풍비질(風痺疾)[14]에 걸리자 명의를 널리 요·송·일본 각국에서 구한 것은, 의약을 찾아 구하려는 의식이 활발했음을 보여줍니다.

문종 32년(1078)에 송나라 사신 안도(安燾)가 왔다가 돌아갈 때에 왕이 풍비에 관한 의약을 요청하여, 다음해에 송으로부터 한림의관 형조(邢慥)·주도능(朱道能)·심신(沈紳)·소화급(邵化及) 등 88인을 보내오고, 그 편에 경주침향(瓊州沈香)·광주목향(廣州木香)·서융천축황(西戎天竺黃)·대주녹각교(代州鹿角膠)·우황(牛黃)·용뇌(龍腦)·주사(朱砂)·사향(麝香) 등 1백여 가지를 금은으로 도금하고 꽃을 아로새긴 함에 담아서 가져왔습니다. 이것이 아마 진역에서 정제품 약재를 실제로 본 처음일는지도 모릅니다.

선종 8년(1091)에 송나라에서 고려에 서적 선본(善本)[15]이 많다는 걸 듣고 허다한 목록을 적어 보내면서 비록 권질이 부족하고 낙후된 것이라도 거두어 보내 달라는 요청이 있었습니다. 다음해에 『황제침경(黃帝鍼經)』을 보냈더니 그 다음해에 송나라에서 『고려소헌황제침경(高麗所獻黃帝鍼經)』을 천하에 반포한 일이 있었습니다.

숙종 6년(1101)에 참지정사 신수(愼修)가 사망하였는데, 역사서에 "신수는 송나라 사람으로 학식이 있고 의술에는 더욱 정통하였다."고 기록하고 있으니, 귀화한 의술인으로 재상 자리에 올랐을

---

14 찬바람이나 습기가 몸에 침투하여 생기는 병으로, 통증이 있거나 마비 증세를 보인다. 중풍의 일종이다.
15 선본에는 두 가지 의미가 있다. 첫째, 내용이 뛰어나고 오자가 전혀 없으며 제본도 잘된 선장본(善裝本)이라는 의미가 있다. 둘째, 구하기 힘든 귀중본이라는 의미가 있다. 여기서는 후자의 의미로 쓰였다.

정도로 대우가 대단했음을 볼 수 있습니다. 또 이 해에 송나라에 사신 갔던 임의(任懿)·백가신(白可臣) 등이 돌아올 때 송나라 황제가 가황중(賈黃中) 등이 찬한 『신의보구방(神醫普救方)』을 보낸 일이 있습니다.

숙종 8년(1103)에는 고려의 요청에 의하여 송나라가 의관 모개(牟介)·여병(呂昞)·진이유(陳爾猷)·범지재(范之才) 등 4인을 보내오자 흥성궁에 머물게 해주고 의생을 가르치게 하였습니다. 또 예종 13년(1118)에 송나라에서 의관 양종립(楊宗立)·남줄(藍茁) 등 7인을 보내왔고 2년 만에 돌아갔습니다. 인종 원년(1123)에 송나라 사신 행차에 끼어온 서긍(徐兢)이 찬한 『고려도경(高麗圖經)』에는 남줄(藍茁) 등 훈도(訓導)의 공으로 고려의 의학이 크게 발달하였다고 말하였습니다.

그러면, 이때 이들이 무엇을 주된 재료로 가르치고 배웠을까요. 필시 『태평성혜방(太平聖惠方)』·『화제국방(和劑局方)』에 의거하였으리라고 추측할 수 있습니다. 무릇 『태평성혜방』 1백 권은 송 태종 때에 칙령으로 편찬한 대표적 의학 전적입니다. 우리 현종 7년(1016)에 고려 사신 곽원(郭元)이 송에서 귀국할 때 송 황제가 이것을 주었고, 5년 뒤 현종 12년(1021)에는 고려가 『태평성혜방』을 다시 청하여 가져온 일이 있습니다. 이후로 고려와 조선에 걸쳐 진역에서는 이 책을 보배로이 여기게 되었습니다.

『화제국방』 5권은 송 휘종 때에 종래의 의약 처방을 모아 엮은 것으로서, 우리 숙종과 예종 때에 입국한 여러 의관들이 늘상 쓰는 처방서일 것이므로, 그들의 교재가 이 밖으로 벗어나지 않는 게 대체로 순리라 하겠습니다.

이러구러 고려의 의학은 차차 독자적 능력을 발휘하게 되어, 인종 때에 김영석(金永錫; 989~1166)은 신라와 송의 의서에 입각하여 『제중입효방(濟衆立效方)』을 편찬하였습니다. 고종 13년(1226)에는 최종준(崔宗峻)이 종래의 다방(茶房)[16]에서 찬집한 약방문에 입각하여 『신집어의촬요방(新集御醫撮要方)』(2권)을 편집·간행하였습니다.

한편으로는 향약(鄕藥) 응용, 즉 전에 송에서 수입하여 쓰던 약재를 국산품으로 충당하기 위한 연구와 실용화가 일어났으니, 바로 현존하는 최고(最古)의 조선 의서인 『향약구급방(鄕藥救急方)』(3책)의 대장도감 판본이 그것입니다.

고종 때는 고려사 전후기의 분수령으로서, 왕의 말년에 대륙의 신흥 세력인 몽고에게 굴복하여 고려 말까지 백여 년 동안 고려와 원은 아주 한집안으로 지내게 되었습니다. 따라서 고려 후기의 문화, 특히 상층 문화는 원과 함께 서로 의존 관계를 가지고 있었습니다.

원 공주에게 장가들어 지내게 된 충렬왕 이후에는 내환이 있을 때마다 친정인 원에 가서 의원을 데려오는 일이 예사가 되었습니다. 충렬왕 5년·8년·18년·23년 등에 다 이런 일이 있었습니다. 이러는 동안에 원 의학의 자극이 어느 정도 있었을 것으로 생각할 수 있습니다.

한편에서는 고려 쪽 의학의 소문도 원에 들려서, 충렬왕 때의 명의 설경성(薛景成)은 원의 초청을 받아 가서 세조 쿠빌라이의 병을 고치고 여러 대에 걸쳐 원 궁정의 신임을 받아서 고려 의업의 위광을 크게 나타낸 일이 있습니다. 해송자(海松子)[17]·오미자(五味子) 같은 실제 있는 것은 당연하지만, 원종 9년(1268)에 원 승상 안동(安童)이 간사한 자의 말을 듣고 유체인삼(有體人蔘)·실모송(失母松)·관음송상수(觀音松上水) 같은 기괴한 약재를 달라고 해서 한참 질색했던 일도 있었습니다.

---

16 고려 시대와 조선 시대에 차·술·채소·과일·약 등을 주관하던 관청이다.
17 한방에서 잣을 이르는 말이다.

원은 본래 고비 사막 북방 민족으로서 저희의 고유한 문화는 별로 볼 것이 없었으나, 국토가 아시아와 유럽 양 대륙에 걸쳐서 멀리 서쪽의 문화를 두루 흡수하였습니다. 페르시아와 아라비아의 의약 처방 등이 많이 들어오니, 아라비아 상인들의 주요 상품이 이른바 향약(香藥)[18]이고, 유향(乳香)·안식향(安息香)·용뇌(龍腦)·서각(犀角) 등은 원과 고려에서 요긴하게 쓴 약재임은 새삼 말할 필요가 없습니다.

고려에서 "의약과 치료의 일"을 관장한 관서를 그전에 태의감(太醫監)·사의서(司醫署) 등으로 일컫던 것을 충렬왕 이후에 전의시(典醫寺)라 불렀고, 이조 이후에는 전의감(典醫鑑)이라 일컬었는데, 전의감은 사실 원에서 쓰던 이름입니다.

고려 후기에 내려와서는 의약 독립의 의식이 더욱 첨예해져서 향약 연구 바람이 일대를 풍미하였습니다. 이러한 분위기 속에서 『향약구급방』의 뒤를 받은 『향약고방(鄕藥古方)』·『향약혜민경험방(鄕藥惠民經驗方)』·『삼화자향약방(三和子鄕藥方)』·『서찬간이방(徐贊簡易方)』 등 여러 서적이 속출하여 다음 이조 초기의 향약 대성 기운을 양성시켰습니다.

한편 정도전(鄭道傳)은 『진맥도지(診脈圖誌)』를 찬하여 새로운 분야를 개척하였습니다. 또 고려 말까지도 귀화한 중국인 의술인이 있었습니다. 우왕 때의 판전의시사 신종진(愼宗眞)이 본래 중국 민중(閩中)[19]의 도사이었다는 역사 기록이 그것을 증명하고 있습니다.

고려 시대의 의약 행정, 특히 서민 구료 사업으로 국초부터 수도의 동쪽과 서쪽에 대비원(大悲院)을 두어서 가난하고 병들고 의탁

---

18 향기가 나는 약재로, 약을 제조할 때 역겨운 냄새를 제거하기 위해 첨가하거나 또는 몸에 지님으로써 나쁜 냄새를 없애는 데 사용되었다.
19 민(閩)은 중국 푸젠성의 아칭이다. 민중(閩中)의 도사라는 것은 푸젠성 출신의 도사였다는 뜻이다.

할 곳 없는 사람에게 의료의 혜택을 입혀 왔습니다. 광종 14년(963)에는 다시 제위보(濟危寶)라는 관립 재단을 두어 구료 사업을 충실하게 하려 했고, 정종 2년(1036)에는 동·서 대비원을 늘려 효과를 독려하였습니다. 문종 때에 또 대비원과 제위보를 강화하려 하였습니다.

예종 7년(1112)에는 다시 혜민국(惠民局)을 세워 화재(和劑)[20]·약물이 일반에게 편리하게 보급되게 하였습니다. 이 모든 기관이 다 고려 때에 유효한 활동을 계속하였습니다. 한편 민간에서도 자선적인 구료 사업에 힘쓰는 이들이 있었는데, 채홍철(蔡洪哲)의 활인당(活人堂), 성석연(成石珚)의 위생당(衛生堂) 등이 두드러진 경우입니다.

이씨 조선의 의학은 어떠하였습니까

이씨 조선은 개국과 함께 의약 행정에 자못 뜻을 두었습니다. 태조 2년(1393) 정월에 전라도 안렴사 김희선(金希善)의 보고에 의하여 의학 교수 1인을 각도의 계수관(界首官)[21]마다 파송하여 양반 자제를 뽑아 『향약혜민경험방(鄉藥惠民經驗方)』을 익히게 하고, 그것이 보급됨에 따라서 약초를 채집하는 정부(丁夫)를 정하여 제때에 약재를 캐어다가 처방에 따라 약을 조제하여 병자를 치료하기로 하였습니다.

같은 해 7월에는 예조는 의학은 사람을 살리는 방법이니 이 업에 능통한 사람을 시험으로 뽑아 각각 그 직에 충원하기를 청하였

---

20 약화제(藥和劑)의 준말로, 약을 조제하는 것을 말한다.

21 고려와 조선 초기의 지방 제도로, 지방의 중심이 되는 대읍(大邑)을 가리킨다. 고려 때는 경(京)·목(牧)·도호부(都護府)가, 조선 초기에는 부(府)·목·도호부가 이에 해당한다.

습니다. 이어 11월에는 병학 · 율학 · 자학(字學)[22] · 역학 · 의학 · 산학의 6학을 베풀어 양가의 자제들에게 익히게 하였는데, 의학에 가장 중심을 두었습니다. 또 조정 관리들이 질병을 앓을 때는 의원을 보내 진찰하게 하는 법을 행했습니다.

태조 4년(1397) 11월에 왕이 각 도에 수령 · 군관과 함께 유의교수(儒醫教授)[23] 득실을 정리해 보고하게 하였고, 이후 전례가 되었습니다. 태조 6년(1397) 8월에 제생원을 두고 혜민국에 하는 것처럼 각 도에서 향약재를 실어다 바치게 하여 향약 발전의 길을 크게 넓혔습니다. 이로부터 제생원을 중심으로 한 향약의 조사와 활용이 날로 빠르게 진보하다가, 그 결과가 모여 『향약제생집성방(鄕藥濟生集成方)』을 이루게 되었습니다. 이는 진역이 독립 의학으로의 씩씩한 첫발을 내디딘 것입니다.

무릇 향약 연구는 고려 후기부터 점점 열심히 이루어지더니 고려 말에 이미 여러 종의 향약 처방서가 나타났습니다. 태조 개국 후에는 조준(趙浚) · 김사형(金士衡) 등 대신들의 진심어린 마음이 더하여 중앙에 제생원을 세우고 여러 도에 의학원을 세워 향약 연구에 채찍을 더하였습니다.

한편으로 제생원에서 그간의 업적을 수합 분류하여 정종 원년(1399)에 드디어 『우마의방(牛馬醫方)』을 덧붙인 『향약제생집성방』 30권을 만들었습니다. 실로 고려 때부터 이에 뜻을 둔 권중화(權仲和) · 김희선의 꾸준한 노력의 산물이며, 김희선이 강원 감사로 있을 때 간행하여 드디어 의업의 선도적인 다리가 되었습니다.

---

22 글자의 유래, 소리, 뜻 따위를 연구하는 학문으로, 주로 한자를 연구한다.

23 유의교수(儒醫教授)가 정확히 어떤 직책인지는 알 수 없다. 태종 4년 11월의 이 기사에만 나오는 직함이다. 유의(儒醫)는 유학과 의학을 겸비했다는 뜻으로, 유학자로서 의학 지식을 갖추고 있거나 의학자로서 유학적 소양이 높은 사람을 의미한다.

향약 연구의 기초가 이렇게 성립한
뒤에도 거기에 대한 노력은 더욱 돈
독해졌습니다. 세종 때에는 국내에
서의 조사 연구뿐 아니라 베이징
사행이 있을 때마다 중국에서
의 조사, 대조 연구, 오류 정정
에 힘썼습니다. 그 성과를 모아
서 유효통(兪孝通) · 노중례(盧重
禮) · 박윤덕(朴允德) 등이 정리하
고 순서를 매겨 세종 15년(1433)
6월에 『신증향약집성방(新增鄉藥

「향약제생집성방」
(충북 음성, 한독의학박물관)
1398년(태조 7) 조준 · 권중화 · 김희선 ·
김사형 등이 편찬한 의약서.

集成方)』 85권을 만들고, 새로 침구법 · 향약본초 · 포제법을 덧붙여
즉시 전라도와 강원도에서 간행하였습니다.

성종 19년(1488) 11월에 『향약집성방』에 실린 약을 누구나 분별
하여 알아서 쓸 수 있도록 노숙한 의원들에게 상용(常用)에 절실한
것들을 초록(抄錄)하게 하고 이를 국어로 번역해서 활자로 간행하
게 하였습니다. 이후로도 널리 알게 하고 실생활에 쓰이도록 하기
위해 부지런히 애썼습니다.

이렇게 이조 전기의 의학은 향약 연구로 시종하였다 해도 과언
이 아닙니다. 또 이는 당시에는 실로 현명하고 타당한 길이었습니
다. 그러나 세종의 탁월하고 융성한 학문욕은 이쯤으로 결코 만족
될 것 아니어서, 향약 추진 외에 의학상 일대 계획을 별도로 진행
하였습니다. 즉 세종 24~25년경에 안평 대군의 감수 아래 의관 전
순의(全循義) · 최윤(崔閏) · 김유지(金有智) 등을 모아서 고금의 여러
의서를 문(門)별로 나누고 유형별로 모아서 하나로 묶은 거대한 사
업입니다. 3년 만에 모두 365권으로 완성되자 세종께서 '의방유취
(醫方類聚)'라는 이름을 하사하셨습니다.

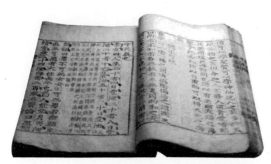

「의방유취」(충북 음성, 한독의학박물관)
1445년(세종 27) 왕명에 의하여 편찬된 의서로
한방 의학의 백과사전격인 의전(醫典)이다.

이 『의방유취』는 인쇄할 때까지 사이에 약간 정리 이합이 있은 듯하여 실제 간행된 책은 266권 264책입니다. 매 권의 장수가 백 장도 넘어서 보통으로 보면 그 배도 더 되는 양입니다. 내용은 당·송·원·명 초까지의 153부 의서를 원문 그대로 각 병문(病門)[24]에 따라 유형별로 정리하였습니다. 그 중에는 후에 없어진 의서가 40여 부나 되고 그 중 30여 부는 이미 일본인의 손에 채집 복원되어 죽은 목숨이 다시 이어졌습니다.

이처럼 『의방유취』는 당시까지 동양 의학의 집대성인 동시에 당시 세계적으로 유례를 볼 수 없는 의약 백과사전입니다. 또한 아직까지 알려진 것으로는 조선 최대의 찬술이며, 또 그전은 물론이고 지금까지도 동양 의학상에 다시없는 최대 유서(類書)[25]입니다.

세종의 다른 사업에서도 그랬듯이 『의방유취』의 편찬에도 그 아들 세조의 협찬이 많았습니다. 세조 8년(1462)에 친히 『의약론(醫藥論)』을 지었습니다. 거기에서 세조는 의(醫)에는 심의(心醫)·식의(食醫)·약의(藥醫)·혼의(昏醫)·광의(狂醫)·망의(妄醫)·사의(詐醫)·살의(殺醫)의 8종이 있다 하여 의도의 윤리를 밝히고, 의신(醫臣) 임원준(任元濬)에게 주해를 더하게 하여 천하에 간행 반포한 일이 있었습니다.

---

24 『의방유취』는 모든 질병을 91개의 병문(病門)으로 분류하고 각 병문(病門) 아래에 해당 약방(藥方)들을 출전의 연대순에 따라 모아 놓았다.
25 여러 서책에서 발췌한 내용을 사항별로 분류, 편찬하여 찾기에 편리하게 만든 책이다. 유본(類本)이라고도 한다. 오늘날의 백과사전과 비슷하다.

『의방유취』가 편찬된 뒤에는 국가 의료 행정이 이 책에 많이 의거하게 되었습니다. 성종 20년(1489)의 『구급간이방(救急簡易方)』(9권)과 연산군 4년(1498)의 『구급이해방(救急易解方)』과 중종 20년(1525)의 『신찬벽온방(新纂辟瘟方)』이 다 이 책을 바탕으로 하여 편찬되고 간행 반포되었습니다.

『의방유취』는 권질이 방대한 만큼 판각이 쉽지 않아서, 세조 5년(1460) 이래로 여러 번 방도를 세웠으나 끝내 실현하지 못하고 다만 전문가 문사들로 하여금 가끔 교정을 보게 했을 뿐입니다(『세조실록』에 '醫方類抄', 『성종실록』에 '醫書類聚'라고 한 것은 다 '醫方類聚'를 잘못 기록한 것).

그러다가 성종 8년(1477) 5월에 이르러 한계희(韓繼禧)·임원준·권찬(權攅) 등이 겨우 30질을 간행하였습니다. 그 당시에야 관계 각 기관에 일단 배치하였겠지만, 원체 간행본 수가 적고 재간행도 어려워서 임진왜란 때까지는 대부분이 흩어져 없어져 버렸습니다. 몇 부가 일본에 약탈되어 일부(12책을 결한 252권)가 지금 궁내성 도서료에 수장되어 원래 모습을 전하였습니다.

한편 일본 에도(江戶)에서 철종 3년(1852)부터 목활자 축쇄 간행이 착수되어 철종 12년(1861) 2월에 264책이 전부 완성되었습니다. 종래의 결본 12권은 히로타(弘田) 번의 의관 시부에추사이(澁江抽齋)가 보완하여 편찬한 것입니다. 고종 13년(1876)에 이른바 병자수호조약이 맺어지자 일본에서 이 복간본을 예물로 우리 조정에 진헌하여 조벽(趙璧)[26]의 환원을 보았습니다(이것이 뒤에 고 홍택주 씨가 수장하다가 1943년에 상해중서의학연구회에서 이를 빌려가 영인하기로 했었는데, 그

---

26 '조벽(趙璧)'은 중국 전국 시대의 고사에서 유래한다. 진나라 왕이 조나라가 가진 옥벽을 차지하려고 일을 꾸몄으나 인상여(藺相如)의 재치로 조나라는 진나라에게 옥벽을 빼앗기지 않았다. 그래서 옥벽을 조벽(趙璧)이라고 부르기도 하였다.

이후는 아직 모릅니다).²⁷

『의방유취』가 워낙 거질이어서 일반에게 보급하기가 불편하여서 이를 보완하려는 방책이 강구되고 있었습니다. 성종 24년(1493)에 내의원 주부 허저(許胝)가 『의방요록(醫方要錄)』(3권)을 편찬하여 올리자 내의원으로 하여금 교정 간행하게 한 일이 있고, 명종·선조 간의 태의 양예수(楊禮壽)가 『의림촬요(醫林撮要)』(13권)를 편찬하여 그 이름이 온 나라에 알려졌습니다.

민간에서도 중종 때에 박영(朴英)이 『경험방(經驗方)』·『활인신방(活人新方)』을, 박운(朴雲)이 『위생방(衛生方)』을, 명종 때에 장한웅(張漢雄)이 『장씨의방(張氏醫方)』·『의경요람(醫經要覽)』을 편찬하였습니다. 전문 과목으로는 온역(瘟疫)·두창(痘瘡)·저학(疽瘧)·태산(胎産)·치종(治腫)·식료(食療) 등에서 다 두드러진 편찬물이 나오기는 했습니다.

그러나 너무 번잡하지도 소략하지도 않게 중도를 갖추고 정밀함이 두루 미쳐서 빈틈이 없는 책, 하나로 만 가지 용도를 다할 수 있는 요전(要典)에 대한 요구는 날로 깊어졌지만 오랜 동안 실현되지 못하였습니다. 그러다가 선조 29년(1596)에 태의 허준(許浚)에게 정작(鄭碏)·양예수·김응택(金應澤)·이명원(李命源)·정예남(鄭禮男) 등과 함께 『의방신서(醫方新書)』를 찬집하게 하여 뼈대를 거의 세웠으나, 마침 정유재란을 만나서 의원들이 사방으로 흩어져 일이 중단되었습니다.

난이 고자누룩해지니²⁸ 다시 허준에게 혼자 편찬하게 하고, 보관

---

27 병자수호조약 때 일본이 조선에 헌납한 복간본 2질 중 1질은 태의원에 보관되었다가 일부 낙질된 상태로 현재 한국학중앙연구원 장서각에 이관되었다. 나머지 1질은 고종이 당시 전의 홍철보(洪哲普)에게 하사하였던 것인데, 이후 홍택주가 소장하고 있다가 기증하여 현재는 연세대학교 도서관에 보관되어 있다.

28 요란하거나 사납던 기세가 수그러져 잠잠해진다는 뜻이다.

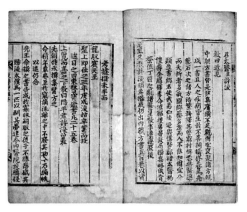

「동의보감」(한국학중앙연구원)
1610년(광해군 2) 허준이 지은 의서로 세계 문화유산으로 지정되어 있다.

되어 있던 의서 500여 권을 내주어 참고 자료로 쓰도록 하였습니다. 허준이 마음을 다잡고 힘써서 잠시도 일을 놓지 않고 십여 년의 공부 끝에 광해군 2년(1610)에 이르러 무릇 25권을 완성하였습니다. 그 이름이 '동의보감(東醫寶鑑)'입니다.

『동의보감』은 내용을 내경(內景; 내과학), 외형(外形; 외과학), 잡(雜; 유행병·곽란·부인과·소아과), 탕액(湯液; 약리), 침구(針灸) 등으로 나누어서 고금의 의학 이론의 정화를 모두 모아 편철한 일종의 의학 백과전서입니다. 『의방유취』와 같이 번다하지 않고 또 『의방유취』에 빠진 명나라 초까지의 재료를 수록하여 핵심과 넉넉함을 용하게 겸비하여, 참으로 의술가의 온갖 요구를 만족시키기에 충분하였습니다.

그래서 『동의보감』이 한 번 나온 뒤에는 다른 의서가 다 방치되다시피 하고, 일찌감치 중국과 일본에도 전해져 번각된 종수가 무릇 얼마인지를 모릅니다. 이름은 '동의보감'이지만 실은 천하의 보감이요, 요새 용어로 하면 곧 동양 의학의 보감이 되었습니다. 세간에 혹 『의방유취』고 『동의보감』이고 다 한낱 편찬물이지 거기에 무슨 독창과 발명이 있느냐 하는 이가 있지만, 이는 술이부작(述而不

作)[29]하는 듯하지만 그 속에 요량하고 집약하는 일종의 창조력이 있는 것을 알아보지 못한 말입니다.

임진왜란은 조선 역사상 커다란 변환 국면이자 조선 문물을 전기와 후기로 분명하게 구분하는 분수령입니다. 이 폭풍우가 진행되는 가운데 의학상으로는 보기 드문 한 쾌거가 있었으니, 즉 진역 최초로 인체 해부 실험을 행한 것입니다. 해부는 동양 고대에도 했었고 장부도(臟附圖) 같은 것도 옛날부터 있었습니다. 그러나 후세에 와서 이런 일이 있었던 것조차 망각하고 만 지경에 이르렀고, 더구나 조선에서는 마음먹은 사람도 없었습니다.

그런데 선조 때에 전유형(全有亨)이 등장하였습니다. 그는 일찍부터 의학에 능통하여 저술이 많았습니다. 임진란 때 호남 토벌의 행중(行中)에 여러 번 적의 시체를 해부하여 장기 내부를 자세히 살펴 연구한 뒤에 의술이 더욱 정묘해졌습니다. 인조 2년(1624)의 이괄의 난 때 원통한 혐의를 받아 참수당했는데, 사람들은 시체를 해부한 벌을 받았다고 하였습니다. 그의 저서에 『오장도(五臟圖)』가 있었다고 전합니다.

중국은 근대에서도 해부 실험은커녕 해부 지식을 얻은 것만도 한참 뒤입니다. 서양의 예수교 선교사가 온 지 오랜 뒤에 부베·제르비용이 강희제에게 베르네의 해부서를 가지고 해부학을 강의한 것이 처음입니다. 그러니 전유형의 해부 실험이 동양에서 얼마나 조숙한 일임을 알 수 있을 것입니다.

여기서 우리가 잠깐 이씨 조선의 의약 제도를 살펴보겠습니다. 초기에는 대개 고려의 제도를 이어받아 쓰다가 차차 변통을 더하여 이른바 '삼의사(三醫司)' 병립제가 이루어졌습니다. 내의원은 임

---

29 『논어』의 술이편(述而篇)에 나오는 말로, 예전 것을 기록하여 전달할 뿐 새로 창작하지 않는다는 의미이다.

금의 약 처방을 담당하고, 전의감은 궁중에서 쓰는 의약의 공급과 임금이 하사하는 의약에 관한 일을 관장하고, 혜민서는 서민의 질병을 치료하고 의녀 교육을 담당하였습니다.

이밖에 보조 기관으로 활인서는 고려의 대비원을 변통한 것으로서 도성 안의 병자를 치료하는 곳이었고, 중간에 폐지된 제생원은 향약 중심의 의약 업무 기획처 노릇을 하였고, 치종청(治腫廳)에서 외과 치료를 전담하였습니다.

의과 시험에 사용하는 의학 국정 교과서라 할 것이 있었습니다. 『경국대전』에는 『찬도맥(纂圖脉)』·『동인경(銅人經)』·『직지방(直指方)』·『득효방(得效方)』·『부인대전(婦人大全)』·『창진집(瘡疹集)』·『태산집요(胎産集要)』·『구급방(救急方)』·『화제방(和劑方)』·『본초(本草)』 등을 열거하고 있어, 맥·경락·본초 등 기초 의학 이외의 임상 처방서는 대부분 조선의 찬술서를 썼다는 사실을 주목할 만합니다.

그런데, 『대전회통』에는 『찬도맥』·『동인경』·『직지』·『본초』·『소문(素問)』·『의학정전(醫學正傳)』·『동원십서(東垣十書)』·『의학입문』을 열거하고 "그 나머지 책들은 지금 폐한다."고 하여 모두 중국 찬술서를 사용하니, 이 사이에 시대정신이 바뀌고 명나라 의학이 침투했음을 증명하고 있습니다(『창진집』은 세종 초 임원준이 편찬하고, 『태산집요』는 세종 16년에 노중례 등이 왕명에 의해 편찬하고, 『구급방』은 세종 때 왕명에 의해 편찬한 것으로서 후에 여러 번 개수를 더한 것, 『의학정전』은 명나라 虞搏, 『동원십서』는 명나라 李杲, 『의학입문』은 명나라 李梴의 편찬으로, 다 명대의 대표적 의서).

이조 후기에도 명의는 있었습니다. 인조 21년(1643)에 청 태종 홍타이지가 풍현증(風眩症)으로 고생하게 되니, 우리에게 의약을 청구하여 침의 유달(柳達)과 약의 박군(朴頵) 등을 보낸 일이 있습니다.

특히 전에 없이 침술이 발달하였습니다. 인조 때의 이형익(李馨

益) · 윤후익(尹後益) · 최우량(崔宇量) · 허임(許任), 효종 때의 최유태 (崔有泰), 숙종 때의 권성징(權聖徵), 영조 때의 조광일(趙光一) 등이 다 신통한 의술로써 세상에 이름을 날렸습니다(허임의 저서로는『針灸 經驗方』·『東醫聞見方』이 있다).

그러나 양난 이래로 온갖 제도가 점점 쇠락하여 의학 또한 떨치 지 못하였습니다. 그러다가 영조 · 정조의 문예 부흥기에 들어가서 약간 떨쳐 일어나게 됩니다. 정조 23년(1799)에 어의 강명길(康命吉) 이 명을 받아 편찬한『제중신편(濟衆新編)』(8권)이 바로 이 시기 기운 이 드러난 것입니다.

이와 서로 전후하여 이경화(李景華)의『광제비급(廣濟秘笈)』과 서 유구(徐有渠)의『인제지(仁濟志)』(28권)와 이원풍(李元豐)의『마진휘성 (麻珍彙成)』과 정약용의『마과회통(麻科會通)』(6권)이 나옵니다. 이것 들에는『의종금감(醫宗金鑑)』[30] 이하 청대 의서를 인용하고, 특히 정 약용의 책에는 우두 처방을 소개하여 시대 조류에서 가장 첨단을 보였습니다.

한편 광해군 이래로 만주 방면으로 교통이 빈번해지면서 대륙 방면의 극렬한 전염병이 자주 침입하여 맹위를 부렸습니다. 그때 마다 국가는 교통 차단, 영양 보급 등 방역 조치를 강구하였습니 다. 광해군 4년(1662)에 간행된『신찬벽온방(新纂辟瘟方)』, 이듬해의 『벽온신방(辟瘟神方)』과 효종 4년(1653)에 간행된『벽온신방(辟瘟新 方)』등이 그 즈음의 산물입니다. 정조 10년(1786)에 왕의 특별 지시 로 구호 시설을 확충하게 하고 왕이 쓰는 약제인 안신원(安神元)[31] 3 만여 환을 도성 안에 배급하였고, 또한 유실된 책과 좋은 처방서를 천하에 널리 구한 일도 있었습니다.

30 중국 청나라 때 오겸(吳謙)이 지은 의학서로 총 90권으로 되어 있다. 당시까 지의 의서 중에서 가장 완비되고 간단명료하며 전문적인 의서로 평가된다.
31 몸에 열이 있을 때는 쓰는 해열제의 일종이다.

정조 이후로는 천주학이 잠행하거나 횡행하게 되면서 서양 문물이 은근히 유입되었습니다. 그 중에는 의학 관련된 것도 있었으련만 다 꺼리고 숨기게 됨으로써 그 단서를 잡아 말하기 어렵습니다. 철종 때에 황지연(黃芝淵)이 고래의 의서를 정리하고 『신경험방(新經驗方)』을 첨가하여 가장 축약적으로 요람서를

「동의수세보원」
(충북 음성, 한독의학박물관)
1894년 이제마가 지은 의서

편성하여 '의방활투(醫方活套)'라고 이름지었습니다. 이 책은 간명하여 금세 중국에 널리 퍼지고 아들 황필수(黃泌秀)가 다시 중요 항목을 첨가하여 『방약합편(方藥合編)』이라 고쳐낸 뒤 더욱 유행하였습니다.

고종 때에 이제마(李濟馬)는 독특한 연구 경험으로써 사람의 체질에 4종의 체형이 있어 의료 처치와 약효가 서로 다름을 밝혀냈습니다. 이것을 태양·태음·소양·소음의 사상(四象)이라 이름하고 그것을 요약하여 『동의수세보원(東醫壽世保元)』을 편찬하였으니, 이는 실로 조선 의학 막판의 빛줄기이었습니다.

서양 의학 전래 사실을 들려주십시오

근세 서양 문화가 동양에 전해진 것은 그들 무역권의 동양 진출에 기인합니다. 명확하게는 예수회 선교사가 중국에 들어온 후로부터라고 할 수 있습니다. 이탈리아인 마테오 리치가 베이징에 교회를 연 것이 1601년(선조 34)입니다.

이때부터 예수회 선교사가 많이 입국하고 그들의 한문 저술이 잇따라 나왔습니다. 그것들은 첫째는 교리이고 둘째는 역법을 주

로 하지만, 직접 간접으로 의학 이론을 더러 언급하였습니다. 이러한 책들은 조선으로 유입되어 어느 정도 자극을 준 것이 사실이지만 이렇다 할만한 영향은 없는 듯합니다.

명말 청초에 걸쳐 종교적으로나 문화적으로 두드러지게 활동하였고, 우리 효종이 인질로 베이징에 있을 때에 자주 교제하다가 효종이 귀국할 때 수많은 교리서와 의기(儀器) · 도상(圖像) 등을 준 사람이 있었으니, 독일인 아담 샬이었습니다.

그는 『주제군징(主制群徵)』이라는 역서를 냈습니다. 이것은 실상 레시우스의 원저를 번역한 교리서로, 아리스토텔레스 계통의 그리스 철학을 근본으로 삼아 저술하고 아울러 당시 서양의 생리학설을 소개하기도 한 것입니다.

이 책은 진작부터 우리나라에도 전해져 숙종 · 영조 때 사람 이익(李瀷)의 『성호사설(星湖僿說)』에 '서국의(西國醫)'라 제목을 달고 『주제군징』의 이론 – 혈액 순환과 뇌중추의 이론을 길게 전재하였고, '본초'라 제목을 붙인 곳에서는 아담 샬의 약리를 전수받지 못한 것을 매우 안타까워하고 있습니다. 이것이 아마 우리 조상의 책에 서양 의학설이 보인 시초일까 합니다.

한편, 일본에는 진작부터 남만류(南蠻流)[32]나 네덜란드류의 외과의술이 시행되었고, 도쿠가와(德川) 씨 중기, 우리의 영조 말경에 서양 해부서의 완역과 함께 서양 의방(醫方)이 상당히 유행하였습니다. 마침 이 전후에 통신사의 왕래가 여러 번 있어서 거기에 관한 새로운 처방서가 더러 수입되었습니다. 박지원의 『열하일기』「금

---

32 남만은 중국 역사에서 남쪽에 사는 이민족을 일컬어 부르는 말이다. 중국에서는 동서남북의 각 방위에 따라 오랑캐를 구분하여 동이(東夷) · 서융(西戎) · 남만(南蠻) · 북적(北狄)으로 불렀다. 16세기 이후 포르투갈, 네덜란드 등 서양 세력이 일본 · 중국 등지에 무역을 요구하기 시작하자 이들 서양인에게 남만이라는 호칭이 사용되었다. 일본은 이들과의 무역을 남만 무역이라 불렀다. 근대 이후에는 서양인을 가리키는 용어로 사용되기도 하였다.

료소초(金蓼小抄)」에는 청나라 사람에게 들은 말로, "근래에 일본에서 판각된『소아경험방』이 가장 훌륭한데, 이것은 서남해 가운데 있는 네덜란드에서 나온 것이다."라 한 것은 그 일단을 보인 것입니다.

그러나 일본처럼 서양 의술을 직접 보고 느낄 기회를 가지지 못한 만큼 구체적 영향으로 전하는 것은 거의 없는 듯합니다. 다만 정조 24년(1800) 봄에 정약용의 지도로 분명 서양법의 우두 접종이 실행된 것을 보면, 그 전파 속도가 얼마나 빠른지 도리어 경탄할 만합니다.

천주교 유행 이후에 남인의 명사로 서양 학술에 뜻을 둔 사람은 수학이나 농학을 전하는데, 그 중 정약용의 아들 정학연(丁學淵)은 의학에 능통하였다고 합니다. 그러나 각종 사옥에 휘말리다 보니 대부분 꺼리고 숨겨서 자세히는 찾을 길이 없습니다.

청나라 함풍 7년(1857, 철종 8년) 이래에 영국 의사 홉슨이 상하이에서『서의약론(西醫略論)』·『내과신설(內科新說)』·『부영신설(婦嬰新說)』·『전체신론(全體新論)』 등을 간행하고, 조금 뒤에 미국 의사 글래스고 커[33]가 광저우에서『서약약석(西藥略釋)』을 간행하였습니다. 이것들이 진작부터 우리나라에 전래하여 관심 있는 사람들 사이에 읽혀졌지만 그것을 의업화하기에는 이르지 못하였습니다.

고종 병자 개국 후에 항구에서의 검역과 국경에서의 방역 등 실제 필요에 따라 서양 의술이 차차 쓰이게 되었으나 오히려 외국인에게 맡기고 우리는 아랑곳하지 않았습니다. 그러다가 고종 21년(1884) 갑신정변 때에 우정국에서 자객의 공격을 받아 중태에 빠진 민영익(閔泳翊)을 그 해에 미국 공사관 부속 의사로 와 있던 미국인

---

33 글래스고 커(Glasgow Kerr; 1824~1901)는 중국에 근대 의학을 전파한 선구자로 30년간 중국인 진료 사업에 종사하였으며, 의학서를 비롯한 과학 서적을 중국어로 저술하였다.

알렌(연세대학교)
알렌은 미국의 선교사 · 외교관으로 갑신정변 때 부상당한 민영익을 치료한 것이 계기가 되어 1885년 왕이 개설한 한국 최초의 현대식 병원 광혜원의 의사와 교수로 일했다.

알렌(Horace Newton Allen)이 치료하여 완쾌시키자 서양 의술의 실용이 갑자기 높아졌습니다.

다음해인 1885년 2월에 옛 혜민서와 활인서를 혁파하여 그 재원으로 광혜원(廣惠院)을 재동에 설립하였습니다. 이어 3월에 광혜원을 제중원(濟衆院)이라 고치고, 알렌을 초빙하여 신식 의료에 종사하게 하는 외에 학도를 뽑아 서양 의학을 강습하게 하였습니다. 이것이 실로 조선에 있어서 서양 의학의 정식 전래라 할 수 있습니다.

한편 알렌은 궁정의 전의를 겸하여 신용이 두터웠습니다. 1886년 5월에는 제중원의 요청에 따라 의사 알렌과 여의사 엘러스[34]가 함께 당상관급인 통정대부의 품계를 받았습니다(알렌은 뒤에 사임하고 잠시 귀국하였다가 1889년에 다시 와서 공사 겸 총영사로 외교관 노릇을 하고 조선에 관한 여러 가지 저술을 남겼습니다).

그러나 제중원의 업적은 차차 부진 상태에 빠지다가 이럭저럭하는 동안에 교회 부속 의료 기관으로 변하였습니다. 그런 한편으로 신교 여러 교파의 전도 방침에 따라 제중원 외에 여러 병원이 전국 각지에 설치되고, 보구여관(普救女館) · 부인 병원 등 특수 시설

---

34 엘러스(Annie J. Ellers; 1860~1938)는 1886년 우리나라에 들어와 제중원에서 활동하였다. 이듬해인 1887년에 여자 고아 1명을 데리고 정동여학당을 창설하였다. 한국명은 혜론(蕙論)이다.

광혜원
연세대학교 안에 복원하였다.

도 생겨서 한참 동안 서양 의술의 주도권은 기독교 신교회의 관할
로 옮긴 모양새였습니다. 변변치 않았지만 생리학 교과서인『전체
공용문답(全體功用問答)』과 기타 소책자도 교회인의 손으로 발간되
었습니다.

갑오 이후 새 제도가 만들어지는 중이던 광무 3년(1899) 3월에
지석영(池錫永)의 요청으로 의학교를 설립하여 "국민에게 내외 각
종 의술을 전문으로 교수하는 곳으로 정"하였습니다. 같은 해 4월
에 병원을 설립하고 대방의(大方醫)·종두의(種痘醫)·외과의·소아
의·침의·제약사 등을 두어 "인민의 질병을 치료하는 일"을 관장
하게 하였습니다.

의학교 교장은 지석영이었고, 교사 중에는 일본인(최초에는 古城梅
溪)을 고용하기도 하였습니다. 또 일본 의서를 번역 간행하여 생도
에게 나눠주어 열심히 가르친 결과로 3년마다 약간의 졸업생을 내
서 우리나라 학교 출신의 의사를 보게 되었습니다.

병원은 광무 4년(1900)에 보시원(普施院)이라 개칭하였다가 유일
한 관립 병원인 광제원(廣濟院)으로 다시 만들어서 한방과 양방으

지석영(1855~1935)
최초로 종두법을 도입했고 의학 교육 사업과
한글 보급 및 연구에도 힘썼다.

로 치료하였습니다. 특히 광무 3년 6월 이래에 감옥의 죄수를 검진한 것은 기록할 만한 일입니다. 한편 이때쯤으로부터 내외국인 사립 병원이 차차 눈에 띄게 활동하였습니다.

이 동안 전염병 단속에 관한 법령도 제정, 실시되었습니다. 맨 먼저 종두 규칙이 고종 32년(1895) 10월에 발포되고, 이어 전염병 예방 규칙, 전염병 소독 규칙과 콜레라 · 장티푸스 · 적리[35] · 디프테리아 · 발진티푸스 · 두창 등의 각 예방 규칙이 광무 3년(1899) 9월중에 차례로 반포되었습니다. 한편 고종 32년(1895) 윤5월에 검역 규칙, 광무 3년(1899) 9월에 검역 정선(停船) 규칙도 발포 시행되었습니다.

광무 4년(1900) 윤5월에 만주 지역에서 페스트가 창궐하자 의학교에서 이에 대한 민중 계몽을 힘써 펼치고, 한편으로 4월 13일에 우리 요인과 일본 · 영국 · 미국의 삼국 의사 14명이 제중원에 모여 흑사병 예방 연구회를 열고 이후 매월 2차씩 회합하기로 하였습니다. 이것은 진실로 전에 보지 못한 의료 관련 활동이었습니다.

이로부터 이후의 변천 사실은 번거로워 피하기로 하겠습니다. 끝으로, 광무 11년(1907) 3월 10일에 의정부 직할 하에 대한의원을

___

35 적리(dysentery; 赤痢)는 유행성 또는 급성으로 발병하는 소화기 계통의 전염성 질환이다. 혈액이 섞인 설사를 일으키는 병으로서, 세균성 적리와 아메바성 적리가 있다. 그러나 근년에 와서 아메바성 적리는 거의 볼 수 없으므로, 적리라면 보통 세균성 적리를 가리킨다.

대한의원(서울 종로 서울대학교 병원 내)
1907년 서울에 설립되었던 국립 병원이다.

설립하여 "위생, 의사 육성, 질병 치료의 일을 관장하게" 하는 동시에, 광제원·의학교를 다 이곳으로 흡수시켰습니다. 이때부터 우리나라에서도 서양 의학이 드디어 의술의 주류를 차지하게 된 것을 말씀드리고 다른 것은 아직 그만두겠습니다.

우두 전래 경로를 들려주시오

두창(痘瘡)이 인간의 삶에 얼마나 큰 위협이었는지는 우리 옛 습속에 두창을 대신(大神)이라는 뜻인 '마마'라고 부른 것을 보면 짐작할 것입니다. 사망률이 높고 경과가 무시무시하였으며, 설사 무사통과한다 할지라도 그 추악한 흔적은 사람을 공포의 구렁으로 쓸어 넣기에 넉넉하였습니다. 인류가 이 짓궂은 운명의 손을 뿌리쳐 보려는 노력으로 이짓 저짓 시험한 가운데 비교적 유효했던 것이 이른바 인두접종법(Inoculation, Variolation)이란 것이었습니다.

즉 사람이 한번 천연두를 치르면 다시 전염되는 일이 별로 없다는 사실에 착안하여 어린애를 두창 환자에게 접근시켜 두창을 옮게 하여 장래의 독두(毒痘)를 면하게 하였습니다. 거기에 이어서 두창의 약한 독을 얻어다가 미리 접종시켜서 장래의 강한 독에 전염되는 것을 방지하려는 방법이 생겨났습니다. 고대 인도와 아라비아 등에서 행해졌고 17~18세기경에는 터키로부터 유럽에까지 전파되었습니다.

중국에서도 송 진종(997~1022) 때에 아미산 신인이 주신 것이라 하여 솜에 두창의 진물을 묻혀서 사람의 콧구멍에 집어넣어 인공적으로 마마를 가볍게 치르게 하는 방법이 행해졌습니다. 이를 전두(傳痘), 인두(引痘), 종두 또는 신두(神痘) , 성두(聖痘)라고 일컬었으며 명·청 때에도 일부에서 행하였습니다. 그러나 인두는 천연두 독을 이용하는 것이기 때문에 잘못하면 인명을 상하는 일이 많고, 또 도리어 천연두를 더 퍼뜨리는 폐단이 있어서 썩 믿을 만하지 못하였습니다.

그런데 유럽에는 그전부터 목축민 사이에 우두를 올린 사람은 천연두에 걸리는 일이 없다는 속설이 있었습니다. 1766년(영조 42)에 영국 나드버리의 한 목장에 에드워드 제너(Edward Jenner)라는 18세의 외과 의학생이 머물고 있었는데, 어떤 농부가 주인집에 와서 진찰을 해 달라고 하자 주인이 천연두라고 진단했습니다. 그러자 농부가 "나는 우두를 올린 일이 있으니까 천연두에 걸릴 까닭이 없다."고 부정하였습니다.

제너가 이 말을 듣고 이 전설이 사실인지 여부를 구명하기로 결심하고, 21세에 런던으로 가서 여러 해 연구를 쌓고, 1775년에 다시 향리로 돌아와 개업해 있으면서 실험을 거듭하였습니다. 한번 우두에 걸렸던 사람 16인을 골라서 천연두의 진물을 넣어 주었지만 한 사람도 천연두 독에 감염되지 않았다는 사실, 즉 한번 우두에 감염된 자는 천연두 병독에 면역이 된다는 걸 알았습니다.

또 1796년 5월 14일에 이르러는 젖 짜는 여자의 손에 돋은 우두의 진물을 다른 아동의 팔뚝에 접종하여 그 아이에게 두종이 생기는 것을 보고, 몇 달 뒤에 다시 천연두 독을 접종하되 그것이 접착되게 하는 실험을 거듭하였습니다. 이때 비로소 우두 독은 소에게서 사람에게 전해지고, 이것을 이용하면 사람이 천연두에 대한 면역력을 가질 수 있다는 사실을 확정하였습니다.

그 이듬해 1797년에 무서운 천연두가 유행하였지만 그 아이만은 무사한 것을 보고 더욱 자신이 굳어졌습니다. 그래도 더 실험을 쌓은 뒤에 논문을 만들어 1798년(정조 22)에 『런던왕립협회보』에 기고하였으나 아무런 반응도 얻지 못하고 묻혀지니 하는 수 없이 자비로 출판하여 세간에 공포하였습니다. 다른 발명가들이 당한 것처럼 발명 당시에는 허다한 공격과 조소를 받았지만, 얼마 뒤에는 그 실적이 명확해져서 영국 본국은 물론이고 세계 각국으로부터 감사와 칭송이 우레와 같고 밀물과 같았습니다.

우두 접종법은 언제 어떻게 동양으로 전해졌을까요. 청 가경 10년(1805, 순조 5) 4월에 영국 동인도회사 의사로 광저우에서 개업하고 있던 피어슨(皮爾孫, Alexader Pearson)이 종두법을 소개하는 소책자를 만들었습니다. 스턴톤(George Staunton)이 이것을 '종두기법(種痘奇法)'이라는 이름으로 한문으로 번역하여 종두법을 중국 생도에게 전수하였습니다(張星烺, 『歐化東漸史』). 그 수제자는 구희(邱熺)로서 시술이 가장 넓고 『인두략(引痘略)』을 지어 세상에 전하여 중국 우두계의 제일인자가 되었다 합니다(『중국의학대사전』).

『종두기법』과 『인두략』이 일본으로 전해져 일본이 우두를 알게 되고, 한편으로 네덜란드로부터 두묘(痘苗)를 수입하기도 하여 카

정약용 초상
작자 미상의 작품이다.

에이(嘉永) 2년(1894, 헌종 15) 이후
에 그 의술이 널리 행하게 되었다
고 합니다(富士川游, 『일본의학사』).
다만 일본에는 이보다 앞서 분세
이(文政) 7년(1824) 이후에 부분적
이고 고립적으로 우두를 접종한
사실이 있는 모양입니다(富山房,
『국사사전』 제4권).

조선에서는 어떠했을까요. 다
산 정약용(1762~1834)이 의도(醫道)
에도 조예가 깊고 특히 두진(痘疹)
의학에 정통하였습니다. 그것은
『여유당전서』 중에 들어 있는 『마
과회통』(6권)의 저작으로 드러난
일입니다. 『마과회통』의 말미에는 2종의 문헌이 수록되어 있는데,
하나는 『종두심법요지(種痘心法要旨)』이고, 하나는 『신증종두기법상
실(新證種痘奇法詳悉)』입니다. 이 둘 다 조선 종두사에서 중요한 자료
입니다.

『종두심법요지』는 정약용의 종두방(種痘方)과 『의종금감』의 글을
합쳐 편찬한 것으로서 인두비전법(人痘鼻傳法)을 기술하였습니다.
정조 23년(1799)에 의주 부윤으로 있다 돌아온 이기양(李基讓)이 의
주에서 얻은 청나라 정망이(鄭望頤)의 종두 처방[36]을 정약용에게 전
하였습니다.

정약용이 박제가(朴齊家)에게 이 말을 하자 박제가는 『의종금감』
에서 베껴두었던 종두 요지를 정약용에게 주어서, 정약용은 이 둘

---

36 책명은 『정씨종두방(鄭氏種痘方)』이다.

을 합하여 한 책을 만들었습니다. 그때 영평 부사로 있던 박제가는 영평에 돌아가서 그대로 실험하여 성공하였고, 이 처방을 포천 두의(痘醫) 이종인(李種仁)에게 주어서 이종인이 경성으로 와서 전파하였다는 것입니다.

정약용이 스스로 이 시말을 기록하고 글 끝에 "이것은 우리나라 종두의 시초이다. 성상 24년[37] 경신 3월"이라고 적었습니다(『여유당전서』 제1집 10권 종두설 참조). 『신종두기법』은 곧 제너의 법을 소개한 피어슨의 책을 청 도광 8년(1828, 순조 28년)에 북경 유리창(琉璃廠) 규광재(奎光齋)에서 복간한 것입니다. 이것을 아무 설명 없이 원문만을 등재하였는데, "매 책의 가격은 문은(紋銀)[38] 2푼(分)"까지 전재하여 이 책에 관해 아무런 책임을 나누지 않으려고 하였습니다.

정약용 자신의 저서에서 정약용이 제너법을 알고 있는 것만은 이렇게 드러났지만, 그나 다른 이가 우두법을 실행했는지 여부는 다른 증빙이 필요합니다.

이규경의 『오주연문장전산고』(권12) 「종두변증설」에 먼저 인두법의 전래를 갖추어 말한 뒤에 "헌종 1년(1835)에 기이한 처방을 냈다고 들었는데 다산 정약용이 감춰 두고 있다."면서 정약용이 그 처방을 숨겨 두고 보여 주지는 않지만 전해 듣기로는 이러이러하다고 하면서 우유 종두 처방을 말하고 나서,

물집이 생기고 날이 지나 딱지가 떨어지고 다른 증세가 전혀 없으니 이전의 종두법에 비해 참으로 기묘하고 신기한 처방이다.

---

37 1800년으로 정조 24년이다. 이 해는 정조 말년으로 정조가 승하한 해이기도 하다. 이듬해인 1801년부터 정약용은 천주교 사건에 연루되어 18년에 이르는 유배 생활을 하게 된다.

38 중국에서 사용한 은중량통화(銀重量通貨)로, 마제은이라고도 한다. 원나라 말기부터 출현한 말굽 모양의 은괴(銀塊)이다.

라 하였습니다. 믿을 만한 사람의 말을 들어도 사실임은 의심 없는데 정약용이 숨겨 두고 혼자 써먹는 것은 안 된다고 논박하였습니다. 또 철종 5년(1854)에 관동 지방과 관서 지방에서 침으로 우유 두창 딱지를 접종하여 "순하게 경과하여 독이 없어서 모두 다 살았다."는 소문을 들었다고 덧붙였습니다.

그런즉 정약용은 우두 처방을 알고만 있었던 것이 아니고 어느 범위에서는 이를 실시한 것이 사실입니다. 또 설사 그렇지 않았더라도 줄잡아도 철종 초에는 중국 인접지에는 우두가 전해졌음을 인정하게 됩니다.

그러면 정약용이 우두 처방을 얻게 된 경로는 어떠했을까요. 앞서 『정씨종두방』처럼 의주 방면에서 인편으로 얻었을 수도 있습니다. 또 정약용이 천주교 집안인 관계로 베이징 방면에 비밀 교통이 늘 있고, 정약용이 이런데 매우 다심(多心)[39]스러워서 일부러 이러한 부탁을 했을 수도 있습니다.

그가 세상을 구해줄 이 중요한 처방을 짐짓 숨기고 얼른 드러내어 놓지 않은 것은 무슨 까닭이겠습니까. 그때 한참 천주교 옥사에 짓눌려서 살얼음판으로 지내던 그로서는 서양 계통의 우두 처방을 번잡스럽게 선전하기를 꺼렸을 듯합니다. 그것이 만일 자기 문중에서 바로 얻어 들인 것이라면 더욱 숨기려 했을 것으로 생각할 수 있습니다. 이 심경은 그 논평 좋아하는 버릇이 있었는데도 『마과회통』에 '종두기법'을 덧붙여 실으면서 일언반구도 없이 원문만을 베껴 놓고 만 데서도 짐작할 듯합니다.

여하간에 헌종·철종 즈음에 우두법이 우리나라에 시행된 것만은 사실이지만 아주 국부적이고 아직 일반화하지 못하였습니다. 그러던 차에 고종 13년(1876) 병자 조약 체결 후 1차 수신사로 김

---

39 조그만 일에도 생각을 많이 하는 데가 있다는 뜻이다.

기수(金綺秀)가 일본으로 갔을 때 끼어 갔던 박영선(朴永善)이 일본 의사 오다키 도미조(大瀧富三)에게 우두법을 배워 가지고 와서 그 기술을 지석영에게 전수하고, 『종두귀감(種痘龜鑑)』 1책을 주었습니다.

지석영이 부산의 제생의원에 가서 그 기술을 더 연마하고, 다시 고종 17년(1880)의 제2차 수신사 김홍집(金弘集) 일행에 따라가서 두묘 만드는 법을 배우고 돌아와서 시술에 힘썼습니다. 한편으로는 『우두신설(牛痘新說)』을 지어 우두의 필요를 널리 알려 우두의 보급에 크게 노력하였습니다.

우두의 효과가 나타나면서 차차 국가의 인정을 받아서 고종 22년(1885)에 지석영이 우두 교수관으로 파견되어서 전라도를 위시하여 각 지방으로의 보급에 종사하였습니다. 그러나 중간에 턱없는 모함을 만나서 시술에 전념하지 못하였습니다.[40]

고종 32년(1895) 11월에 이르러 내부령으로 "무릇 소아는 생후 70일에서 만 일 년 이내에 반드시 종두를 행할 것"이라는 종두 규칙을 발포하였습니다. 광무 3년(1899) 6월 27일에 다시 "13도와 부(府)[41]에서 종두 졸업한 사람을 임시 위원으로 파견하여 종계소(種繼所)를 설립하여 두묘를 제조하며 종두 업무를 널리 시행하여 인민들이 천연두에 요절하는 재앙을 면하게 할 것"이라는 각 지방 종두 세칙을 발포하였습니다.

이보다 앞서 중앙에서는 종두의를 양성하였고, 동시에 전국 각지에는 종두사가 설립되어서 우두 보급이 겨우 본궤도에 오르게

40 지석영이 우두 기술을 미끼로 일본과 결탁한 개화당과 무리를 이루고 있다는 모함을 받아 1887년 전라도 신지도로 유배가 6년간 지내야 했던 사건을 말한다.

41 여기서 부(府)는 23부를 말한다. 1896년에 실시된 행정 구역 개편으로 전국은 13도 23부로 편제되었다.

되었습니다. 그러나 민중이 자발적으로 종두에 힘쓰게 되기는 오히려 수년이 걸렸으며, 또 융희[42] 연간에 들어서야 두묘를 국산화하여 공급이 원활하여졌습니다. 내부 위생국에서 '두묘 매하(賣下) 규칙'을 발포한 것이 융희 3년(1909) 4월 22일의 일입니다.

조선에 수의도 있었습니까

우마는 사람에게 아주 긴요한 가축이기 때문에 기르는 법과 함께 치료에 관한 지식이 꽤 일찍부터 요구되었습니다. 따라서 수의(獸醫)와 수의방(獸醫方)도 아주 옛날부터 있었습니다. 『주례』 천관지속(天官之屬)에 "수의는 짐승의 병과 상처 치료를 맡는다."고 하였습니다.

진역에서도 농우·군마를 다 소중하게 여기고 있었기 때문에 고대부터 그런 치료 시설이 있었겠지만, 고려 이전에는 제도상에 분명히 나타난 것이 없습니다. 이조 후기에 내려와서야 사복시의 잡직 정7품에 마의(馬醫; 『대전회통』에는 3인, 『증보문헌비고』에는 10인)라는 직이 있으며, 소나 기타 동물에 대해서는 아무 것도 없습니다.

수의서로는 이조 초의 『향약제생집성방』에 『우마의방(牛馬醫方)』이 덧붙여 있으며, 세조 12년(1466)에 서거정에게 마의서(馬醫書)를 편집하게 한 일이 있습니다. 인조 때에 이서(李曙)의 이름으로 『마경언해(馬經諺解)』가 간행되었습니다. 그러나 어숙권(魚叔權)의 『고사촬요(攷事撮要)』 이래 역대 유서(類書)에는 반드시 『우마의방(牛馬醫方)』이 들어 있습니다. 그것이 일반에게 필요한 상식으로 인식되었기 때문입니다.

---

42 대한제국의 마지막 연호이다. 순종이 즉위하면서 쓰인 연호로 1907년부터 1910년까지 사용되었다.

사서에 따르면, 인조 18년(1640) 3월에 왜국 사신이 와서 마의 처방에 관한 책을 구해 간 일이 있었는데, 그 책 이름은 사서에 기록되지 않았습니다.

법의학에는 어떠한 방법과 서책이 있었습니까

고대의 법의학은 주로 살인 사건이 있는 경우에 시체에 대한 검시를 행하는 것을 다루고 있습니다. 이 기준을 보인 책으로 송대에 송자(宋慈)가 찬한 『세원록(洗寃錄)』과 조일재(趙逸齋)가 교정한 『평원록(平寃錄)』 등이 있습니다. 원나라 무종 원년(1308)에 왕여(王與)가 이 두 책을 바탕으로 『무원록(無寃錄)』 두 권을 편찬하였는데, 내용이 가장 정밀하고 긴요해서 같은 종류의 책 중에서 가장 널리 퍼졌습니다.

이 책이 언제부터 진역에 전해졌는지는 자세하지 않습니다. 다만 이조 초부터 이 책을 옥사를 처리하는 보전(寶典)으로 알아서 세종 이후로 복각 · 주해 · 증수 · 보정이 번뜻하게 행해졌습니다. 근대에 이르러서도 영조 24년(1748)에는 『세원록』 · 『평원록』 · 『미신편(未信編)』 등 여러 책을 다시 서로 비교 교정하여 각 도에 간행 배포하였습니다. 정조 15년(1791)에는 본문이 난해하여 얼른 알아보기 어렵다 해서 구윤명(具允明)에게 언해를 만들어 전국에 간행 배포하게 하는 등 이 책의 이용이 더욱 부지런해졌습니다.

『무원록』에서는 험법(驗法)과 시장식(屍帳式; 검시 문적의 작성례)에 대해 자세히 서술하고 있습니다. 험법에는 목졸라 죽이는 경우와 목매 죽은 경우, 물에 빠져 죽은 경우와 죽여서 물에 빠뜨린 경우, 살아 있을 때의 상처와 죽은 뒤에 생긴 상처, 재해사 · 급사 · 중독사 등을 감별하는 방법을 일일이 거론하고 있습니다. 옛날 문적치고는 매우 과학적입니다. 조선에서 진작부터 이 책을 국가적으로 채용하여 그 수정과 연구에 힘쓴 것은, 진실로 법률적 양심의 예민함을 나타낸 것입니다.

한편으로 일본에는 옛날에 인명 살육을 가볍게 생각한 탓인지 법의학에 대한 관심이 없더니, 언제부터인지 조선에서 주석을 더한 『무원록』을 얻어다가 살인 사건 해결에 중시하기 시작하였습니다. 도쿠가와 씨 시대에 수차례 조선본 『무원록』을 복각하거나 요점을 추린 기록을 만들어 재판 검증에 활용하였으며, 메이지 중반경에도 활자 소본(小本)을 만들어서 실제에 이용하였습니다.

조선에는 공인된 『무원록』 외에 개인이 낸 사건 처리용 책이 있습니다. 『흠흠신서(欽欽新書)』와 같은 것은 가장 면밀하고 상세하며 또 저명한 책입니다. 다산 정약용이 일찍부터 경제 실용 학문에 뜻을 두어, 지방관이 정사에 임할 때의 보전(寶典)으로 『목민심서(牧民心書)』 48권을 편찬한 다음에 따로 인명 관계 옥사를 처리하는 요람으로 『흠흠신서』 30권을 만들었습니다.

그 내용은 경사(經史)의 전고(典故)[43], 실제의 정황, 죄를 헤아려 형벌을 정한 선례와, 그 비판 등을 다루고 있습니다. 무릇 살인 사건 처리에 관한 일체의 필요 사항을 망라한, 전에 없던 대작입니다.

『목민심서』·『흠흠신서』 두 책은 예전에 원님 노릇하는 자들에게 실용 백과전서로 절대적인 신뢰를 받았습니다. 그 사실과 방법 중에는 현재 법의학상 중요한 참고 자료가 될 것도 많습니다. 흠흠(欽欽)이란 『상서(尙書)』 순전(舜典)의 "삼가라! 삼가라! 오직 형벌을 긍휼히 여기라(欽哉欽哉, 惟刑之恤哉)"에서 취한 이름으로, 형벌 집행에 마땅히 조심하고 삼가며 또 안쓰럽게 여기라는 의미입니다.

----

43 경서와 역사서에 나오는 전례(前例)와 고사(故事)를 뜻한다.

농학은 어떻게 발달해 왔습니까

조선 역사의 첫 장이 이미 농업 경제의 기록이고 또 동양 고대의 정치 철학이 농업 제일주의로 구성되어 있으므로, 언제부터 농업이 존중되어 왔는지 새삼스레 일컬을 것도 없는 사실입니다. 그러나 진역에서 농업이 학문의 대상이 된 것은 퍽 후세에 내려와서인 듯합니다. 고려 후기에야 비로소 농학(農學)의 출현을 분명하게 찾을 수 있으니, 공민왕 때 이암(李嵒: 1297~1364)이 지은 『농상집요(農桑輯要)』가 실로 이러한 종류의 책으로는 처음 등장한 것입니다.

이암은 호는 행촌(杏村)으로, 재주와 학문으로 이름났고 서법(書法)으로 당대에 뛰어났습니다. 나라 사람들이 생리(生理)에 어둡고, 의식(衣食)을 "하늘에만 의존하는 것"을 개탄하여 책을 만들어 '농상집요'라 이름하고,

　　무릇 의식과 재정을 충족하게 하는 이유, 그리고 곡식을 심고 짐승을 기르는 갖가지 준비를 하는 것에 대하여 각각 부문별로 모아서 자세히 나누어 분석하고 촛불로 비추듯이 하였으니 실로 생리(生理)의 양서이다.

라고 한 것은 이색(李穡)의 서문에 보인 말입니다. 『농상집요』가 그 당시에 이미 간행된 것은 알 수 있지만 전해졌는지 여부는 알 수 없습니다.

같은 책인지 다른 책인지 모르겠지만 이조 전기에 이행(李行: 1352~1432)의 이름으로 전하는 『농상집요』가 있습니다. 태종 때에는 거기서 양잠방(養蠶方)을 뽑아 주해 간행하고, 세종 때에는 여러 번 곡식들의 경작 방법을 여기서 고찰하는 등 사실상 『농상집요』가 이 분야의 전범으로 존재하였습니다.

그러나 세종의 왕성한 과학 정신은 그전부터 있던 책을 가지고 우물쭈물하고 말 리 없어서 드디어 새 농서의 편찬을 계획하시니, 그 요지는

임금께서 "곳곳의 풍토가 같지 아니하여 곡식을 심고 가꾸는 데 각기 적성이 있어, 옛 글과 다 같을 수 없다."고 하시고, 여러 도의 관찰사에게 명하여 나이든 농부들을 방문하여 이미 경험한 기술을 찾아오게 하였다(『국조보감』).

고 하여, 그것을 정리 편차하게 하셨습니다.

세종 10년(1428)에 경상 감사에게 서북 양도의 인민이 농사 이치에 어둡고 구습에 매여 지력을 다 활용하지 못하니, 도내에 시행되고 있는 논밭 갈고 씨 뿌리고 김매고 수확하는 양법(良法), 오곡과 땅의 성질의 적성, 잡곡을 번갈아 심는 방법을 나이든 농부에게 캐물어 책을 만들어 진상하라고 하였습니다.

그렇게 해서 농서 1천 부를 찍어 다음해(1429)에 필요한 곳에 반

「농사직설」
세종 때의 정초·변효문 등이 왕명에 의하여 편찬한 농서로 1429년(세종 11)에 간행하여 이듬해 각 도의 감사와 주·부·군·현 및 2품 이상에게 나누어 주었다.

포시켰습니다. 같은 해 5월에 정초(鄭招)·변효문(卞孝文) 등에게 이 책을 수정 보완하여 책으로 완성하게 하고, 다음해 11월에 『농사직설(農事直說)』이라 이름하여 전국에 반포하니, 『농사직설』은 실로 조선 농학이 완전히 독립했음을 의미하는 것입니다.

『농사직설』은 이 뒤 오랜 동안 권농 정책의 절대 준칙이 되어서 필요할 때마다 간행 반포하는 것이 관례가 되었습니다. 효종 6년 (1655) 11월에 홍주 목사 신속(申洬)이 새 재료를 첨가하고, 또 세조 때에 강희맹(姜希孟: 1424~1483)이 편찬한 『금양잡록(衿陽雜錄)』·『사시찬요(四時纂要)』를 합쳐서 이름을 '농가집성(農家集成)'이라 하여 진상하니, 이때부터 『농가집성』이 『농사직설』을 대신하여 세상에 퍼지게 되었습니다.

강희맹의 『금양잡록』은 과천 지방에서의 경험을 바탕으로 쓴 농사 요람서입니다. 그의 형 강희안(姜希顔: 1418~1465)은 『양화소록(養花小錄)』을 저술하였는데, 이 책은 강희안이 원예 생활에서 얻은 경험을 화훼 하나하나에 열거한 것으로서 조선 원예학의 시조라 할 수 있습니다.

효종은 북벌에 필요한 국력을 키우기 위하여 경제 진흥과 농사 개선에 깊게 주의하셨습니다. 신

「금양잡록」
강희맹이 사계절의 농사와 농작물에 대한 필요 사항을 기술한 농서로 자신이 경기도 시흥과 과천 지역에 있는 묘막에 은거하여 손수 농사를 지으며 그곳 나이든 농사꾼과의 대화와 자신의 체험을 토대로 지었다.

속의 『농가집성』도 이에 순응하는 것이었고, 현종 때 박세당(朴世堂; 1629~1703)의 『색경(穡經)』과 『산림경제(山林經濟)』가 다 이러한 분위기 속에서 나왔습니다. 『산림경제』(4권)는 이암의 『농상집요』, 서거정의 『산거사요(山居四要)』 등의 취지를 이어받아 저술한 것입니다. 영조 때 유중림(柳重臨)은 이것을 다듬고 늘려 11권을 만들고, 정조 때 서유구의 『산림경제』에 이르러 집대성되었습니다.

영조 이후로 학풍이 차차 실사구시(實事求是)로 전향하면서 농사에 관심을 두는 학자가 줄을 이었습니다. 이익(李瀷; 1681~1763)의 『도보(稻譜)』, 정상기(鄭尙驥)의 『향거요람(鄕居要覽)』 등이 이때 나왔으며, 영조 때에는 서명응(徐命膺)이 본사(本史)를 만들어 농서가 아주 달라진 예를 보여주었습니다.

정조 때에 이르러서는 왕 자신이 농사 권장에 유난히 관심을 가졌으며 특히 농서를 새로 편수하는 데에 힘썼습니다. 정조 22년 (1696) 11월에 농서를 구하고, 아울러 천시(天時)·지리·수공(水功)·기구(器具)·제언(堤堰)[44]·곡종(穀種)·기타 농사 개선에 대한 의견을 구하는 윤음(綸音)[45]을 발포하니, 그 정성이 극히 간절하였습니다.

이에 대하여 각 지방관 이하 일반 인사로 의견을 낸 자가 27명이고, 농서를 진상한 자가 40명이었습니다. 연암 박지원의 『과농소초 (課農小抄)』도 그 중 하나이었습니다. 이에 정조가 내각(內閣)[46]에 명

44 물을 가두어 놓기 위하여 강이나 계곡을 가로 질러 만든 둑으로 언제(堰堤), 제방(堤防)이라고도 한다.
45 임금이 백성에게 내린 조칙으로 윤지(綸志)라고도 한다.
46 규장각의 다른 이름이다. 규장각은 정조가 즉위한 해인 1776년에 설치되어 역대 시문(詩文)·서화(書畫)·고명(顧命)·유교(遺敎)·선보(璿譜)·보감 (寶鑑) 등을 보관하던 관청이다. 또한 학자들을 모아 경사(經史)를 토론하기도 하고, 많은 책을 편찬, 인쇄, 반포하기도 하였다. 현재 규장각 도서는 서울대학교 규장각에 보관되어 있다.

하여 이것을 조리 있게 다듬어 한 책으로 엮게 하였습니다. 서호수(徐浩修: 1736~1798)가 이 일을 맡아 『해동농서(海東農書)』라는 책으로 완성하여 우선 내각에 보관하였습니다. 그러나 아직 간행되기 전에 정조가 세상을 떠나 그럭저럭 이후를 모르게 되었습니다.

서호수의 아들 서유구(徐有榘: 1764~1845)는 일찍부터 생활 과학에 관심을 가져 『금화경속기(金華耕續記)』·『행포지(杏蒲志)』·『난호어목지(蘭湖漁牧志)』 등 저술이 많았습니다. 뒤에 이 책들을 모으고 국내외 전적 830여 종에서 중요 항목을 발췌하여 유형별로 모아 엮어 『임원경제지(林園經濟志)』 113권을 완성하였습니다. 이 책은 실로 조선뿐 아니라 국내외를 통하여 유서(類書) 중의 백미라 할 만합니다.

그 중에서 「본리지(本利志)」 13권, 「관휴지(灌畦志)」 4권, 「예원지(藝畹志)」 5권, 「전공지(展功志)」 5권은 순수 농학의 부분입니다. 인용서 중에 『농상집요』 이하로 『해동농서』까지 우리 역대 농서가 죄다 들어 있으며, 중국의 책으로는 『제민요술(齊民要術)』 이하 역대 농서와 서광계(徐光啓)의 『농정전서(農政全書)』, 우르시스[47]의 『태서수법(泰西水法)』까지 골고루 채록하여 당시 농학의 최고 수준을 엿볼 만합니다.

한편으로 영조 때에 이광려(李匡呂)가 『농정전서』에 나오는 감자의 유용함을 알고 중국에서 구하려 했으나 여의치 못하자, 영조 39년(1763) 일본 통신사 조엄(趙曮)에게 부탁하여 다음해 돌아오는 길에 감자 종자를 얻었습니다. 다시 동래 부사 강필리(姜必履)와 연락하면서 고심하며 시험하여 영조 41년(1765)까지 재배와 보급에 성공하였습니다. 그 방법을 연구하고 알리는 편찬물로 강필리의 『감

---

47 우르시스(Sabbathino de Ursis, 1575~1620)는 이탈리아의 예수회 선교사이다. 1606년 중국에 파송되어 베이징에 머물며 선교를 하면서 천문 과학 지식 보급에 공헌하였다. 중국명은 웅삼발(熊三拔)이다.

저보(甘藷譜)』, 김장순(金長淳)의 『감저신보(甘藷新譜)』, 서유구의 『종저보(種藷譜)』 등이 있습니다.

이와 전후하여 특수 농예로 삼(蔘) 재배가 시작되었고 차 재배가 부흥하였습니다. 인삼은 원기를 돕는 영약(靈藥)으로 거의 조선 특산이라 할 만했습니다. 그 전에는 자연산 삼이 연간 수천 근 생산되어 국제적 선물과 무역에 사용되어 조선 후기에는 국가의 절대적인 중요 자원이었습니다. 그러나 남채(濫採)의 결과로 숙종 이후에 생산이 수요를 따르지 못하여 국가의 용도상 큰 근심이었습니다.

그러다가 영조 때부터 삼 종자를 채취해 밭에서 기르는 방법을 얻게 되었습니다. 그래서 남도 각지로부터 차차 북진하다가, 정조 때에 개성에 이르러서 땅에 맞고 사업에도 맞아 일대 발전을 이루고, 그 자원 가치가 도리어 그전의 몇 곱절이 되었습니다.

이미 『해동농서』 중에 영남 사람에게서 얻었다는 종삼방(種蔘方)이 수록되고, 그 일부는 유득공(柳得恭)의 『고운당필기(古芸堂筆記)』에 전재되어 있습니다. 또 서유구의 『본리지』의 인용서에 우리나라 사람이 편찬한 『종삼보(種蔘譜)』라는 이름이 있습니다.

차는 신라 선덕왕 때에 이미 수입되었고, 흥덕왕 3년(828)에는 당나라에서 종자를 가져다가 지리산에 재배하여 사원을 중심으로 자못 넓게 유행했습니다. 고려를 지나 이조에 내려와서는 다업(茶業)이 쇠미하여 거의 보잘 것 없게 되더니, 순조와 헌종 사이에 해남 대둔산의 승려 초의(草衣) 의순(意恂)[48]이 다도에 마음을 두어 재배와 포제(炮製)의 오묘한 이치를 얻었습니다. 이어 정약용과 김정희 등이 끌고 당겨서 대둔산은 물론이고 지리산 · 백양산 · 선운산 등

---

48 의순(1786~1866)은 조선 후기의 승려로, 초의는 호이며 의순은 법명이다. 침체된 조선 후기 불교계에 새로운 선풍을 일으킨 선승이며, 우리나라 다도를 정립하여 다성(茶聖)으로 불린다.

의 차 이름이 다시 세상에 전파되고, 그에 따라 각 지방의 차 생산이 차차 회복의 길을 밟게 되었습니다. 정약용의 『동다기(東茶記)』와 초의의 『동다송(東茶頌)』은 조선의 다도 부흥상 흥미 있는 문헌입니다.

순조 이후에도 제언을 수축하고 곡종을 선택하는 등 농사 개선 정책이 전례대로 시행되었습니다. 그러나 순조·헌종 사이에 가뭄이 계속되어 가뭄에 견디지 못하는 모내기를 그만두고 예전의 부종법(付種法)[49]으로 돌아가자는 의논이 자못 시끌벅적했던 것은, 소견 없는 소극론이긴 하지만 경작 방법 일반에 관한 것으로 볼 수도 있습니다.

헌종·철종의 사이에 농학상의 진보적 의식은 이규경의 『오주연문장전산고』에서 살펴볼 수 있습니다. 1부 60책 중에는 북학파적 농사론이 많습니다. 그 중 「곡종변증설(穀種辨證說)」에서는 우리나라에서 나는 벼 41종, 조 16종, 보리 10종, 밀 3종, 귀리 2종, 기장 6종, 메밀 1종, 깨 4종, 율무 3종, 옥수수 1종을 열거하고 있는데, 이것은 당시의 농업 정도를 짐작할 수 있는 자료입니다.

목축에 관하여는 예전부터 농서에 덧붙어 싣는 것이 통례이더니, 정약용의 아들 정학상(丁學祥, 初名 學淵)이 『종축회통(種畜會通)』 여러 권을 만들어 비로소 이에 관한 최초의 전문서가 있게 되었습니다.

고종 개국 이래로 개화의 풍조에 밀려서 고종 19년(1882) 통리군국사무아문의 분사(分司)로 농상사(農桑司)를 두었으며, 고종 21년(1884)에는 잠상공사(蠶桑公司)를 설치하고 독일인 메르텐스[50]를 고

---

49 직파법이라고도 한다. 씨앗을 못자리에서 키우지 않고 직접 논·밭에 파종하여 수확할 때까지 한 장소에서 자라게 하는 재배 방법이다. 모내기에 비해 소출은 적으나 가뭄에 강하다는 장점이 있다.

50 메르텐스(Maertens)는 독일인으로 묄렌도르프(Möllendorf)의 주선으로 한

용하여 그 운영을 맡긴 일도 있었습니다. 그 즈음에 진사 안종수(安宗洙)가 『농정신편(農政新編)』을 번역하고 고종 23년(1886)에 정병하(鄭秉夏)가 『농정촬요(農政撮要)』(3권)를 편찬한 것은 신농학 수입의 효시이었습니다.

이상은 오로지 농서 중심으로 농학의 전개 과정을 말한 것이고 실제 농업 발달 사항에 대한 것은 아직 남겨 놓았습니다. 다만 조선에서 건농(乾農) · 윤재(輪栽)[51] · 녹비(綠肥)[52] 등의 방법을 세계 어디보다 앞서 시행하였고, 근대 과학의 산물인 농업 토목의 이론에 부합하여 지하수를 이용한 관개 기술을 진작부터 발견한 것 등은 조선 농업의 자랑으로 널리 인식된 바입니다.

국에 초빙되어 서양의 양잠 기술을 국내에 보급하였다. 한국명은 맥등사(麥登司) · 맥등사(麥登士)이다.

51 작물을 일정한 순서에 따라서 주기적으로 교대하여 재배하는 방법으로 윤작(輪作), 돌려짓기라고도 한다.

52 녹색 식물의 줄기와 잎을 비료로 사용하는 것을 말한다. 퇴비와 함께 농가 자급 비료로 중요하다. 야생 녹비와 재배 녹비가 있으며, 재배 녹비로 쓰이는 식물을 보통 녹비 작물 또는 비료 작물이라 한다.

조선 문학의 싹은 어떻게 있습니까

인류의 문학은 맨 처음 외계의 사물에 감촉하여 경악이나 탄식하는 소리를 낸 데에서 발생하여, 이러한 감수성이 깊고 또 이것을 표현하는 솜씨 있는 사람을 따라서 발달하여 왔습니다.

미개한 인민이 소박한 생활을 영위하는 가운데 마음을 가장 크게 움직이는 것은 자기를 에둘러 있는 천지자연의 어마어마함입니다. 그 어마어마함 속에는 무엇인지 알 수 없는 큰 세력이 있어서 모든 물건이 다 그 휘두름을 받으며 또는 자기 생활이 편하고 편치 못함과 복스럽고 복스럽지 못함이 온전히 그가 점지하여 주는 것에 매달려 있다고 생각합니다.

이 천지간에 충만하여 있는 무서운 세력을 알아보고 그것을 감탄하고 거기에 기도와 축원을 바쳐서 그 세력이 곱게 보시는 밑에서 편안하고 즐겁게 살고 싶다는 감정을 분명하고 듣기 좋게 발표하려 한 것이 문학의 시초일 것이라고 생각합니다. 얼른 말하면 신령님께 곱게 보이려고 정성을 보이는 소리입니다.

그 다음에는 아무리 유치한 인민이라도 이성끼리의 사이에 저절로 끌리고 서로 잡아당기는 본능적 충동이 성음(聲音)과 언어 위에 발로하여 조금 내켜서는 아름다운 소리와 힘 있는 말로 상대편에 굳센 인상을 주려 하는 노력이 있을 것입니다. 말하자면 사람과 사람의 영혼이 서로 맞부딪치는 동안에 우러나오는 소리가 또한 문학을 기르고 키우는 큰 추진력이었을 것을 생각해야겠습니다.

이 두 가지는 다 아무쪼록 상대편의 호감을 자아냄으로써 목적을 삼는 것이므로, 할 수 있는 솜씨를 다하여 옮겨서 재미있고 들어서 기뻐지는 형식을 취할 수밖에 없습니다. 그러므로 이것들은 가락 있는 소리, 곧 노래의 모양으로 발표될 수밖에 없습니다. 이렇게 신령님을 기리는 노래와 이성을 잡아당기는 노래 둘이 인류의 원시 문학을 구성하는 두 큰 기둥이 되는 것은 대개 의심의 여지가 없습니다.

천지자연의 숭엄함과 미려함을 탄식하고 영웅과 위인의 장렬함과 영특함을 탄미하는 문학과 같은 것은 인류의 예술적 능력이 매우 발달한 계단에 올라가서 생기는 것입니다. 조선의 원시 문학 또한 이러한 동기에서 생기고 이러한 경로로 발달하였을 것이며, 이른바 노래라는 것이 그 맨 처음의 형식일 것입니다.

노래란 것은 본래 신령 앞에서 듣기 좋은 소리로써 귀엽게 보시고 거두어 주시기를 축원하는 것이니, 지금 무당이 굿할 때 부르는 소리를 특별히 '노랫가락'이라고 하는 것은 곧 옛날 뜻을 전하는 것입니다. 그러다가 신령님 앞에서 하는 본새를 본떠서 가락 있게 부르는 소리를 휘뚜루 노래 하여, 노래라는 말이 지금과 같은 의미를 가지게 되었습니다. 한 번 뒤채서 말하면, 조선의 문학은 노래에서 시작하고, 노래는 본래 신령님 앞에서 부르던 것이라 할 수 있습니다.

노래는 어떻게 분화하고 발달하였습니까

원시의 노래가 어떻게 발전하였는지는 분명히 알 수 없습니다. 다만 신라 상고의 일로 전하는 것으로, 고유한 문학 형식에 도솔가(兜率歌)가 있고 그것이 차사(嗟辭)와 사뇌(詞腦)의 두 격으로 나뉜다고 하였습니다. 도솔이니 차사니 사뇌니 하는 것은 다 그때의 국어를 한자음을 빌어 적은 것이어서 문자에는 의미가 없으니까 그 원어를 터득해야겠습니다.

우리는 우선 이것을 이렇게 해석하고 싶습니다. 도솔은 고어 '덧소리'를 사음(寫音)한 것입니다. 덧이라 함은 신령을 위력적인 면에서 일컫는 이름으로서, 덧소리는 곧 '덧'내는 세력을 달래는 소리,

바꾸어 말하면 신령을 제사 지내는 노래를 의미하는 말인 듯합니다. 지금도 귀신을 건드려서 일을 장만하지 말라는 의미로 "덧내지 말라"고 하는 것처럼, 덧이란 위력 가진 이가 성미 부리는 모양을 가리키는 것입니다.

또 우리 옛날의 연극은 전염병 퍼뜨리는 귀신을 쫓는 놀이에서 시작하였다 하는데, 이 탈춤을 그전 말로 '덧뵈기'라고 했습니다. 이렇게 시늉으로 하는 것을 '덧뵈기'라고 이름 지은 준례로 볼 때 신령님 앞에서 노래 부르는 것을 '덧소리'라고 이름하였으리라고 보는 것이 과히 망발은 아닐 듯합니다. 여하간 도솔이라는 말이 오랜 말일진대, 그 의미가 그때의 제의나 종교와 더불어 떠나지 못할 관계를 가졌을 것임은 필연적입니다.

그러나 이것은 본래의 의미가 그럴 거라는 것이고, 뒤에는 제사나 종교에 있건 없건 간에 노래로 부르는 소리면 휘뚜루 도솔 즉 덧소리라고 하였습니다. 또 한문이 들어오고 그 시가의 형식이 유행하게 되었을 때에는 한시에 대하여 국어 노래를 이렇게 부르기도 하였을 것입니다.

그런데 이 도솔가의 내용과 형식이 차사와 사뇌 두 가지로 구별이 된다고 하면서 그것이 어떠어떠하다는 설명은 없습니다. 그래서 고대 문학의 통례와 어음(語音)이 나타내는 의미를 참작하여 생각해 볼 수 있습니다. 차사란 것은 국가나 사회에서 공식으로 거행하는 제사 같은 데서 신령님과 조상님네의 공덕을 찬양하는 노래가 아니었나 하며, 사뇌란 것은 민간에서 보통으로 마음에 있는 바를 하소연하거나 부르짖는 이요(俚謠) 비스름한 것이 아니었나 하는 추측이 생깁니다.

왜냐하면 고대의 음악 가요는 어디서든지 국가적·제사적 서사시와 민요적 서정시 2대 분야로 구별되는 것이 통례입니다. 가까운 중국의 예를 보아도, 고대의 시는 송(頌)이라 하는 제사용과 아

(雅)라 하는 연향용(宴響用)을 합한 사회적인 것과 풍(風)이라 하는 각 지방에 유행하는 개인적인 것으로 나뉘어 있습니다. 우리 도솔가의 일방적인 차사란 것은 중국과 비교해 말하면 아(雅)와 송(頌)에 해당하는 것이고, 사뇌란 것은 풍(風) 곧 민요에 해당하는 것이 아닐까 싶습니다.

그 이유의 하나는, 차사는 찬송을 의미하는 '추다' '추수다'의 사음이고 사뇌는 고백을 의미하는 '사뢰다' '삶다'의 사음으로 볼 수 있다는 것입니다. 또다른 이유는, 마찬가지로 한자를 비는데 전자를 차사, 후자를 사뇌를 취한 것이 음을 나타내는 동시에 겸하여 탄식과 번뇌의 뜻을 머금게 한 것처럼 보인다는 것입니다.

또 이것들은 여하간에 고대 문학의 통칙과 조선 시가의 전개 순서가 응당 이 두 분야를 가졌으리라고 보아야 옳다는 것이 우리의 이 추측을 매우 유력하게 합니다. 여하간 조선의 시가 또는 문학은 제사 때의 '덧소리'에서 싹을 터서 서사시인 차사와 서정시인 사뇌 두 가장귀로 벌어졌던 것인가 합니다.

가무 음악을 신비하게 생각한 사실을 들려주십시오

다른 나라의 일은 전하는 것이 없지만 신라 사람이 가무 음악에 신비한 위력이 있다고 믿었던 사실은 많이 전합니다. 『삼국유사』라는 책에 적혀 있는 몇 가지 실례를 들어보겠습니다.

제25대 진지왕 시절에 도화랑(桃花娘)이라는 미인이 있었는데 왕이 가까이 하려다가 실패하였습니다. 왕이 죽은 뒤에 혼이 와서 도화랑을 범하여 비형(鼻荊)이라는 아들이 태어났는데, 그 아들이 귀신의 무리를 제어하여 살리고 죽이기를 마음대로 한다 하였습니다. 그때 사람이 노래를 지어 "임금님 혼이 낳은 비형 씨 계신 이 집, 귀신들아 썩 물러가, 생심코 지체 말라." 하니, 이것을 써 붙이면 귀신을 물리친다고 믿었습니다.

제26대 진평왕 시절에 화랑의 무리들이 금강산 순례 길을 떠나려 하니 혜성이 나와서 길을 망설이는데, 낭도인 융천(融天)이란 중이 노래를 지어 부르니 혜성도 사라지고 침입하려던 왜병까지 퇴각하였다는 이야기가 있습니다.

제31대 신문왕 때에 동해에서 기이한 대를 얻었더니, 용왕이 "이것으로 피리를 만들어서 불면 천하가 화평하리이다."라고 가르쳐 주었습니다. 그 말대로 하여 궁중에 깊이 감추어 두고 국가에 대사가 있을 때 불었더니 병난(兵難)과 병재(病災)와 수한(水旱)의 근심과 풍파의 소동이 다 씻은 듯 사라졌습니다. 그래서 이름을 만파식적(萬波息笛)이라고 하였다는 이야기가 있습니다.

제33대 성덕왕 때에 왕족 한 분이 강릉 태수로 부임하는 길에 동해 바닷가에서 점심을 자시다가 동해에서 용이 나와서 마누라님을 움켜 들여간 일이 생겼습니다. 어찌할 줄 모르고 있는데, 신이(神異)한 노인이 나와서 부근의 민중을 모아다가 이러이러한 노래를 지어 일제히 부르면서 막대기로 갯가를 두드리면 부인이 나오게 되리라고 가르쳐 주었습니다. 그대로 했더니 과연 용이 마누라님을 내어 왔다는 이야기도 있습니다.

제35대 경덕왕 19년 4월에 해가 둘이 나타나서 열흘이 되어도 사라지지 않았는데, 월명(月明)이라는 가승(歌僧)을 청하여 도솔가를 지어 불렀더니 괴변이 그만 없어졌습니다. 이 월명이라는 중은 또 피리를 잘 불어서 한번은 달밤에 피리를 불고 한길로 지나자 달이 멈추고 가지를 않았다고 합니다.

『삼국유사』의 작자는 이 월명의 사적을 기록한 끝부분에 붙여 말하기를

신라인이 오랜 옛날부터 향가를 숭상하였는데, 중국으로 말하면 시

송(詩頌)이라는 종류이다. 그러므로 가끔 천지 귀신을 감동시킨 사실이 비일비재하다.

라 하였습니다. 이 이야기들의 황당한 내용은 여기서 물을 것 없겠지만, 이런 것을 참말이라고 믿어 온 사실에서 신라 시절에 가무 음악이 얼마나 신비스러운 것으로 신앙되었는지를 우리가 살펴 알 수 있습니다.

향가란 무엇입니까

신라 시절에 우리 고유의 시가(곧 도솔가류)를 한시와 범패(梵唄)에 대응하여 향가(鄕歌)라고 불렀고, 고려 시대까지 이 이름을 답습하였습니다. 향(鄕)이라 함은 우리 고장이나 내 나라라는 뜻을 나타내는 관용어입니다. 국인(國人)을 향인(鄕人), 국어를 향언(鄕言), 국풍 가락을 향악(鄕樂), 국산 약재를 향약(鄕藥)이라 하는 류입니다.

예로부터 조선인은 노래 부르기를 좋아하기로 다른 나라에까지 소문난 인민이고, 더욱이 신라에서는 가락을 신앙적으로 숭상함이 돈독하였으므로 옛날 향가 작품이 퍽 많이 있었을 것입니다. 신라 제51대 진성 여왕 때에 예로부터 전해오는 향가를 수집하여 『삼대목(三代目)』이라는 가집을 편찬한 일이 있으니 그 수가 적지 않았음이 여기서 상상되는 바입니다.

그러나 『삼대목』도 진작 없어지고 작품의 대부분이 이럭저럭 흩어져서 지금까지 전하는 옛날 향가의 수는 매우 보잘 것 없습니다. 신라의 작품으로는 25종의 이름과 14편의 실물이 『삼국유사』의 기사 가운데 끼어 있는데, 그것도 간략해지거나 변개되어 반드시 다 완전한 시편이 아닌 듯합니다.

이 밖에 신라 말 고려 초에 걸치는 작품으로 향가(도솔가)의 한 격인 사뇌에 속하는 11편이 『균여전(均如傳)』(화엄종 승려인 균여의 전기)이라는 책 가운데 들어 있으며, 최근에 다른 몇 편을 발견하였습니다. 이것들은 다 이두문으로 기록되어 있어서 그것을 판독함으로써 어느 정도 당시의 원형을 재현할 수 있으며, 이 연구가 여러 학자의 손에 바야흐로 진행되고 있습니다.

향가 말고 따로 컷하는 신라의 가요에는 무엇이 있습니까

『고려사』「악지(樂志)」에는 고려 시절에 전해 내려오는 삼국 속악(俗樂)을 모아서 그 이름과 내력을 기재하고 있습니다. 신라에 속하는 것으로는 「동경(東京)」, 「동경(東京)」[1], 「목주(木州)」, 「여나산(余那山)」, 「장한성(長漢城)」, 「이견대(利見臺)」 등 6편을 들었습니다.

당시에는 이것들의 사설이 분명히 있었지만, 한문으로 기록해 넣을 수 없는 관계로 『고려사』에 싣지 않아서 그 뒤 이만저만 다 없어져 버렸습니다. 그러므로 신라의 가요로 전해 오는 것은 지금 『삼국유사』에 들어 있는 향가가 있을 뿐입니다.

고구려의 가요로 남아 있는 것은 무엇입니까

고구려는 지리 관계상 진역 제국 중 문화가 먼저 열리고 중국 문학의 영향도 일찍 받았으므로 어느 편으로든지 상당한 문학적 작품을 남겼어야 했습니다. 그러나 망국 때의 사정으로 인하여 온갖 기록이 죄다 잔멸하여 버리고 시가의 실물 같은 것도 뒤에 전하는 것이 심히 적막합니다.

---

1 『고려사』「악지」에는 '동경(東京)'이라는 제목으로 다른 내용의 두 작품이 실려 있다.

『삼국사기』를 보겠습니다. 제2대 유리왕이 본국 여자인 화희(禾姬)와 한인(漢人) 여자인 치희(雉姬) 둘에게 장가들었는데 둘 사이에 시샘이 대단하였습니다. 왕이 사냥 나간 틈에 화희가 치희를 쫓아버리자 돌아와서 이런 일을 안 왕이 치희의 뒤를 쫓았습니다. 나무 아래에서 쉬는데 암수 두 꾀꼬리가 짝지어 노는 것을 보고 감개하여 노래를 지었습니다. 이것이 옛 한시 형식으로 전해 옵니다.

> 펄펄 나는 저 꾀꼬리 암수 서로 정다운데
> 외로운 이내 몸은 뉘와 함께 돌아갈꼬[2]

이것은 고대 문학에 흔히 보는 '노래이야기'의 형식에 속하는 상사가(相思歌)의 하나입니다. 본래는 사설과 노래가 다 국어로 전하던 것이겠지만 필시 『삼국사기』 찬술 당시에 완전히 한시화하여 버린 듯합니다.

왜냐하면 고구려 시절의 '노래이야기'가 고려 어느 시기까지 전해 내려오고 있었음은 『고려사』 「악지」에 고구려의 속악이라 하여 「내원성가(來遠城歌)」·「연양가(延陽歌)」·「명주가(溟州歌)」 등의 이름과 유래를 적고 있는 데서 짐작할 수 있습니다. 다만 속어이기 때문에 실물이 기록에 빠졌습니다. 여기의 유리왕 「황조가」는 이것들에 앞서서 『삼국사기』에 한역하여 수록한 까닭에 그 풍모를 구경할 수 있다는 게 도리어 기이한 요행입니다.

---

2 원문은 다음과 같다. "翩翩黃鳥 雌雄相依 念我之獨 誰其與歸"

백제 계통의 가요는 무엇이 있었습니까

백제 계통의 노래라 하여『고려
사』「악지」에 「선운산」·「무등산」
·「방등산」·「정읍」·「지리산」 등
의 이름과 유래를 기록하고 있습
니다. 그 중「정읍」의 사설은 궁
중의 악부(樂部)에 끼어서 이조
까지 전해 내려와서『악학궤범
(樂學軌範)』이란 책에 국문
으로 실려 있습니다.

「악학궤범」
조선 시대의 의궤와 악보를 정리하여 성
현 등이 편찬한 음악 책이다. 백제가요「정
읍」이 국문으로 실려있다.

그 유래는 정읍현의 백
성이 외지에 장사를 나가서
돌아오지 않자 그 아내가 산에 올라가서 멀리 바라보면서 여행길
의 수고를 애처로워하는 뜻을 읊은 것이라고 하였습니다. 꼭 백제
시대의 것인지는 모른다 할지라도, 사설이 소박하고 격조가 고아
하여 우리 고대 문학의 전형을 엿볼 만하므로 그 주문을 아래에 기
록하겠습니다.

달아, 높이높이 돋으시어
멀리멀리 비춰오시라
저자에 가 계신가요
진 데를 디딜세라
어디에든지 놓고 오시라
내 가는 곳에 저물세라

고려의 시가에는 어떤 것이 있습니까

고려 시대에 내려와서는 다른 문화를 따라서 문학 방면이 매우 융성하고, 가악(歌樂)은 향악(본국)과 당악(중국) 양쪽에 걸쳐서 많은 작품이 출현하였습니다. 『고려사』「악지」에 수록된 고려 속악(국어의 가악)의 이름을 들어 보면,

「동동(動動)」・「무애(無㝵)」・「서경(西京)」・「대동강(大同江)」・「오관산(五冠山)」・「양주(揚州)」・「월정화(月精花)」・「장단(長湍)」・「정산(定山)」・「벌곡조(伐谷鳥)」・「원흥(元興)」・「금강성(金剛城)」・「장생포(長生浦)」・「총석정(叢石亭)」・「거사련(居士戀)」・「처용(處容)」・「사리화(沙里花)」・「장암(長巖)」・「제위보(濟危寶)」・「안동자청(安東紫靑)」・「송산(松山)」・「예성강(禮成江)」・「동백목(冬柏木)」・「한송정(寒松亭)」・「정과정(鄭瓜亭)」・「풍입송(風入松)」・「한림별곡(翰林別曲)」・「삼장(三藏)」・「사룡(蛇龍)」・「자하동(紫霞洞)」

등 30편이 있습니다. 여기에 들지 않은 고려의 가사로 이씨 조선 대까지 전해진 몇 편이 따로 있습니다. 이를테면 「서경별곡(西京別曲)」・「청산별곡(靑山別曲)」・「쌍화점(雙花店)」・「가시리」・「사모곡(思母曲)」・「정석가(鄭石歌)」 등이 그것입니다. 『고려사』「악지」의 「삼장」은 사실 「쌍화점」의 한 부분입니다.

이 30여 편 중 사설이 온전하게 전해 오는 것은 불과 몇 개 되지 않는데, 『악장가사(樂章歌詞)』란 책에 실린 「쌍화점 타령」의 한 끄덩이를 전재하여 고려적 노래의 면모를 보이겠습니다.

1

만두집에 만두 사러 갔더니만

회회아비 내 손목을 쥐었어요.
이 소문이 가게 밖에 나며 들며 하면
조그마한 새끼 광대 네 말이라 하리라.
그 잠자리에 나도 자러 가리라
그 잔 데 같이 답답한 곳 없다.

2

삼장사에 불을 켜러 갔더니만
그 절 지주 내 손목을 쥐었어요.
이 소문이 이 절 밖에 나며 들며 하면
조그마한 새끼 상좌 네 말이라 하리라.
그 잠자리에 나도 자러 가리라
그 잔 데 같이 답답한 곳 없다.

3

두레 우물에 물을 길러 갔더니만
우물 용이 내 손목을 쥐었어요.
이 소문이 우물 밖에 나며 들며 하면
조그마한 두레박아 네 말이라 하리라.
그 잠자리에 나도 자러 가리라
그 잔 데 같이 답답한 곳 없다.

4

술파는 집에 술을 사러 갔더니만
그 집 아비 내 손목을 쥐었어요.
이 소문이 이 집 밖에 나며 들며 하면
조그마한 시궁 박아지야 네 말이라 하리라.

그 잠자리에 나도 자러 가리라

그 잔 데 같이 답답한 곳 없다.

이씨 조선의 가요의 주조를 개괄적으로 말씀해주십시오

조선의 일반 문학 또 가요까지도 발달의 걸음씨가 몹시 느린 편이어서, 천 년을 놓고 보나 오백 년을 놓고 보나 그다지 커다란 변화를 볼 수 없습니다. 그 최대의 이유는 한문이 지나치게 높은 지위를 가지고 국어 문학의 자유로운 생장과 전개를 크게 구속하였기 때문이라 생각됩니다. 그러나 고려 중엽쯤부터 차차 독자적인 국민 문학을 성립시키려는 기운이 움직이고, 그것이 운문(韻文)에서는 드디어 독특한 하나의 국민시형을 만들어냈으니, 시조란 것이 그것입니다.

시조의 연원은 필시 신라 향가 중의 어느 종류에서 우러나와서 점진적으로 후세에서와 같은 삼장시(三長詩)의 형태로 고정되었을 것입니다. 지금 전해 오는 1,500수 내외의 시조 중에는 고구려 을파소와 백제 성충의 이름을 붙인 것도 있지만 미덥지 않습니다. 시조가 확실히 성립한 것은 고려 중엽의 초기쯤인 듯합니다.

고려 시대의 시조 작가로는 최충(崔沖) · 곽여(郭興) · 우탁(禹倬) · 이조년(李兆年) · 이존오(李存吾) · 최영(崔瑩) · 이색(李穡) · 정몽주(鄭夢周) · 서견(徐甄) · 길재(吉再) · 원천석(元天錫) 등이 자취를 남겼습니다. 그 중에서 으뜸은 우탁 · 이조년 · 이존오 · 이색이라 할 수 있습니다. 더욱이 이색의

흰눈이 잦아진 골짜기에 구름이 머흐래라

반가운 매화는 어느 곳에 피었는가

석양에 홀로 서있어 갈 곳 몰라 하노라

정철 집터(서울 종로)의 관동별곡 시비

라는 시는, 시적 경지와 격조가 다 사람으로 하여금 부지중에 혼이 들먹이는 것을 깨닫지 못하게 합니다.

이씨 조선에 들어와서는 시조를 좋아하고 숭상하는 풍조가 세월과 함께 보편화하고, 가끔 명사들 중에 출중한 시조인을 발견할 수 있습니다. 전기에는 「강호사시가(江湖四詩歌)」의 맹사성(孟思誠; 1360~1438), 중기에는 「도산십이곡(陶山十二曲)」의 이황(李滉; 1501~1570), 「고산구곡가(高山九曲歌)」의 이이(李珥; 1536~1584) 등이 시조의 문학적 지위를 높이는 데 큰 힘이 되었습니다.

선조 대는 조선 일반 문학의 정점이고, 특히 한시의 황금시대로 치는 기간입니다. 국어 가요상에 있어서도 정철(鄭澈; 1536~1593) 같은 거성이 나와서, 단조(短調)·장곡(長曲)에 두루 빠지지 않는 수완으로 참으로 공전의 업적을 남겼습니다. 『송강가사』 가운데 들어 있는 단가 77수와 장곡 5편이 그것입니다.

정철의 작품은 시적 경지와 기교가 다 출중함은 물론이고, 한문 성어로 뒤범벅하는 통폐를 벗고 조선적인 정서와 일상어를 구사하여 굽히고 펴는 맛이 있게 정회를 베풀고 풍광을 그린 것이 사람에게 각별한 정을 줍니다. 「관동별곡(關東別曲)」·「사미인곡(思美人曲)」·「장진주사(將進酒辭)」 등이 세간에 오래 퍼져서 쇠하지 않은 것이

윤선도 시비(전남 해남 윤선도 기념관 앞)

그냥 그런 것이 아니었습니다. 본보기로 「장진주사」를 들어보겠습니다.

> 한 잔 먹새 그려 또 한 잔 먹새 그려.
> 꽃 꺾어 산(算)해 놓고 무진무진 먹새 그려.
> 이 몸 죽은 후면 지게 위에 거적 덮어 졸리어 매여 가나
> 유소보장(流蘇寶帳)[3]에 만인이 울며 가나.
> 억새 속새 떡갈나무 백양 숲에 가기만 가면
> 누른해 흰달 가는비 굵은눈 회오리바람 불 때 누가 한 잔 먹자 할꼬.
> 하물며 무덤 위에 잔나비 휘파람 불 때 뉘우친들 어떠리.

정철의 발꿈치를 이을 듯한 사람들로 신흠(申欽; 1566~1628), 김광욱(金光煜; 1579~1656), 이명한(李明漢; 1595~1645)을 들 수 있습니다. 그러나 이들은 결국 정철의 높은 봉우리로부터 내려와서 다음 봉

---

3 술이 달려 있는 비단 장막으로, 주로 상여 위에 친다.

우리로 올라가는 동안에 기이하게 우뚝 솟은 봉우리들일뿐입니다.

광해 · 인조 · 효종 · 현종 네 조정에 걸쳐서 특이한 정치 생활을 전개하면서 또한 시조의 경계를 개척하여 높이 오른 이가 윤선도(尹善道; 1587~1671)입니다. 그가 「산중신곡(山中新曲)」 20수, 「어부사시사(漁父四時詞)」 40수 등 도합 75수를 지어 양과 질 모두에서 다 큰 성적을 나타냈습니다. 이로써 시조의 단(壇)은 갑자기 거대한 한 기둥을 얻었습니다. 윤선도의 뒤에는

동창이 밝았느냐 종달새가 우짖는다.
소치는 아이는 여태 안 일어났느냐.
재 너머 이랑 긴 밭을 언제 갈려 하느냐.

를 읊은 남구만(南九萬; 1629~1711)과

동풍 어젯비에 살구꽃이 다 피었네.
뜰 가득 꽃과 잎이 비단수를 이뤘구나.
두어라 산촌부귀를 남이 알까 두렵구나.

를 읊은 이정보(李鼎輔; 1693~1706)와 같은 이들이 더러 혜성처럼 섬광을 발하였습니다. 그렇지만 문인 학사의 사이에서 시조의 유행은 갈수록 쇠미하여졌습니다.

한편으로 숙종 이후에 시조의 주축이 김유기(金裕器) · 김천택(金天澤) · 김수장(金壽長) 등 경성 중심의 가객 사이로 차차 자리를 옮겨갔습니다. 이들은 다 평민 계급의 풍류인으로 천성이 가요를 좋아하고 시조를 진흥시키는 데 혼신을 쏟았지만, 아깝게도 그 능력이 실제적 창화(唱和)에 그치고 작품 위에 나타낸 솜씨가 보잘 것이 적으니, 필시 천품과 시학(詩學)이 다 부족한 데서 말미암은 듯

합니다.

　도리어 분야를 바꿔 옛 시조를 수집 보존하는 데에 가히 없애지 못할 업적을 세웠으니, 김천택의 『청구영언(靑丘永言)』(영조 3년, 1727년 편찬), 김수장의 『해동가요(海東歌謠)』(영조 39년, 1763년 편찬)가 그것입니다.

　이 뒤로 정조 · 순조 · 헌종 · 철종의 4조에 걸쳐서 시조의 길은 침체가 극에 달했습니다. 대원군 집권 때로 내려와서 가객 박효관(朴孝寬)과 그 제자인 안민영(安玟英)이 세도가들 사이에서 놀면서 약간의 즉흥적 작품을 남겼으나 정경(情境)과 기량이 또한 대단치 않았습니다. 한말에 이르러 국민 의식을 깨우치고 국민 문학을 반성하고 재건하는 운동으로 시조가 새 운명을 개척하게 되었습니다.

시조의 신경향을 몇 가지 말씀하여 주십시오

　시조는 중국의 율시(律詩), 일본의 화가(和歌), 페르시아의 '기태'나 '루바이'와 비등한 독특한 시형(詩形)이며, 또 장구한 시간에 걸쳐서 천천히 성립하였습니다. 후에 한문학의 유행에 밀려서 그 발달이 크게 구속을 받았으며, 더욱이 고대 작품의 다수가 부지중 흩어져 없어져서 후대 사람들이 보고 느껴 흥취가 이는 기연을 가지지 못하였습니다. 시조의 명맥이 천분과 교양이 다 넉넉지 못한 이른바 가객의 소일거리로 겨우 존속하게 된 뒤에 그 시적 가치는 더구나 보잘 것이 없었습니다.

　이러한 정세 중에 시조는 저절로 호창(呼唱) 본위의 것으로 전승되어 내용과 격조(格調) 심하면 운율의 규정까지 죄다 등한시되고, 다만 저열한 취미에 영합한 음조의 유창함이 숭상되고 전해지게 되는 비뚤어진 상태가 되었습니다. 그러므로 지금 전해지고 있는 그전의 시조란 것들은, 음조는 거의 예외 없이 좋지만 그 나머지 것은 볼 것이 적다 해도 과언이 아닐 것입니다.

시조 부흥 운동은 이러한 조건에서 일어나게 된 것이어서 그 나갈 길에는 이미 정해진 몇 가지 약속이 있었습니다. 하나는, 내용과 형식이 한시와 같거나 기생하는 처지에서 벗어나 조선적인 무엇을 찾고 만드는 것입니다. 둘은, 조선어의 미와 힘을 발견하고 연마하여 수사학적 성능을 밝혀내고 발휘하는 것입니다.

셋은, 천박하고 인습적인 즉물 즉흥의 비속한 표현으로 일관하던 비루한 시경(詩境)을 순화하고 향상하여 거기에 높은 예술적 향기와 깊은 사상적 내용이 담기게 하는 것입니다. 넷은, 부르기 위주의 시조를 읽는 시조, 맛보는 시조, 관조하는 시조로 돌려서 먼저 시의 질을 갖추게 하고, 이렇게 생긴 시를 노래 부르려면 노래 부르고 읊조리며 씹으며 고개 숙여 생각하려거든 또 그렇게 하도록 하는 것입니다.

다섯은, 노래 부르는 이른바 '장단'이 있을 뿐이요, 구수(句數)나 자수(字數)의 변통 신축이 심히 너그러워서 심하면 운문인지 산문인지 율격이 있는지 없는지를 알 수 없이 혼란하던 것을 일정한 형태로 정리 규약하여 국민시형(國民詩形)으로 완성할 것을 기약하는 것입니다.

이러한 것이 말은 쉬워도 일로는 어렵고, 또 여러 가지 순탄하지 못한 정세에서 진행되는 만큼 성적이 시원하다고는 할 수 없습니다. 그러나 세월이 이미 오래 되니 시경(詩境)의 개척, 시어의 조탁(彫琢) 등에 볼 만한 것이 있으며 금후 새로운 정세에서 비약적인 발전이 그윽이 기대되는 터입니다.

이씨 조선에서 시조 이외의 시가는 어떠한 모양입니까

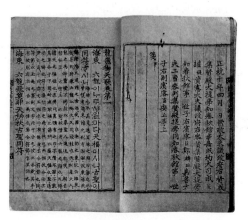

「용비어천가」
세종 때 선조인 목조에서 태종에 이르
는 6대의 행적을 노래한 서사시이다.

단가(短歌)로서의 시조가 이조 국시(國詩)의 주조를 이루지만, 한편으로 장가(長歌)와 여러 가지 잡가(雜歌)도 제각기 상응한 발달을 보입니다. 더욱이 훈민정음의 제정은 그 진척을 빠르게 하는 데 큰 힘이 되었습니다.

이조 전기의 장가로 지금 남아 있는 것은 주로 창업의 찬송에 관한 궁정 시인네의 작품들입니다. 즉 묘정(廟廷) 제사와 궁중 잔치에 서 부르고 연주하는 용도로 만든 것이 역대 실록과 가악의 텍스트 책 가운데 전해 온 것입니다.

주요한 것들을 들어보면, 정도전(鄭道傳)의 「신도가(新都歌)」, 권근(權近)의 「상대별곡(霜臺別曲)」, 변계량(卞季良)의 「화산별곡(華山別曲)」, 윤회(尹淮)의 「봉황음(鳳凰吟)」과 작자 미상의 「북전(北殿)」·「유림가(儒林歌)」·「오륜가(五倫歌)」·「연형제곡(宴兄弟曲)」 등이 있습니다. 이밖에 하륜(河崙)의 「도성형승지곡(都城形勝之曲)」과 「도인송도곡(都人頌禱曲)」 등이 있고, 이름만 남아 있는 것들이 약간 있습니다.

이러한 송가(頌歌)의 조류는 세종 때에 이르러 최고점에 달하게 됩니다. 훈민정음이 제정되어 국어의 표기가 자유로워진 상황에서 추진되어 드디어 「용비어천가(龍飛御天歌)」와 「월인천강지곡(月印千江之曲)」이라는 웅장한 양대 시편이 출현하였습니다.

「용비어천가」는 이 태조가 집안을 일으켜 왕조를 세운 사실이 옛 성군과 서로 부합한다 하여 태조의 영특한 행적을 역대 제왕의 유사한 미담에 대조하여 영탄하는 아가(雅歌)입니다. 중국의 고체시에서 본새를 얻은 듯한 국어시의 새로운 형식으로 모두 125장을 지었습니다. 실로 국어 시가계에 처음 보는 장편 서사시입니다. 그 형식은

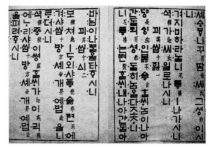

「월인천강지곡」(대한교과서)
1449년(세종 31)에 지은
불교 찬가(讚歌)이다.

뿌리 깊은 나무는 바람에 움직이니 않으니
꽃이 좋고 열매가 많나니.
샘이 깊은 물은 가뭄에 그치지 않으니
내를 이루어 바다로 가나니.

한 것과 같습니다.

「월인천강지곡」은 세종 때에 수양 대군(후의 세조)이 어명을 받아 석가모니 전기를 지어 올리자 세종께서 단락마다에 찬가를 붙인 것입니다. 시형은 「용비어천가」와 똑같고, 제작 연대도 서로 멀지 않습니다. 지금은 전질이 전하지 않아 상세히 말할 수 없지만, 현존한 권 제21, 제22가 부처 전기의 중턱쯤 되므로 그 양이 「용비어천가」 이상으로 엄청나게 많다는 것만은 짐작할 수 있습니다.[4]

「용비어천가」와 「월인천강지곡」은 이조뿐 아니라 조선의 전 문학이나 전 문화 사상에 여러 가지로 중대한 의미를 가지고 있습니다. 특히 특수한 궁정시체가 성립된 것은 주목할 만한 사실입니다.

---

4 이 책이 쓰인 1947년 당시에는 『월인천강지곡』은 상권만이 전하다가 1961년 진기홍이 발견하여 3권으로 되어 있었음을 확인하였다. 1962년에 통문관과 신구문화사에서 각각 영인본을 간행하였다. 또한 1995년 12월 발견된 『월인석보』 권25에는 『월인천강지곡』의 시 7수가 수록되어 있었다.

이현보 초상
(경북 안동 한국국학진흥원)
연산군 4년(1498)에 문과에 급제하
여 여러 직책을 거친 후 말년에는
후진 양성에 힘썼으며 『어부가』 등
의 시조가 유명하다.

무릇 이조 전기는 혁명과 천도, 정권 쟁탈과 계속되는 외국 정벌 등으로 정신이 쓰라릴 정도의 사회 격랑기입니다. 따라서 재미있는 일반 민간 작품이 많아야 마땅하고, 유사눌(柳思訥)의 「진작가사(嗔雀歌辭)」 등이 그런 유형의 하나라고 생각하지만, 통틀어 기록에 오를 기회를 가지지 못하여 거의 다 없어지고 만 것은 애다로운 일입니다.

세종부터 성종 때에 걸쳐 국가적으로 민간 가요 채집을 여러 번 고려했지만, 그 또한 일시적으로 특별히 거론된 것으로 우연히 일어났다가 금세 그친 듯하여 영향은 거의 없습니다.

다만 성종 때에 『악학궤범』이 편찬되어 아악 관계의 가사가 정리되고 선조 때 『악장가사』가 간행되어 『악학궤범』에 빠진 고려 이래의 민간 가사가 꽤 많이 실렸던 것은, 넓은 바다에 버려진 구슬을 여기서 만나는 느낌이 있다 하겠습니다.

그 뒤 명종과 선조 무렵은 일반 문학이나 국어 가요의 전성기인 만큼 장편 가사의 작가들이 꿈치를 이었습니다. 참으로 노래다운 노래는 이때 생겼다고 할 만합니다.

이현보(李賢輔: 1467~1555)의 「춘면곡(春眠曲)」·「어부가」, 송순(宋純: 1493~1582)의 「무등산가」·「면앙정가」, 정철(鄭澈: 1536~1593)의 「관동별곡」·「성산별곡」·「전후사미인가(前後思美人歌)」·「장진주사」, 차천로(車天路: 1556~1615)의 「강촌별곡」, 송인(宋寅: 1516~1584)

의 「수월정가(水月亭歌)」, 이원익(李元翼; 1547~1634)의 「고공가(雇工歌)」, 허전(許𤩿)의 「고공답주인가(雇工答主人歌)」와 여성으로 무옥(巫玉; 허균의 소실)의 「원부가(怨婦辭)」 등 명작이 다 이 동안에 나왔습니다.

이밖에 유명 무명한 사람들의 허다한 작품이 있어서 일대의 성대한 구경거리가 극히 융성하였습니다. 그 가운데 정철이 탁연히 특출하며 드디어 오백 년 중에 제1인의 지위를 차지했습니다.

그러나 이 시기를 절정으로 하여 장가의 길은 비탈길을 달려 내려가는 형세가 되었습니다. 간혹 약간의 신작이 나오지만 작자의 이름이 전하지 않을 만큼 내용이 변변치 못하며, 대개는 앞사람의 창작 의도를 훔쳐서 이리저리 변통한 정도의 것들이었습니다.

다만 후기로 내려오면서 한 가지 새로 생긴 경향은 서사적인 사실을 전하는 내용의 장편 가사가 유행한 것입니다. 금강산과 묘향산 등 명승을 읊은 수십 수백 구의 것은 오히려 짧은 편입니다. 베이징 사행의 견문을 기록한 「연행가(燕行歌)」와 도읍의 물색을 베푼 「한양가」와 같이 수백 수천 구의 것도 더러 있습니다. 그러나 사실 기록을 위주로 하는 이러한 종류에서 풍류와 운치, 인정미를 찾기는 물론 어려우니 순수한 문학적 견지에서는 시가의 길은 줄곧 쇠운에 빠져 있는 것입니다.

예외라고도 할 것은 평양에서 생겨서 널리 읊어진 「추풍감별곡(秋風感別曲)」입니다. 연대와 작자가 다 분명하지 않지만 총 154구에 남녀 이별의 원통한 정을 완곡하고 간절하게 그려서, 사람을 측측히 움직이는 것이 고금에 견줄 바가 없는 대작입니다. 이것 하나가 있음으로써 하대에도 서정시가 있었다고 간신히 말할 수 있게 되었습니다.

가사란 무엇입니까

가사(歌詞)라는 말이 진작부터 장편 가요의 특별 명칭으로 쓰였습니다. 이조 중엽 이전에 고려 이래의 이러한 노래를 모은 책을 이름하여 '가사'라고 했던 것이 그 증거입니다. 그런데 본래부터 그랬는지 뒤에 그렇게 되었는지 상고할 수 없지만 근세에 이르러서는 공사(公私)의 놀이 자리에서 기생이 시조와 아울러서 부르는 어떤 종류의 긴 노래를 따로 가사라고 불렀습니다.

무릇 기생은 다른 유녀(遊女)에 비하여 몹시 '조'를 지키고 그 '조'라는 것 가운데 시조와 가사 말고는 다른 잡소리(유행 민요 같은 것)를 입에 올리지 않는 게 중요한 조목이었습니다. 그러므로 가사는 일반적인 긴 노래 가운데서 고상하게 치는 한정된 작품을 가리키는 이름이라 하겠습니다.

옛날에는 박준(朴浚)의 『가사』란 책에 실린 여러 편과 정철의 「관동별곡」·「사미인곡」과 차천로의 「강촌별곡」 같은 것이 기생이 흔히 부르던 소리였던 듯합니다. 그러나 근세에는 이런 것들이 죄다 없어져 버리고, 아마 가객의 우연한 벽호(癖好)[5]에서 유래한 듯한 십수 편이 가사라는 이름으로 기생 사이에 전습되었습니다.

『청구영언(靑丘永言)』·『가곡원류(歌曲源流)』 등 텍스트에 실린 것을 보면, 「어부사」·「춘면곡(春眠曲)」·「상사별곡(相思別曲)」·「수양산가」·「양양가(襄陽歌)」·「처사가(處士歌)」·「권주가」·「백구사(白鷗詞)」·「황계사(黃鷄詞)」·「죽지사(竹枝詞)」(일명 건곤가)·「길군악(軍樂)」·「매화타령」 등이 있습니다.

뒤로 내려오면서 수가 더 줄었습니다. 『남훈태평가(南薰太平歌)』에는 잡가편에 「소춘향가」·「매화가」·「백구사」 셋을 들고, 가사

---

5 버릇이 될 정도로 몹시 좋아하는 것을 말한다.

편에 「춘면곡」·「상사별곡」·「처사가」·「어부사」 넷을 들고 있을 뿐입니다. 또 최근에는 실제로 「백구사」·「황계사」·「죽지사」·「길군악」·「매화 타령」쯤이 전습될랑말랑하는 지경이었습니다.

잡가란 무엇입니까

옛날에 긴 노래 가운데서 가려낸 일부를 가사라고 하여 다른 것보다 조촐하게 대접하고, 그밖에 순민요적으로 유행하는 모든 노래를 잡소리나 잡가(雜歌)라고 부릅니다.

기생은 시조 외에 자리의 흥을 돋우기 위해 겨우 가사까지는 부르지만, 혹시 잡소리를 입에 올린 것이 남에게 알려지면 동료에게 징벌당하고 일반에게 배척받게 됩니다. 잡소리는 이른바 삼패·더벅머리·사당패·소리꾼이라는 직업꾼들이 함부로 부르고 놀던 것입니다.

가사와 잡가의 사이에는 명확한 한계가 없으며, 다만 관례적으로 잡가의 일부가 가사로 뽑혀 쓰였습니다. 어떤 경우에는 가사와 잡가의 이름을 넘나들어 쓰기도 하는데, 『남훈태평가』에는 잡가라고 골라낸 「백구사」·「매화 타령」 같은 것을 다른 노래책에는 기생도 부르는 것이라 하여 가사의 부류에 한데 집어넣었습니다. 그러나 기생은 원칙적으로 잡소리를 못하므로 이미 기생이 부르는 바에는 그것을 가사로 치는 것이 맞습니다.

여하간에 잡가에는 어떤 것들이 있을까요? 근세의 유행인 「유산가(遊山歌)」·「제비가」·「적벽가」·「달거리」·「산 타령」·「난봉가」와 「흥 타령」·「군밤 타령」·「아리랑 타령」·「영변가(寧邊歌)」·「담바귀 타령」 등 유행성 민요가 다 잡가입니다. 지방적인 것으로 「육자배기」·「수심가」·「산유화」·「미나리」 등이 또한 이 부류입니다. 요컨대 잡가란 긴 노래 가운데 기생도 부르는 얼마를 뺀 온갖 것을 휘뚜루 일컫는 이름입니다.

판소리(광대 소리)란 어떤 것입니까

판소리(가산풍속도)

조선에서 성악의 주조는 광대 소리라 할 수 있으므로, 보통 소리라 하면 광대의 노래를 지칭하는 게 또한 우연이 아닙니다. 광대라는 직업적 성악은 거의 삼남 지방에 한정되어 전승되어 왔으므로 광대의 가창을 남도 소리라고도 합니다.

무릇 광대란 넓게는 기악(器樂)과 산악(散樂: 땅재주와 짓거리) 모든 것에 걸치는 일반 '재인(才人)'을 휩쓸어 말하는 것이지만, 좁게는 성악을 업으로 하는 무리를 지칭하는 게 통례입니다.

광대가 부르는 노래에는 단가도 있고 육자배기도 있고 이밖에 다른 잡소리가 허다하지만, 광대 소리의 참 소리는 어느 인물을 중심으로 한 희곡성의 긴 노래입니다. 이러한 것은 기록하면 넉넉히 책 한 권을 이룰 만한 장편시들입니다.

이러한 소리는 특별한 마당을 마련하고 한판 옳게 부르고 또 듣는다 해서 이것을 판소리라고 일컫습니다. 그 체제와 설비는 다름이 있지만 성질로 보면 중국의 창희(唱戱)와 서양의 오페라와 동류입니다. 근래에 판소리를 한문으로 창극(唱劇)이라고 쓰는데 과히 이치에 어긋나지는 않습니다.

판소리의 기원은 아주 오래되었습니다. 그 연원은 고대에 국민 서사시가 입에서 입으로 전승하는 방법에까지 소급할 수도 있을

것입니다. 줄잡아도 신라 화
랑도 수행에 한 요목인 '노
래' 숭상에서 맥락이 닿아
내려온 것만은 대체로 의심
할 바 없습니다. 광대의 이
름 중에 '화랑이'라고 하고,
역사적 연구에 따르자면 화
랑이라는 이름이 광대란 말
보다 훨씬 원초적인 걸로 보
아 후세의 광대가 실상 신라
화랑의 여류(餘流)임을 얼른
짐작할 것입니다.

신채효 초상

『삼국사기』에 실린 화랑네
의 전기를 보면, 김흠운(金歆運)을 기리는 「양산가(陽山歌)」와 같이
국민적 영웅의 사적을 노래로 만들어 외는 풍습은 그때에 보통으
로 행한 일인 듯합니다. 그러므로 옛날에는 이러한 종류의 훌륭한
대본이 많이 있었을 것을 생각할 수 있습니다.

그러나 이러한 전통이 어떻게 변천되어 내려왔는지 중간의 소식
은 거의 알 수 없습니다. 근래에 하는 광대의 판소리는 비교적 후
세에 성립한 것이 많습니다. 대개는 숙종 대 이후에 민간에 있는
재료를 가지고 풍류 문사와 실제 부르는 사람의 협력으로 보완 윤
색하여 두고두고 한 편 한 편이 성립한 듯합니다.

언제 누가 어느 것을 어떻게 했는지를 지정할 수 없는 가운데,
다만 근세에 전라도 고창 태생인 신재효(申在孝; 1812~1884)라는 이
가 판소리 대본을 대대적으로 수정하고 정리하였습니다. 이 업적
으로 대원군 시절에 오위장의 직함을 받으니, 신오위장의 이름이
당대에 그득하게 된 특별한 경우가 있습니다.

보통으로 행하는 판소리의 종목은 대략 「장끼 타령」·「변강쇠 타령」·「무숙이 타령」·「배비장 타령」·「심청가」·「박 타령」(흥부가)·「토끼 타령」(별주부 타령)·「춘향가」·「적벽가」(화용도 타령)·「강릉매화전」·「숙영낭자전」·「옹고집 타령」 등 12편이 있습니다. 이 전체를 휘몰아 '열두판' 또는 '열두마당'이라고 부릅니다. 이 12편 가운데 가장 널리 유행되는 것이 「춘향가」·「심청가」·「박 타령」·「적벽가」이고, 그 가운데서도 「춘향가」가 으뜸임은 누구나 아는 바입니다.

조선의 소설은 어떻게 발달하였습니까

소설을 조선어로는 '이야기책'이라 합니다. 무릇 이야깃거리를 기록한 것이면 그만이요, 그 내용이 어떻든 그 분량이 얼마든 죄다 묻는 바가 아닙니다.

외국에서의 소설 발달 경로를 보겠습니다. 중국에서나 서양에서나 다 소설은 글자 그대로 세상에 돌아다니는 짤막짤막한 이야기를 가리키는 말입니다. 그것이 차차 발달하고 변천하여 어수선하고 기다란 이야기로 되고, 연애 소설·가정 소설·사회 소설이니, 고전주의·낭만주의·자연주의니, 단편 소설·중편 소설·장편 소설이니 하는 여러 가지 종별이 생기기에 이르렀습니다.

그러나 조선에서는 옛날 옛적부터 최근에 이르기까지 '이야기책'의 내용과 형태에 이렇다 할 변천을 꼬집어 말할 것이 없을 만큼 발달과 분화가 현저하지 못합니다. 예전이나 지금이나 신화·전설·동화·민담으로부터 온갖 종류의 작품 전체가 '이야기책'이란 한마디에 다 포괄되는데, 그래도 아무런 거북한 점이 없습니다.

어느 의미로 말하면 조선의 소설은 오래도록 아니 최근까지도 극히 유치 소박한 정도에 있었다고 말할 수밖에 없을 것입니다. 여기서는 그런 이론상의 문제는 모르는 체하고, '이야기책'이 변천해 나온 자취를 대강만 말해 두겠습니다.

조선 고대의 소설이 신화와 전설로부터 출발한 점은 다른 나라에서와 마찬가지입니다. 또 원시 문학에서의 신화와 전설의 지위 때문에 당시의 신화와 전설은 그대로 당시 그들의 신앙의 기록이고 신념의 역사이었습니다. 지금 『삼국사기』나 『삼국유사』와 같은 고대의 문헌이 당당히 역사적 사실로서 수록 배열한 것 중에는, 지금 우리 논법으로 말하면 한 편의 문예 작품으로 처리할 것이 대부분일 것입니다.

거기에는 건국의 신비를 나타내려 한 것도 있고, 조상의 공명을 자랑하려 한 것도 있고, 또 연애의 갈등을 그린 것도 있고, 정치를 넌지시 비꼬는 것도 있습니다. 이처럼 다양다색의 '이야기'가 어깨를 겨루고 느런히 벌려 있어서, 『삼국사기』의 어느 시기까지의 부분은 실상 고대 문학집 = 초기 소설선이라고 보아도 결코 이치에 어긋나지 않을 것입니다.

그 중에는 순수 창작적인 것도 있고 사실과 수식이 상반된 것도 있지만, 『삼국사기』의 온달전, 『삼국유사』의 조신낙산몽(調信洛山夢) 같은 것은 누가 보아도 예술적 로맨스임을 얼른 알아볼 수 있는 실례입니다.

그러나 이렇게 의태적(擬態的) 사실로 정사(正史) 중에 기생하는 것은 오히려 순수치 못한 꺼림이 있습니다. 삼국 시대를 지나고 통일 신라의 시대에 내려와서는 한편으로 진(晋)·당(唐) 소설의 영향을 받고 한편으로 불경 설화의 충격을 입어서 순수 예술적 작가와 작품이 차차 세상에 나타나기 시작합니다.

설총(薛聰)의 「화왕계(花王戒)」, 김대문(金大問)의 「잡전(雜傳)」은 요행으로 이름자를 전하는 한두 예입니다. 후에 「신라수이전(新羅殊異傳)」·「신라고사(新羅故事)」 등으로 한데 뭉쳐졌다가 다시 흐트러져서, 이조 이후에는 그 부스러진 조각이 겨우 『삼국사절요』·『동국여지승람』·『태평통재(太平通載)』등에 약간 남아 있을 뿐입니다.

고려에 들어와서는 예술적 작품이 더 많이 나왔어야 옳겠지만, 과거 제도를 채용한 뒤로부터 문학가의 노력이 과거 시험 문체를 공부하는 데로 몰려서 다른 것을 돌아볼 겨를이 없어서인지, 사실 '이야기책' 방면에 나타난 실적은 도리어 신라 이전만도 못합니다. 겨우 시문 본위의 수필과 불교 방면의 영험담이 있어서 간신히 '이야기' 세계의 귀를 아주 틀어막지 않았을 따름입니다.

고려 일대의 대표적 문호인 이규보(李奎報)에게 『백운소설(白雲小說)』이란 저술이 있습니다. 그 이름으로 보면 '이야기'적 기대를 가질 만하지만 불행히 그 전서(全書)가 없어지고 약간의 시문 관계 조목만이 겨우 전하고 있어서 매우 유감입니다.

고려 말부터 송학(宋學)이 유행하다 이조에 들어와서 사상계를 장악한 것은 아름다운 문장과 애정 관련 글이 발생하는 데에는 크게 불리한 조건이었습니다. 그러나 한편으로 문학의 숭상이 대단하여 원체 문사(文士)를 배출하였기 때문에 그들의 흥취가 넘쳐 저절로 소설에까지 미쳐서 한문 본위일망정 여러 가지 작품이 속출하였습니다. 여기에는 명대 문학계의 추세에 자극받은 점도 없지 않을 것으로 짐작합니다.

제일 앞장선 것은 김시습(金時習)의 『금오신화(金鰲新話)』인데, 이것은 분명히 명나라 구우(瞿佑)의 『전등신화(剪燈新話)』를 흠뻑 본받아 지은 단편 소설집입니다. 두 책의 출현 시기가 불과 십 수 년 밖에 안 되므로 문화 교류의 신속함이 놀랍습니다.

거기에 이어 서거정(徐居正)의 『골계전(滑稽傳)』, 강희맹(姜希孟)의 『촌담해이(村談解頤)』, 성현(成俔)의 『용재총화(慵齋叢話)』(그 일부), 김안로(金安老)의 『용천담적기(龍泉談寂記)』, 유몽인(柳夢寅)의 『어우야담(於于野談)』등 민담의 기록화가 행해졌습니다. 그러다가 선조 때

용장사지(경북 경주)
말년에 승려가 된 김시습이 이 절에 있으면서 『금오신화』를 썼다고 한다.

를 지나고 광해 때에 이르러 허균(許筠)의 『홍길동전』, 정태재(鄭泰齊)의 『천군연의(天君演義)』가 나왔습니다.

『홍길동전』은 피압박자의 반발 사상을 구상화한 일종의 사회 소설이고, 『천군연의』는 본래 심성의 작용을 비유적으로 표시한 일종의 심리 소설입니다. 이 둘은 실로 조선 문학 역사상에 비로소 보게 된 소설다운 소설들입니다. 이에 이르러 조선의 '이야기책'이 겨우 구체적인 소설의 단계로 진입하였다고 할 수 있습니다. 이상은 이씨 조선 소설계의 개황입니다.

세종 때에 처음 국문이 만들어지니 일반 문학과 함께 소설 또한 발전의 신기운에 발맞추어 여러 가지 준비 현상을 보이다가, 선조 · 광해 · 인조의 3대에 걸쳐서는 명으로부터 수입한 각종 소설의 번역이 성행하였습니다. 또 대중을 목표로 하는 창작과 새로운 구성이 연방 출현하였습니다. 『열국지(列國志)』·『소대성전(蘇大成傳)』·『적성의전(翟成義傳)』·『두껍전』·『장끼전』 등 다방면의 국문 소설이 쏟아져 나오기 시작하였습니다.

선조 때로부터 조정에 당론이 생겨서 끄덩이끄덩이 싸움질을 하다가, 숙종 때에 이르러는 이 사단 저 사단으로 극렬한 쟁투가 끊이지 않았습니다. 그 중에 민 중전을 몰아내고 장 후궁을 대신 들여 세운 사건을 에두른 서인과 남인의 당쟁은 화해(禍害)의 참혹함이 비길 데가 없었는데,[6] 이 사건이 뜻밖에 조선의 소설사에 중요한 일대 전기를 만들었습니다.

장씨에게 빠진 상감의 마음을 돌리기 위하여 갖은 수단을 써도 소용이 없더니, 김만중(金萬重)이란 이가 처첩간의 갈등과 그 결과의 암담함을 내용으로 한 『사씨남정기(謝氏南征記)』라는 소설을 만들어서 상감 앞에서 넌지시 읽어 드리는 동안에 상감의 마음이 돌아서서 장씨가 몰려나고 민후가 복위하여 조정이 뒤집히는 결과를 나타내었습니다.

또 김만중은 『구운몽(九雲夢)』이라는 몽환 소설을 지어서 인간 세상의 부귀가 무상하고 덧없음을 상징하였습니다. 사연이 재미있고 글이 아름다워서 일반인들이 애독하게 되고, 마침 당쟁의 파동 중에서 죽을 둥 살 둥 절절매던 사람에게 심각한 감격을 주었습니다. 이 두 가지 작품의 영향을 받아서 완고한 계급의 소설에 대한 인식이 얼마나 많이 고쳐졌는지 헤아릴 수 없었습니다.

무릇 국문 소설이 유행한 지도 이미 오래여서 그러지 않아도 그 세력이 커질 만할 무렵에 마침 이러한 인상(印象) 가치가 큰 사실이 있었으니, 그것이 소설의 발달을 촉진하는 효력은 심히 클 수밖에 없는 것입니다. 이때까지의 한문 본위의 소설이 차차 국문 본위로 전향하여 대중의 요구에 순응하는 경향 또한 이로부터 현저하여졌습니다.

---

6 숙종 15년(1689)에 장 희빈 소생의 아들을 원자로 정하는 문제로 인현 왕후가 폐서인되고 장 희빈이 중전으로 오르면서 정권이 서인에서 남인으로 바뀐 사건, 즉 기사환국(己巳換局)을 말한다.

숙종 이후로 갑자기 늘어나온 허다한 소설을 여기서 번거롭게 논설할 겨를은 없습니다. 그러나 그 중에서 가장 널리 유행한 것 몇 가지를 가려 본다면, 『창선감의록(倡善感義錄)』·『옥루몽(玉樓夢)』·『숙향전(淑香傳)』에 점을 찍을 밖에 없고, 그 중에서도 질로나 양으로나 가장 우수한 것이 『옥루몽』입니다.

소설을 짓는 것도 보는 것도 다 부끄럽게 여기던 때라 이 세 가지의 작자도 대체로 알 수 없습니다. 비교적 믿음직한 말은 『창선감의록』은 영조 때 사람 김도수(金道洙)의 작품이라 하고, 『옥루몽』은 김도수보다 좀 뒤지는 남영로(南永魯)의 작품인 『홍루몽(紅樓夢)』을 한번 잡아 늘인 것이라 하며, 『숙향전』의 작자는 이만한 짐작도 있지 않습니다.

『창선감의록』은 바르고 당당한 군자가 악인에게 부대끼면서 마침내 그를 감동시켜 깨닫게 하는 도덕 소설이고, 『옥루몽』은 대체로 『구운몽』의 경계를 다각적으로 확장한 우의(寓意) 소설이고, 『숙향전』은 환란 중에 고아가 된 순결한 처녀가 수난당하고 편력하는 이상 소설이니, 다 가정을 대상으로 한 소설입니다.

이보다 더 유명하다 할 수 있는 것으로 『춘향전』·『심청전』·『토별전(兎鼈傳)』 등이 있지만 이것은 소설이라기보다 창희본(唱戲本)이라 할 것이기 때문에 여기서 언급하지 않겠습니다.

이밖에 한문계의 소설도 의연히 한 옆에서 전통을 지켜왔습니다. 장편에는 김소행(金紹行)의 『삼한습유(三韓拾遺)』, 박태석(朴泰錫)의 『한당유사(漢唐遺事)』가 있고, 단편에는 박지원(朴趾源)의 『연암외전(燕巖外傳)』, 김려(金鑢)의 『우초속지(虞初續志)』 등이 있습니다. 민담의 집성에는 이휘준(李羲準)의 『계서야담(溪西野談)』, 이원명(李源命)의 『동야휘집(東野彙輯)』 등이 있습니다.

한문학은 언제 어떻게 조선에 들어왔습니까

조선과 중국 사이에는 줄잡아도 춘추 전국 시대부터 교통이 있었으니까 한문학이 퍽 일찍 전래할 만한 기회와 인연은 있었겠지만, 실제의 증적(證迹)은 찾을 수 없습니다. 부여와 한(漢) 사이에는 꽤 예의를 갖춘 교류가 있었다고 사서에 기록되어 있지만 문자의 왕래가 있었는지 여부는 상고할 수 없습니다.

고구려는 한의 요동군과 낙랑군의 두 틈에 끼어 있고 국초부터 다른 문물이 매우 진보하였던 것 같습니다. 국초로부터 국사(國事)의 기록이 있었다는 고전(古傳)도 있으므로, 문화의 대세로 보아서 한문이 들어와서 유행하였으리라고 추측하는 것이 그다지 어그러지지 않는 듯하지만, 실제 자취를 증명할 것은 없습니다.

위씨 조선이 한 무제와 충돌하여 넘어지고 그 자리에 낙랑군이 설치되어서, 기원전 108년부터 기원후 313년에 걸치는 4백 수십 년 동안 반도의 한복판에 중국의 고도 문화가 침투하여 있었고, 또 그 주위에 있는 각 부족의 어른들이 한나라의 봉작과 함께 인부(印符)를 받았습니다. 이것이야말로 한문이 진역에 전파될 분명한 조건이지만, 상세한 정황을 더듬을 거리가 또한 붙잡히지 않습니다.

『삼국사기』를 보면 고구려 제2대 유리왕이 여원 마나님을 생각하는 가운데 눈앞의 경치에 감촉하여 "펄펄 나는 저 꾀꼬리 암수 서로 정다운데, 외로운 이내 몸은 뉘와 함께 돌아갈꼬."라는 시를 지었다는 기사가 있으니 기록대로 하면 훌륭한 한문이지만, 이것이 당시의 실물 그대로라고 보기는 물론 어렵습니다.

이제 옛적의 실물이 남아 있는 것을 표준으로 하여 한문이 통행한 자취를 찾아보겠습니다. 평안남도 용강군 운평동에 한나라의 점제현 태평산 신사비(神祠碑)가 있으니, 대개 후한 장제 원화 2년 (85), 지금으로부터 1,760년 쯤 전의 물건으로 추정되어 진역 땅에 현존하는 가장 오랜 한문 실물입니다. 그 다음으로 평안북도 강계군 만포진 대안인 황성평에 고구려 제19대 광개토왕의 능비가 있으니, 그 아들 장수왕 2년(414) 지금으로부터 1,530년쯤 전의 것으로서 진인의 한문이 전해진 가장 오랜 것입니다.

점제현신사비(조선고적도보)
평안남도 용강군 해운면 성현리에 있는
낙랑 시대의 고비(古碑)이다.

그 다음으로 신라 제24대 진흥왕의 하주설진비(下州設鎭碑)가 경상남도 창녕군 화왕산 자락에 있으니, 진흥왕 22년(561)에 건립되었습니다. 진흥왕의 한북척강비(漢北拓疆碑)가 서울의 북한산, 함주의 초방원,[7] 이원의 마운령 등 세 곳에 있습니다. 진흥왕 29년(568)에 건립되어 대강 1,380년쯤 전의 것들이니, 이 진흥왕의 네 비야말로 현재 우리 국토 내에 있는 틀림없는 우리 선조의 한문입니다.

이것들을 가지고 미루어 말하자면, 한문학이 진역에 널리 퍼진 것은 지금으로부터 1,500년~1,600년 이전이고, 1,400년 전쯤까지는 반도의 가장 깊은 곳에까지 상당한 정도의 발달을 보였다는 결론을 얻게 됩니다. 이만큼 발달된 기간이 있었을 터이므로 한문이

---

7 초방원에 있는 진흥왕 순수비는 현재 황초령비로 불리고 있다. 안정복의 『동사강목』 부록 상권 상 「신라 진흥왕 경계비」에는 "초방원(草坊院)은 함흥부 북쪽 백여 리 황초령(黃草嶺) 밑에 있다. 황(黃)과 방(坊)은 음이 서로 비슷하여 전칭한 것이다."라고 기록되어 있다.

처음 전해진 것은 줄잡아도 고구려에 있어서는 1,700년 이전이었을 것이라고 보아도 큰 억지가 아닐 것입니다.

기자 때에 한문이 들어왔다는 말은 근거가 없습니까

근대 사학의 방법으로 연구하여 보면, 중국의 기자가 조선에 와서 임금 노릇하였다는 말이 도무지 터무니없는 소리이므로 기자를 따라서 한문과 다른 중국 문화가 들어왔다는 말은 논란할 여지가 없습니다.

중국의 기자 시절인 은대(殷代)로 말하면 문화가 꽤 높고 한참 골각(骨角)과 청동으로 만든 기명(器皿)에 문자를 새기는 일이 성행하던 시대입니다. 은나라가 망하여 과연 기자가 우리나라로 왔을 것 같으면 또 그 자손이 40여 대나 전승하였을 것 같으면, 그때의 유물이 하나라도 있어야 옳겠지만 그런 것이 하나도 없다는 것은 도리어 기자가 이리 온 일이 없다는 증거가 될 따름입니다.

한문 폐지 문제는 어떻게 생각할 것입니까

국어의 순수성을 보전하고 교육 효과를 증진하자는 입장에서 한자 폐지를 주장하는 것은 이유가 있습니다. 그러나 언어와 문자는 성질상 이상론만으로 결정될 것이 아니라 생활과 문화의 전면적 실제 관계로부터 판단되어야 할 것입니다.

조선의 과거는 물론이거니와 현재와 장래의 실제상 요구를 냉정하게 고려한다면 조급하거나 편벽된 한자 폐지론은 얼른 찬동하기도 어렵고, 또 사실상 실현성도 적습니다. 다만 사용을 제한하여 가면서 마침내는 폐지로까지 이끌어 가려 하는 노력은 한편에서 따로 진행함이 좋겠지요.

서양 문학은 어떻게 조선으로 들어왔습니까

서양의 신화·전설·민담·동화 등이 뜻밖에 일찍부터 조선에 들어온 것은 『삼국유사』에 보인 신라 경문왕의 여이전설(驢耳傳說)이 분명 그리스 신화에 있는 미다스 왕의 이야기를 옮겨 왔다고 할 밖에 없는 사실에서 그 일단을 짐작할 수 있습니다. 이솝 우화의 어느 것이 넌지시 들어와서 우리 민담 가운데 섞여 있는 것도 더러 있습니다.

그리스·로마 등의 시인·사상가의 단상이나 짧은 문구가 명 대 이래로 중국에 온 선교사들의 저술, 이를테면 마테오리치의 『25언』 같은 것 가운데 끼어서 조선 사람 사이에 전해진 것도 꽤 있습니다. 그러나 이렇게 자잘한 사실을 그 문학의 전래라고 보기는 물론 어렵습니다.

그러면 서양 문학 전래의 기원은 무엇으로 잡을까요? 존 버년의 종교적 우의 소설 『The Pilgrims Progress』(1768~1864 출판)가 '텬로력정'이라는 이름으로 국문으로 번역 출판된 것을 최초라고 하고 싶습니다. 이 책은 영국의 종교 문학서 중에 가장 걸출한 것으로 성서에 버금하여 널리 유행하였습니다. 스펜서의 『선녀왕』, 단테의 『신곡』과 아울러서 세계 3대 우화로 치는 것으로서, 진작부터 세계 각국어로 두루 번역되었습니다.

신교가 중국에 들어온 뒤에 청 도광 27년(1847)에 입국한 대영장로회의 선교사 윌리엄 번스(William Burns)의 손에서 '천로역정(天路歷程)'이라는 이름으로 한문으로도 번역 출간되었습니다. 이것이 한문 그대로 우리나라에 들어와서 교인 사이에 읽히다가 캐나다 선교사로서 고종 25년(1888)에 조선에 들어와서 어학 분야에 공적이 많은 게일(James Scarth Gale)이 조선인 조수와 협력하여 '텬로력정'이라고 번역하였습니다. 이는 대개 한역본을 토대로 하고 책 속의 고

「천로역정」
영국 종교 작가 존 버년의 종교적 소설
로 작자의 꿈 이야기를 하는 형식으로
되어 있다.

유 명사 같은 것도 한역 이름을 끌어다 쓴 것이지만, 여하간 서양의 장편 소설이 거의 온새미로 국문으로 번역, 출간된 시초일 것입니다.

그러나 종교의 범위를 벗어나서 순문학적 영역에 속할 문학서류의 수입은 다시 한참의 세월이 요구되어서 그 진보의 지지함이 도리어 야릇하다 할 만하였습니다.

조 선 상 식 문 답 속 편

3

도서

진역에 있는 가장 오래된 저술은 무엇입니까

신화와 전설에 관한 것은 그만두더라도 고구려에서는 국초부터 국사를 기술한 『유기(留記)』 1백 권이 있었습니다. 영양왕 11년(600)에는 태학 박사 이문진(李文眞)에게 명하여 『유기』를 줄여 『신집(新集)』 5권을 만들었다 합니다.

백제에서는 근초고왕 30년(375)에 박사 고흥(高興)이 『서기(書記)』를 만들었다 합니다. 신라에서는 진성왕 6년(545)에 국론에 의하여 대아찬 거칠부(居漆夫) 등으로 하여금 많은 문사들을 모아서 국사를 편찬하기 시작하였다 합니다.

이것들이 남아 있었다면 퍽 오랜 옛날의 전적을 우리가 볼 수 있겠지만, 아깝게도 대개 인멸하여 없어지고 그 단편 잔재가 고기(古記) · 유사(遺事) 등의 이름으로 고려 시대의 찬술인 『삼국사기』와 『삼국유사』 속에 구차히 남아 있을 따름입니다.

고구려 · 백제 · 신라 삼국에 불교가 보급된 뒤에 고승 대덕이 뒤를 이어 나고 그들의 교리를 설명하기 위한 불전 강론 서책이 많이 나왔습니다. 원측(圓測; 613~696) · 원효(元曉; 617~686) · 의상(義湘; 625~702) · 경흥(憬興; 신문왕 때) · 태현(太賢; 경덕왕 때) 이하 여러 학승들의 무수한 논저 중 지금까지 전해오는 것이 약 40종입니다. 온전

설총 묘(경북 경주)
원효의 자식인 설총의 묘라 전해진다.

히 남아 있기로는 이것들이 가장 오랜 전적일 것입니다.

신라 통일 전후에는 강수(强首) 같은 문사, 설총(薛聰) 같은 학자, 김대문(金大問) 같은 저술가가 수북하고, 그들의 저술로 이름을 남긴 것도 여럿이지만 원본이 전하는 것은 하나도 없습니다.

신라인의 일반적 저술로서 현재 남아 있는 것은 신라 말기에 해당하는 최치원(崔致遠; 857~？)의 『계원필경집(桂苑筆耕集)』(20권) 하나가 있을 따름입니다. 『계원필경집』은 최치원이 당나라에서 황소의 난 토벌군 비서(秘書)로서 지은 격서(激書)·상표(上表) 등 공문류를 모은 것으로 당나라 당시부터 유명한 문집이고, 여러 가지 저술 중에 겨우 남아 있는 하나입니다.

현존한 조선 사적 중 가장 오랜 것은 무엇입니까

고구려와 백제는 나라가 없어질 때에 그때까지의 문적이 침입군의 손에 잔멸되어 버리고, 신라는 나라가 아직 부지하고 있을 때에 먼저 후백제 견훤 군대가 경주로 침입하여 궁궐과 문서 창고를 불태워 버려 옛 전적이 남아 있지 못하게 되었습니다.

대개 진역 옛날의 문화는 수도 중심이기 때문에 수도가 갑작스럽게 화액을 당하면 전통 문화재가 단번에 상실되어 버립니다. 그 가운데에서도 화재에 견딜 수 없는 문헌과 서류 등은 천년의 보물이라도 일거에 소멸하는 것입니다.

이러한 화재의 권역 밖인 지방 사원이나 공관 같은 데에 문적이 뿔뿔이 흩어져 있었지만, 고려 전기에 외국 걱정이 연이은 통에 진작 이런 것을 정리할 겨를이 없었습니다. 그러다가 고려 건국 2백 년이 넘은 인종 때에 이르러서야 겨우 국사를 편술할 정신을 차렸습니다.

감수국사(監修國史; 벼슬 이름) 김부식(金富軾)이 왕명을 받아서 없

어지다 남은 약간의 고기(古記) · 고사(故事) 등 문자를 수집하여서
여러 해 고심하고 노력한 끝에 신라 · 고구려 · 백제의 『삼국사기』
50권을 엮어서 인종 23년(1145)에 나라에 바쳤습니다. 지금부터 바
로 8백 년쯤 전의 일입니다. 이 『삼국사기』가 지금 있는 진역 최고
의 사적으로서, 그때까지 남아 있는 문헌을 이만큼 수합하고 또 이
만한 체재를 갖추어 놓은 공은 진실로 갸륵하다 할 것입니다.

역사를 만드는 데에는 그 시대의 문화관과 작자의 개성이 굳세
게 반영되는 것이 통례입니다. 고려 중엽은 중국 문화의 압력이 심
히 강하고, 김부식은 유명한 한문학자로서 그 의도가 오로지 중국
본새의 정사(正史)[1] 체제를 따라 해보려는 데에 있었던 까닭에, 내용
구성과 표현 형식에 모두 심대한 재량과 품절(品節)을 더하였습니
다. 그러므로 얼른 보기에 외형이 반드르르한 대신 내용에는 마땅
하지 않은 취사선택이 많았음을 가릴 수 없습니다.

첫째, 책으로 된 것이 없기는 마찬가지인데도 삼국만을 뚝 잘라
그 이전과 이외를 불문에 부쳤습니다. 둘째, 어떤 사실을 전하는 그
문헌이 외곬이 아닐 것인데, 자기의 안목에 드는 하나를 취하고 나
머지는 몰각하였습니다. 셋째, 고대 전설을 채록할 때 애써 상식화
하기를 꾀하여 도리어 그 진의를 상실하였습니다.

넷째, 문화의 주축이 불교에 쥐어 있는 시대인데도 유교적 표준
으로 망령된 취사선택을 행하였습니다. 다섯째, 민족 특수의 문화
상을 기록함에 한문과 중국 윤리적인 왜곡 변통을 함부로 시도하
여 원형의 참모습을 찾기 어려워졌습니다. 이밖에도 여러 가지 결

---

1 여기서 정사(正史)란 기전체(紀傳體)에 의해 전(前) 왕조 전체의 역사를 정
리한 역사서를 말한다. 기전체는 본기(本紀) · 열전(列傳) · 지(志) · 연표(年
表) 등으로 구성하는 역사 서술 체재로 사마천의 『사기』에서 비롯되어 중국
· 한국의 역대 왕조에서 정사의 기본 형식으로 자리 잡았다. 한국의 경우 고
려 때 삼국의 역사를 정리한 『삼국사기』, 조선 때 고려의 역사를 정리한 『고
려사』가 대표적인 정사이다.

인각사(경북 군위)
일연이 「삼국유사」를 저술한 곳이라 전한다.

점을 들 수 있습니다.

『삼국사기』의 이러한 점을 섭섭하게 아는 이가 있던 가운데 『삼국사기』 편성보다 약 1세기 반쯤 뒤진 때에 불교 방면에서 이 결함을 보정하려 하는 조치가 생겼습니다. 즉, 경상도 가지산 인각사의 일연(一然) 선사 견명(見明)이 『삼국사기』에서 몰각되거나 변환된 신화 · 전설 · 국풍 · 민속과 불교 사적 등을 수집하여 충렬왕 초 (1575)에 『삼국유사』 5권을 편찬한 것이 그것입니다.

일연 선사는 본래 선승으로 범사에 다 담박한 만큼 극성스럽게 새 재료를 모으려 한 것 같지는 않고, 자기가 순례하거나 여행하는 길에 얻을 수 있는 범위 내에서 눈과 손이 닿는 재료를 놀려서 만든 듯합니다. 오늘날 우리가 바라는 정도를 만족시켜 주는 것은 아니지만, 『삼국사기』에서 배척된 것을 채록한 것은 더할 말이 없고 그렇지 않은 것에도 비교하고 짐작할 거리가 많습니다.

가장 두드러진 한두 건만 말씀드릴지라도, 단군의 사실을 고기 (古記) 그대로 수록한 것이 이 『삼국유사』이고, 고대 문학의 유주(遺珠)[2]인 향가 10여 편을 원형대로 전하는 것이 이 『삼국유사』입니다.

조선상식문답속편

---

2 버려둔 소중한 구슬이라는 뜻으로, 세상에 미처 알려지지 않은 훌륭한 인물

『삼국유사』에는 지금 시대 상식으로 보아서 퍽 우스꽝스러운 이야기도 많이 실려 있지만, 작자의 이러한 태도가 실상 고대 문화의 귀중한 비밀 창고를 우리에게 열어 보이는 원유(原由)입니다.

여하간 『삼국사기』와 『삼국유사』는 현존한 가장 오래된 사적으로도 매우 귀중하며, 따라서 우리 고대 문화 연구의 길을 비춰 주는 양대 안목으로서 절대적인 가치를 지닌 보전(寶典)입니다.

진역의 최대 저술은 무엇입니까

진역의 대저술가를 말하자면 신라에서는 원효(元曉)를 들 수 있습니다. 그는 불교의 여러 종파에 걸쳐서 널리 주해하고 논술하여 진실로 백부논주(百部論主)의 실제가 있었습니다. 전체 저술은 상세히 알 수 없지만 고려 시대까지 전래하여 이름을 남긴 것이 약 60여 종이고, 지금까지 실물로 전해 있는 것이 약 20종입니다. 고려에서는 말기에 이색(李穡)의

원효 초상(부산 범어사)

『목은집(牧隱集)』의 시 35권, 문 20권 합 55권인 것이 최대이어서, '백(百)' 자가 쓰이는 것도 볼 수 없습니다.

이조에 내려와서는 문운의 융성에 따라서 대저술과 대편찬이 대대로 있었습니다. 대표적인 것이 세조 때의 '제서유취(諸書類聚)'입

이나 시문(詩文)을 비유적으로 이른다.

니다. 이보다 앞서 세종 때에『의방유취』365권(인쇄본은 266권)을 편찬하여 동방 의학의 집대성에 성공하였습니다.

세조 때에 이를 보완 확장하여 도서 전부를 포괄하는 고금의 대유서(大類書)를 만들기 위해 세조 9년(1464) 7월에 양성지(梁誠之)·임원준(任元濬) 등으로 하여금 여러 학문을 분류하여 문(門)마다 젊은 문관 6명을 예속시켜 각각 전문 고사를 담당하게 하였습니다. 천문문(天文門), 풍수문(風水門), 율려문(律呂門), 의학문(醫學門), 음양문(陰陽門), 사학문(史學門), 시학문(詩學門)이 그것입니다.

그 공정이 웬만큼 진행된 세조 11년(1466) 10월에 드디어 신숙주(申叔舟)·최항(崔恒) 등 12인에게 낭청 1인을 데리고 '제서유취'의 편찬에 착수하게 하였습니다. 무릇 역(易)·천문·지리·의(醫)·복서(卜筮)·시문·서법·율려·농상(農桑)·축목·역어(譯語)·주법(籌法) 등 12문이었습니다.

그 당시로 말하면 고려 이래로 전승해 오는 내외의 선본 도서가 다 망라되었으므로 이 계획이 원만히 수행되었다면 명나라의『영락대전(永樂大典)』과 서로 맞서고 혹은 능가할 만한 일대 유서의 출현을 보았을 것입니다. 그러나 애달프게도 그 일이 아직 초창기인 세조 13년(1458) 9월에 세조가 죽으면서 이 빛나는 사업이 이럭저럭 중단되었습니다.

『의방유취』365권만 해도 일대 편찬이니까 만일 '제서유취'가 완성되었더라면 얼마나 엄청난 인류 문화의 일대 보탑(寶塔)이 되었을지 헤아리기 어렵겠지요. 관찬서로 세종 때의『고려사』139권 70책, 영조 때의『동국문헌비고』100권 40책, 정조 때의『동문휘고(同文彙考)』129권 60책도 큰 편이지만, 고종 때의『증보문헌비고』250권 50책이『의방유취』이후 하나의 기록입니다.

큰 문집으로는 송시열(宋時烈)의『주자대전(宋子大全)』215권 102책, 정조의『홍재전서(弘齋全書)』184권 100책, 서명응(徐命膺)의『보만재총서(保晚齋叢書)』수백 권, 정약용(丁若鏞, 茶山)의『여유당집(與猶堂集)』500권(자기가 찬한 묘지명에 의함. 근래 '전서'라고 한 것은 그 중 154권 76책)[3], 성해응(成海應)의『연재경전서(研齋經全書)』160권 등이 있습니다.

가장 큰 것은 최한기(崔漢綺)의『명남루집(明南樓集)』1,000권으로, 아마 이것이 진역 저술상에 있는 최고 기록일 것이고, 신학과 구학을 연결 지은 내용도 퍽 재미있습니다. 다만 대부분이 간행되지 않아 원본조차 사방에 산재하여 장차 어떻게 될지 모르는 상태에 있어 참으로 딱합니다.[4]

진역 최대의 각판은 무엇입니까

신라 이전에 금석문 아닌 각판(刻板)이 있었느냐 없었느냐는 아직 판정할 수 없습니다. 고려에 내려와서 차차 서적 인쇄가 이루어지고, 여러 번에 걸친 북송판 대장경의 수입이 큰 자극이 되었을 것은 의심할 바 없습니다. 그러나 다른 각판은 어쨌는지 자세하지 않지만, 고려의 각판사(刻板史)는 잡은 참에 일대 경이로써 책장을 열었습니다.

진작부터 진역에서도 대장경을 조판해야겠다고 별러 오던 차에, 현종 때에 거란이 성가시게 굴자 부처의 힘을 입어 이를 물리치려 하였습니다. 현종 12년(1021)에 드디어 발원하고 각판에 착수하여 전후 60여 년의 공력으로 6천여 권의 대장경판의 판각을 완성하여

3 이『여유당전서』의 출간은 일제 시기인 1934년 정약용 서거 99주기를 기념하여 진행된 것으로, 외현손 김성진이 편집하고 정인보·안재홍이 교열에 참가하여 1934~1938년에 간행되었다.

4 1971년에 이르러 성균관대학교 대동문화연구원이 국내외에 산재한 자료들을 모아『명남루총서』로 출간하였다.

해인사 대장경판전(경남 합천)

우선 당과 송의 대장경을 압도하였습니다.

　그것이 끝난 지 얼마 되지 않아서 문종의 왕자로서 출가한 대각국사 의천(義天)이 이전 대장경에 빠진 것을 보완하여 절대 완비한 대대장(大大藏)을 만들 작정으로, 요·송·일본 등에서 새 경전과 전적을 모아다가 선종 3년(1086)부터 각판에 착수하여 여러 해 동안에 새로 4,700여 권을 완성하니, 전후 만여 권의 대장경은 실로 불교가 있어 온 뒤의 최대 결집물입니다.

　그러나 이 두 대장경이 고종 19년(1232) 몽고의 병화에 다 소실되었습니다. 그래서 고려인이 국보를 없애고 말 것이냐 하여 금세 군신이 함께 다시 발원하여 고종 23년(1236)에 각판하기 시작하여 어지럽고 황망한 상황에서도 전후 16년 만에 2,500여 권, 8만여 판 (16만 3천 면)을 완성하였습니다.

　이것이 지금 가야산 해인사에 곱다랗게 간수되어 있는 고려판 대장경으로서, 조선은 고사하고 세계를 통하여 가장 방대한 책판입니다. 활자판에는 중국의 『고금도서집성(古今圖書集成)』도 있고 근래의 여러 가지 대부서(大部書)[5]도 있지마는 장장의 정판(整板)[6]으로는 이 이상이 고금에 없습니다.

사서를 통감이라 하는 것은 어떤 내력입니까

옛날 중국의 사서들은 대개 단기간의 사실을 기록하거나 아니면 대개 한 왕조의 사실을 본기(本紀; 열왕기)·제지(諸志; 분류사)·열전(列傳; 인물지) 등으로 조각조각 분산 서술하였습니다.

송대에 내려와서 사마광(司馬光; 1019~1086)이 그때까지의 모든 정사와 222가(家)의 잡사와 제전(諸傳)을 수합하여서 주·진·한·위·진·송·제·양·진·수·당·후량·후당·후진·후한·후주 등 16대의 흥망 사실을 연월 순서로 편제 배열하여 기술하였습니다. 19년간의 공을 들여 신종 원풍 7년(1084)에 완성하여 나라에 바치자 신종이 '자치통감(資治通鑑)'이라 이름 지었습니다. 곧 역대를 통틀어 하나로 엮은 정치의 보감이라는 의미입니다.

대개 옛 사람들이 사학에 요구하는 것은 정치의 득실, 국가의 흥폐를 기술하여 정치상의 참고 자료를 삼으려는 데에 있었습니다. 통감이란 이름이 이 뜻을 단적으로 표시하기에 적합하였던 것입니다. 통감이란 이름이 한번 생기고, 또 『자치통감』이 원체 유명해진 까닭에 후세에 이를 따르는 사람이 이엄이엄 생겨서, 중국에도 『송원통감(宋元通鑑)』이니 『통감집람(通鑑輯覽)』이니 하는 것들이 허다하게 나왔습니다.

중국 문화권내에 있는 다른 나라에서도 이 이름을 즐겨 썼습니

---

5 분량이 많고 부피가 큰 책을 이른다.
6 오자나 조판의 잘못된 부분에 대한 교정이 완료된 판을 말한다.

다. 조선에서도 『삼국사기』· 『고려사』 등 이른바 각 대의 사서를 만든 다음에 성종 15년(1484)에 역대 사실(史實)을 연도별로 묶어 사서를 편찬하였는데, 이것을 '동국통감(東國通鑑)'이라고 이름 지었습니다.

자서를 옥편이라고 이름은 무슨 내력입니까

옥편(玉篇)이란 대개 문자를 주옥에 비유하여 주옥같은 문자를 모아 엮었다는 의미입니다. 중국의 자서(字書)에는 글자 뜻, 형태, 음을 기준으로 유취(類聚)한 3종이 있습니다. 뜻으로 유취한 것은 『이아(爾雅)』를 시조로 하고, 형태로 유취한 것은 『설문(說文)』을 시조로 하고, 음으로 유취한 것은 『성류(聲類)』나 『절운(切韻)』을 시조로 하였습니다.

『설문』은 후한 때 허신(許愼)이 편찬했는데, 양나라 대에 이르러 고야왕(顧野王)이 『설문』을 확충하고 『설문』의 전자(篆字)를 예서(隷書)로 고쳐 시대에 맞는 새 자서를 만들었습니다. 이것을 '옥편'이라고 이름 지었습니다. 옥편은 곧 자휘(字彙) · 자전(字典) · 자감(字鑑) 같은 이름이 생기기 이전의 어느 사람이 잠시 쓴 자서의 특별한 이름이던 것입니다.

그런데 이조 이후로 차차 독자적인 한자서를 만들 때 음운으로 하는 것과 자형으로 하는 것을 배합 병행하기로 하여 전자를 운서(韻書), 후자를 옥편이라고 부르기 시작했고, 이것이 드디어 관례가 되었습니다. 중종 때 최세진(崔世珍)의 『사성통해(四聲通解)』에 대한 『운회옥편(韻會玉篇)』, 영조 때 홍계희(洪啓禧)의 『삼운성휘(三韻聲彙)』에 대한 『보옥편(補玉篇)』, 정조의 『규장전운(奎章全韻)』에 대한 『전운옥편(全韻玉篇)』 등이 그것입니다.

무릇 운(韻)으로 문자를 찾아보려면 매우 학식이 있어야 될 일이고, 글자 형태 즉 그 편방(扁傍)[7]으로 찾는 게 비교적 편리한 방법입니다. 그러므로 운서에 비하여 옥편이 일반적으로 성행할 수밖에 없었습니다. 그 전의 자서들은 옥편 쪽에는 설명을 붙이지 않고 다만 어느 운인 것만을 기록하여 글자 뜻은 반드시 운서에 가서 찾아보게 되어 있었습니다.

정조의 편찬에서는 옥편 쪽의 설명을 운서보다도 상세하게 하여 옥편만으로도 독립적인 자서의 기능을 완전히 발휘하게 되어,『전운옥편』이 따로 떨어져서 모든 사람의 필수적인 자서로 성행하였습니다. 보통은 전운은 떼고 다만 옥편이라고 불렀고, 이 말이 일반화하여 드디어 옥편이 곧 자서의 대명사가 되기에 이르렀습니다. 나아가 마침내 영어 옥편, 법률 옥편이라는 말 등이 널리 사용되게 되었습니다.

조선 도서의 목록에는 어떤 것이 있습니까

조선의 도서에 관한 내외 공사 대소의 갖가지 목록을 죄다 열거하자면 일부 서지학을 따로 만들어야 할 지경입니다. 여기서는 그럴 겨를과 필요가 없으니 상식적으로 알아 두어야 할 몇 가지를 들어 말하면 아래와 같습니다.

옛날 홍문관과 후대의 규장각의 장서 목록 같은 것은 아랑곳하지 말고, 어느 정도 서지학적 체제로 만든 도서 목록 중 가장 오래된 것은 인조 때 김휴(金烋)가 지은 『해동문헌총록(海東文獻總錄)』입니다. 원본이 얼마나 되는지 모르나 지금은 1권만 전합니다. 그 목록에는 각 방면에 걸쳐 약 650종의 서적을 수록하였습니다.

그 다음은 정조 때 서유구(徐有榘)의 『누판고(鏤版考)』입니다. 이

---

7 한자의 왼쪽 획인 편(偏)과 오른쪽 획인 방(旁)을 이른다. 곧 한자의 부수이다.

주합루(창덕궁)
2층이 규장각이다.

것은 그 이름처럼 그 전부터 전해 내려오는 전국 각 지방에 산재한
책판(冊板) 목록에 의거하여, 사부서(四部書)[8] 무릇 598종을 내용의
개요부터 면수까지 기재하여 체제가 자못 정제된 것입니다.

　　최근의 것으로는 고종 때 양재건(梁在謇)이 지은 『인문연원고(人

8　동양의 전통적인 사부(四部) 분류법에 의하면, 동양의 모든 전적들은 경부(經
　　部) · 사부(史部) · 자부(子部) · 집부(集部)로 분류된다. 경부에는 사서오경인
　　유교 경전의 원문을 비롯하여 주석서와 연구서가 분류된다. 사부에는 사서
　　(史書)가 분류된다. 자부로 분류되는 것은 제자백가서(諸子百家書)로, 유가 ·
　　도가 · 불가 · 병가 · 농가 등으로 세분된다. 집부에는 한시문(漢詩文)의 총집
　　과 별집류를 비롯하여 시문을 특정 형식별로 모은 것들이 분류된다.

文淵源攷)』(5권)가 있습니다. 이것은 편찬자 본위로 각각 그 저서를 모은 것이 특색입니다.

외국인의 저작으로는 프랑스인 쿠랑(Maurice Couran; 1865~1925)의 『조선서지(朝鮮書誌)』(Bibliographie Coreenne; 1894~1901) 4책이 있습니다. 원편 · 보편 · 부록을 합하여 합 3,820여 종(그중에 중국서 · 신문 · 잡지도 들었다)을 해설하여 유명합니다. 왜정 시대인 1919년 3월 출판된 『조선도서해제(朝鮮圖書解題)』에는 약 3,800종에 대한 내용과 편찬자 · 연대 등을 기술하고 있습니다.

일본인 마에마 교사쿠(前間恭作)의 『조선의 판보』는 종류는 많지 못하지만 내용이 재미있습니다. 이것은 판본 중심으로 조선 서지 개설을 시도한 것인데, 본문에도 유익한 말이 많거니와 더욱이 참조 서목 해설 190항에는 더욱 중요한 시사가 많이 들어 있습니다.

조선 관계 외국 문헌 목록에는 무엇이 있습니까

동양의 타국에 관한 서양 문헌 목록에는 코디어(Henri Cordier; 1849~1925) 한 사람의 편찬서만 해도 『지나서지』(Bibliotheca Sinica; 4 Vol., 1904~1908, Supplement; 1922~1924), 『일본서지』(Bibliotheca Japonica, 1912), 『인도지나서지』(Bibliotheca Indosinica; 4 Vol., 1912~1915)와 같은 대부서(大部書)가 있습니다.

그러나 조선에 관해서는 아직 이만큼 권위 있는 찬술을 볼 수 없습니다. 겨우 '왕립아시아협회(Royal Asiatic Society)' 조선지부 보고문의 한 집(輯)으로 언더우드(Horace H. Underwood)가 지은 『조선관계 서양문헌지』(Occidental Literature on Korea, 1930)가 있을 뿐입니다. 숨은 나라 조선에 관한 온갖 문자를 전 세계를 뒤져서 2,882종이나 제시한 저자의 다대한 노고에 대하여 우리는 칭찬을 아끼지 말아야 할 것입니다.

조선에 관한 일본 문헌의 전반적 목록이 책으로 있는지는 아직 모릅니다. 다만 사쿠라이 요시우키(櫻井義之)가 편찬한『명치연간조선연구문헌지(明治年間朝鮮研究文獻誌)』(422항, 1941, 쇼와 16)에 조선 연구 문헌 579종을 수록한 것이 일부분이나마 분류 정리된 것입니다. 논문 · 소책자 등에 관하여서는 학술 관계의 부분이 몇 가지 전문 잡지나 저서 중에 흩어져 실려 있는 것 이외에 한꺼번에 알아볼 도리는 아직 없습니다.

조선상식문답속편

4

금석

조선의 금석학은 어떻게 발달하여 왔습니까

옛날 사람이 어떤 사적(事蹟)을 오래도록 전해 내려가게 할 목적으로 금속 기물이나 돌에 문자(또는 그림)를 조각하여 둔 것을 금석문(金石文)이라 합니다. 이 금석문을 고대 문화의 연구 대상으로 하여 사학·고고학·문자학의 보조 학과로 삼는 것을 금석학(金石學)이라 합니다.

중국에는 오랜 옛날로부터 동기(銅器) 문화가 발달하여 이른바 종정이기(鐘鼎彝器)[1]류가 퍽 많습니다. 또 한나라·위나라 이래로는 산악·궁묘·묘롱(墓隴)·승적(勝蹟)에 돌을 세워 글을 새기는 풍습이 대대로 더욱 성행하였습니다. 이것이 송대에 내려와 옛것을 좋아하는 중국인의 독특한 버릇과 결합하여 차차 한 분야의 학문으로 발달하게 되었습니다.

진역에도 삼국 시대 이래로 불상의 배기(背記), 범종의 서명(序銘)과 같은 금문(金文)과 공사 대소의 입비(立碑)·마애비(磨崖碑)·석당(石幢)[2]·탑지(塔誌) 등의 석문(石文)이 시대가 지나면서 많아지고, 특히 비명(碑銘)은 수를 이루 헤아리기 어려울 만큼 수북하여졌습니다. 그러나 금석학이라 할 만한 지적 관심이 이리로 가지는 않았습니다.

이씨 조선에 들어와서 세종의 왕자 안평 대군 이용(李瑢)이 비로소 서화의 소장과 함께 금석문의 수집에도 뜻을 두었지만 겁화를 치른 탓인지 실적이 어떤지는 증명할 것이 없습니다.

더 내려와서 선조의 왕손 낭선군(朗善君) 이우(李俁; 1637~1693)·

---

1 종정(鐘鼎)은 종과 솥, 이기(彝器)는 나라의 의식 때 쓰이는 제기(祭器)를 말한다. 중국은 은나라 때부터 청동기로 된 여러 종류의 제기를 만들었는데, 이런 제기들을 종정이기라 통칭한다.
2 돌에 다라니(陀羅尼) 경문을 새겨 높은 기둥 모양으로 조각한 석조물이다.

다라니 석당(평북 향산)
묘향산 보현사에 있는 다라니 석당이다.

낭원군(朗原君) 이간(李偘) 형제가 금석문의 수집을 특별히 좋아하여 마음을 기울였습니다. 마침내 낭선군은 신라 · 고려 · 조선의 이름난 금석 약 3백 종을 모아서『대동금석서(大東金石書)』(정 5첩, 속 2첩)라는 대저작을 내는 데 성공하였습니다. 이는 실로 조선 금석학의 시초이며, 그 실물이 지금 전하고 있습니다.

낭선군 뒤에 금석문 수집에 일대 약진을 나타낸 사람이 영조 때의 김재로(金在魯; 1682~1759)입니다. 그 탁본을 첩장(帖裝)[3]한 것이 원편 226책, 속편 20책으로 합 246책의 거질을 이루었는데, 애달프게도 원본이 흩어져서 몇 분의 일도 남지 않았습니다.

정조 이후로 청의 고증학풍이 전래하고 순조 때에 내려와서 서유구 · 김정희 · 조인영(趙寅永) 등이 그때까지의 금석을 새 안목으로 대하였습니다. 특히 김정희는 깊은 학식과 탁월한 견해로 고금

3 책을 장정하는 방법의 하나이다. 두루마리식으로 길게 이은 종이를 옆으로 적당한 폭으로 병풍처럼 접고, 그 앞과 뒤에 따로 표지를 붙인 형태의 장정이다.

석의 감정과 연구를 시도하는 한편, 청의 원원(阮元)·옹방강(翁方綱)·대진(戴震) 등 석학들과 더불어 서로 도와 진역 금석의 가치를 크게 발양하였습니다. 우리나라에 뚜렷한 금석학이 있기는 실로 김정희 이후의 일이라 해도 과언이 아니며,『예당금석과안록(禮堂金石過眼錄)』은 그 빛나는 유업의 하나입니다.

김정희와 동시에 이조묵(李祖默; 1792~1840)은『나려임랑고(羅麗琳琅考)』를 지었고, 그 후에 오경석(吳慶錫)[4]은『삼한금석록(三韓金石錄)』을 만들어서 각각 비범한 식견을 나타냈습니다. 이 전후의 일반 문사로서 금석을 이야기한 사람이 또한 적지 않았지만, 조선 금석학의 높고 우뚝한 전당을 이룩하는 큰 솜씨는 오래도록 출현하지 않고 있습니다.

조선 금석 목록은 무엇입니까

단순한 금석 목록류는 그전에 본국에도 많이 있었지만, 역대 금석 전체에 대하여 안목을 가지고 살핀 학술적 저록(著錄)은 도리어 외국 학자의 손에서 먼저 나왔습니다. 그 첫 작품이 실로『해동금석원(海東金石苑)』입니다.

『해동금석원』은 청 도광 연간에 유희해(劉喜海; ?~1853)가 우리나라 조인영과 이상적(李尚迪) 등의 도움을 받아 삼국 시대부터 고려까지의 금석문을 수집하여 고증하고 1922년에 아들 유승간(劉承幹)

---

4 오경석(1831~1879)은 조선 후기의 중국어 역관으로, 김옥균·박영효·홍영식 등 개화파를 형성하게 했던 개화 사상가이다. 역대 중국과 우리나라의 금석문을 수집했고, 글씨는 특히 전자(篆字)를 잘 썼으며 그림에도 일가를 이루었다. 아들 오세창도 그림에 일가를 이루어 삼국 시대부터 근대에 이르기까지 서화가들에 관한 기록을 정리하여 1928년에『근역서화징(槿域書畵徵)』으로 간행하였다. 최남선은 이 책의 특징과 간행 경위를 소개하는 「오세창씨의 근역서화징 ─예술 중심의 일부 조선 인명 사서」를『동아일보』에 발표하였다.

이 빠진 것을 보충하여 수미 정연한 대작을 이루었습니다.

그러나 『해동금석원』은 수록 범위를 고려까지에 한정한 것이 좀 미흡하였습니다. 그래서 왜정 때에 진작부터 각지에 산재한 금석문을 수집하기 시작하여, 모인 탁본 1천여 종 중에서 545종을 뽑고 거기에 실린 문적 중에 보인 금석문 107종을 얹어서 1919년 3월에 『조선금석총람(朝鮮金石總覽)』(상하 2책, 1,368항)이란 이름으로 간행하고, 다다음해에 보유(補遺)를 추가 간행하였습니다.

여기에는 고려 이전은 물론이고, 이조 시대의 것도 비교적 중요한 것을 망라하였다 할 만하여서 아직까지는 가장 잘 구비된 우리의 금석 목록이라 하겠습니다. 다만 『조선금석총람』에는 소재지 · 연대를 명시하고 또 주요한 것에는 크고 작은 자체(字體) 같을 것을 간략히 주석했을 뿐이어서 그것을 학문적으로 정리하고 평가하는 것은 후일의 우리를 기다리고 있음을 생각해야 합니다.

조선 안에 있는 가장 오랜 석문은 무엇입니까

평안남도 용강군 해운면의 어을동 고성에서 멀지 않은 운평동 길가에 자연석의 한 면을 반반하게 깎고 거기에 정연하고 엄숙한 예서체로 7행 약 80자의 어떤 글을 새긴 비가 있어 근처 주민의 이야깃거리가 되어 왔습니다. 이것이 1913년의 고적 조사 때에 한나라 낙랑군 시절에 점제현(秥蟬縣) 수령이 산신에게 농사 풍년, 민생 안락을 비는 사연을 돌에 새긴 것으로 판명되어서 한때 학계의 이목이 집중되었습니다.

비의 첫면에 "□□□년 4월 무오(戊午)"라 하였는데, 불행히 연도가 마멸된 까닭에 꼭 어느 연대의 것인지 단언하기 어렵습니다. 대개 후한 장제의 원화 2년(고구려 태조 33, 서기 85)이리라는 말이 매우 유력합니다.

그렇다면 지금부터 약 1,860년 전에 건립된 셈입니다. 설사 연대를 약간 내린다 할지라도 어차피 조선 안에 있는 최고 석문이기는 매한가지입니다. 그러나 당시 이 지방은 중국 교민 중심의 군현이었으므로 물론 이 비를 건립한 자도 중국인이고 우리 조선인은 아니었습니다.

조선인이 세운 가장 오랜 비문은 무엇입니까

옛날 삼국 중에는 고구려가 가장 먼저 건국하였고, 최초의 도읍지는 압록강변 만포진 건너편 지금 퉁거우(通溝)라고 부르는 곳입니다. 퉁거우 평야에 있는 지금의 지안현(輯安縣) 치소의 소재지가 곧 고구려의 옛 도읍인 국내성 자리입니다. 이 성의 사방에는 고구려 시대의 유물과 고적이 많이 있습니다.

성에서 약 7리쯤 떨어져 있는 뚱강즈(東岡子) 비석거리에 한 거석이 하늘을 쥐어지르려는 팔뚝처럼 높다랗게 솟아 있습니다. 그 비문이 있어, 이것이 고구려 제19대 광개토왕(391~413)의 능 앞 비로 판단되고, 또 그 아들 장수왕 2년(414)에 건립된 것도 알게 된 것입니다.

울묵줄묵한 장석(長石)을 그대로 쓴 비신의 높이는 약 22척, 사면이 출무성하여[5] 폭이 4척 6~7촌 내지 6척 5촌 사이입니다. 거기에 광개토왕의 동방 제패 사실을 담은 44행 1,760자를 지름 4촌 크기의 예서로 사방에 둘러 새겼습니다. 비의 형태, 글자 모양, 글 뜻 무엇으로나 다 대국민의 기상을 시원히 뿜내었습니다. 또 긴요하지 않은 기교와 장식을 떠난 소박한 제작 모습이 중국의 것과 아주 딴판으로, 스스로 독립하여 일어선 기백을 흠씬 내보였습니다.

---

5 굵거나 가는 데가 없이 위아래가 모두 비슷하다는 뜻이다.

광개토왕비 탁본

이 비는 역사 재료, 서법 참고, 기타 여러 가지로도 유명하지만, 지금부터 1,500여 년 전에 우리 손으로 세운 최초의 석문으로도 심대한 의의를 가지는 보물입니다. 그러나 현재 그 소재지가 국경 밖에 벗어나 있는 것이 큰 유감입니다.

광개토왕비는 언제 다시 세상에 알려졌습니까

고구려가 장수왕 15년(427)에 도읍을 국내성으로부터 평양으로 옮겼다가 여기서 나라가 없어지고, 신라가 반도를 통일한 뒤에 평양 이북은 여진인의 거주지가 되었습니다. 우거진 풀숲에 파묻힌 채 고려 시대의 끝까지 이 방면의 일이 깜깜해져 고구려의 옛 도읍이건 광개토왕의 능비건 무엇이건 죄다 조선인의 기억에서 사라져 없어진 지가 오래였습니다.

이조 이후에 압록강 방면의 개척이 진척되면서 우리 만포진 건너편에 옛 성과 큰 무덤과 큰 비가 있는 것만은 알게 되었습니다. 그러나 나무꾼이 전하는 말에 근거할 뿐이고 글을 아는 선비가 돌아본 적은 없었던 듯합니다. 진짜 임자를 모르고 허투로 금나라 황제의 것이라고 서로 일컫고 있었습니다. 『용비어천가』에

> 평안도 강계부 서쪽 140리 되는 곳에 큰 들이 있고 그 가운데 옛 성이 있어 속설에 대금황제성(大金皇帝城)이라고 하니 성 북쪽 7리에 비가 있고 또 그 북쪽에 석릉 두 기가 있다.

고 하였고, 『신증동국여지승람』 강계부 산천조에

> 황성평(皇城坪)은 만포에서 30리에 있으니, 금나라의 도읍했던 곳이다. 돌을 다듬어 쌓은 황제 묘가 있었고 또 황후 묘 · 황제 아들 등 묘가 있다.

고 하였습니다. 『지봉유설(芝峯類說)』에는

> 만포 건너편에 큰 무덤이 있어 전하여 말하되 황제 묘라 하고, 그 아

광개토왕비(중국 지안)

래에 큰 못이 있어 하화(荷花)가 굉장하니 심언광(沈彦光)의 「만포 도중에 황제 묘를 바라보다」라는 시에, "안완(完顔)의 옛 나라 황성이 있고, 황제의 무덤에는 큰 비석이 있다." 함이 이를 가리킨 것이다.

고 하였습니다. 또한 『허백당시집(虛白堂詩集)』의 「망황성교(望皇城郊)」라는 시에 이 전설을 말한 다음에 "당시 흔적은 물을 수 없고 천척(千尺) 비석만 우뚝하구나."라고 하였으니, 이것들이 다 지금 퉁거우와 부근의 유적을 가리킨 것입니다. 그러나 한 사람도 그 비를 읽은 이가 없어서 무식한 주민의 낭설을 그대로 받아들였던 것입니다.

우리 고종 초년(청 동치 말년)에 청나라 사람이 압록강 상류를 개척하면서 비의 탁본이 비로소 베이징 방면에 전해져 옛 것을 즐기는 사람들의 주의를 끌었습니다. 이어 고종 21년(1881)에 일본으로 전해지자 갑자기 사학계의 문제로 떠올라 그 이후로 많은 학자가 조사하고 밝혀내는 데 노력하고 있습니다.

이때부터 이것이 고구려의 옛 비이고, 『삼국사기』나 기타 옛 사료에서 빠진 부분을 보충할 자료라는 것을 알게 되었습니다. 일본인 중에는 오래 땅속에 묻혔다가 노출된 것처럼 말한 이가 있지만 내가 몇 해 전에 가서 보고 그렇게 높고 큰 비가 흙에 묻힌다는 것은 어불성설임을 알았습니다.

고구려의 각문으로 지금 국내에 남아 있는 것은 무엇입니까

지금 조선 안에는 고구려 시대의 지상 유물이 심히 적고, 뚜렷한 비석·종정(鐘鼎) 같은 것은 아직 발견된 것이 없습니다. 다만 평양 성벽에 섞여서 남아 있던 고구려 시대 성벽 수리 각문(刻文)이 지금까지 세 편 알려져 있습니다.

가장 일찍 내외에 알려진 것은 "기축년(己丑年) 3월 21일 여기서부터 아래로 동쪽을 향해 12리를 물성소형(物省小兄) 배수백두(俳須百頭)가 지휘, 감독하여 쌓다."[6]라는 글을 매행 3자 내지 5자씩 7행에 나누어 배열하여 새긴 것입니다.

다른 두 종도 이 정도의 것입니다. 이 밖에 지난 을축년(1925) 수재[7] 때에 한강 상류 광주 부근에서 쏟아져 나온 고구려 기와의 기문(記文)이 있지만, 지명을 표시한 12자에 불과하여 대단한 것이 아

---

6 원문은 "己丑年 三月二十一日 自此下向 東十二里 物苟小兄 俳須百頭 口節矣"이다. 여기서 최남선은 기축년 3월 21일로 판독하였으나 후대 고증에 의해 기유년 5월 21일인 것으로 밝혀졌다. 기축년은 449년(장수왕 37) 또는 569년(평원왕 11)에 해당되고 기유년은 469년(장수왕 57)이나 589년(평원왕 31)에 해당된다. 이 각문은 보물 제642호로 지정되었으며 이화여자대학교 박물관에 소장되어 있다.

7 1925년 4차례의 큰 홍수가 발생하였는데, 1925년이 을축년이었기 때문에 '을축년 대홍수'라고 한다. 이 홍수로 특히 한강과 낙동강 유역의 피해가 심했다. 이 홍수로 유적들이 발견되기도 했는데, 이때 백제의 풍납토성과 암사동 선사 주거지가 발견되었다.

닙니다.

금문(金文)에는 지난 1930년 가을에 황해도 곡산에서 출토된 작은 삼존불 동상의 배명(背銘)이 있습니다. "경(景) 4년 신묘년"(평원왕 13년 517년으로 추정됨)에 비구와 선지식 5인이 한 가지로 무량수상(無量壽像) 한 구를 만들어 부모의 명복을 빌고 "함께 한 곳에 태어나 부처를 뵙고 불법을 듣기를 원한다."는 사연 67자를 새겼습니다.

도대체 고구려는 나라도 오래 유지했고 문화도 높았으므로 아무리 큰 난리를 여러 번 치렀다 할지라도 좀 더 많은 유물을 기대할 수 있겠는데, 아직까지 발견된 것은 너무도 희소하여 마치 지금부터 우리의 일대 노력을 기다리는 것 같습니다.

진흥왕비의 금석학적 지위를 들려주십시오

조선 사람이 만든 것이고 또 그 실물이 조선 안에 있는 가장 오랜 석문(石文)은 신라 진흥왕의 비뿐입니다. 신라는 반도 삼국 중

북한산진흥왕순수비 유지(서울 종로)
현재 위치에 있는 것은 모형이고 실물은 중앙박물관에 있다.

가장 뒤져 일어난 나라로서 국민 상하가 비상하게 노력하여 패권을 다투는 현장의 당당한 일원이 되는데, 그 최초의 대지도자가 바로 제24대 진흥왕이었습니다.

북한산진흥왕순수비(중앙박물관)

진흥왕은 먼저 한강 유역 진출을 국책의 기축으로 삼고 진흥왕 12년(551)에 백제와 힘을 합쳐 고구려의 영역을 공략했습니다. 백제군은 남한강으로부터 임진강 방면을 침탈하게 하고 신라군은 북한강 유역으로부터 강원도 방면을 차지하였습니다. 다시 수년간 군사를 동원해 백제의 새 영토를 병탄하여 드디어 한강 전 유역의 패권을 쥐게 되었습니다.

이에 진흥왕 16년(555)에 전승자의 권위로써 새로 판도에 넣은 북한산에 순행(巡幸)하고, 그 당시 또는 좀 뒤에 이 사실을 돌에 새겨서 북한산의 남쪽 봉우리에 세웠습니다. 이것이 지금도 창의문 밖의 비봉 위에 남아 있는데,[8] 아마 반도계 최고의 석문일 것입니다 (김정희의 설에 따르건대 북한산비는 진흥왕 29년 남천주를 둔 이후의 것이라 하니 이 말이 옳다면 창녕비보다 뒤집니다).

이와 전후하여 진흥왕은 가야에 대한 경략에도 뜻을 가져 진흥왕 16년(555)에 요충인 비사벌 땅을 후방 기지로 삼아 하주(下州)라 이름하고, 진흥왕 22년(561)에 지금의 화왕산 자락의 한 자연석을 깎고 그 면에 이 사실을 기록하였습니다. 만일 북한산의 비가 더

조선상식문답속편

---

8 북한산비는 아래쪽이 떨어져 나가고 한국전쟁 때 총탄 자국이 생기는 등 보존 대책이 필요하여 1972년에 경복궁으로 옮겼다가 지금은 국립중앙박물관에 있다.

일찍 세운 것이 아니라면 이것이 진흥왕의 첫 비이고, 따라서 반도계 최고(最古)의 석문이 됩니다.

진흥왕의 북방 개척은 한산(漢山)[9]으로부터 동북 방면으로 활발히 진행되었습니다. 그때 옥저의 땅이 얼마는 판도 안으로 들어오고 얼마는 세력 범위에 붙였던 듯합니다. 진흥왕 29년(586) 대창(大昌) 원년에 중신(重臣)과 국사(國師) 등을 데리고 관할 국경을 돌아보고 그 사실을 돌에 새긴 것이 지금 함경남도 함흥의 황초령(뒤에 고개 아래 길 옆으로 위치를 옮겼다)[10]과 이원의 마운령 두 곳에 있습니다.[11]

이상을 합하여 진흥왕의 비가 무릇 넷입니다. 진흥왕 네 비 중에 창녕과 북한산의 것은 사연이 단순해 대단한 문제가 없으나, 황초령과 마운령의 것은 여러 가지의 문제를 가지고 있습니다. 다른 것은 어찌됐든 비의 글 뜻을 보건대, 진흥왕이 천명을 모시고 천하를 다스리자 사방이 귀부하여 다 도의 감화를 입게 되었다는 사실을 당당하게 펼쳐 보이고 있으니, 반도 한 귀퉁이의 소국일망정 그 원대한 기개가 경탄할 만합니다.

비의 필적을 보면 고아하고 엄정하여 깊이 전형이 있고, 더욱이 중국에서도 육조 진(陳) 대를 대표하는 최고의 서체 수준임은 이미 학계에 공인된 사실입니다. 이렇듯 진흥왕의 비가 연대가 높을 뿐만 아니라 실질적 가치로도 탁월하다는 것을 알아야 합니다.

9 한산(漢山)은 서울 지방의 옛 이름이다. 북한산(北漢山)도 처음에는 산 이름이 아니라 서울의 북쪽 지역을 가리키는 지명이었다.
10 현재 황초령비는 북한의 함흥역사박물관에 있다.
11 마운령비는 1929년에 최남선이 처음으로 발견하였다. 1930년에 최남선은 「신라 진흥왕의 기존 3비(碑)와 새롭게 출현한 마운령비」를 『청구학총』 제2호에 발표하여 마운령비의 발견 과정과 그 의미를 밝혔다.

평제비란 것은 무엇입니까

백제 고도인 지금의 충청남도 부여읍에 더할 수 없이 빼어난 오층탑이 반듯하게 우뚝 서 있습니다. 이는 실로 백제 시대에 건립된 것으로 완전하게 남아 있는 유물로도 귀중하지만, 제1층의 주위에 이른바 '대당평백제국비명(大唐平百濟國碑銘)'을 돌려 새긴 것으로도 유명합니다. 비는 원래 평면 입석에 새기는 게 원칙인데 탑신에 새긴 글을 비명이라고 하는 것은 변칙임이 분명합니다.

무릇 이 비는 백제 의자왕 20년(660)에 신라 김유신 군이 당

평제비
공식 명칭은 정림사지 오층석탑이다.

나라 소정방 군과 힘을 합쳐 백제를 멸망시킨 뒤에 당나라 군이 자기 공적을 기록한 것입니다. 그런데 돌아갈 길이 바쁜 당나라 군이 적당한 석재를 얻지 못하여 편의상 여기에 있던 탑면을 이용한 모양입니다. 모르는 사람들은 당나라 군이 탑을 세우고 비문을 새긴 것처럼 알고 평제탑(平濟塔)이라는 말을 쓰기도 하지만, 탑은 순전히 백제의 어느 절의 유물이고 비문은 이것을 이용한 것에 불과합니다.[12]

조선상식문답속편

---

12 이 탑은 발굴 조사 결과 정림사에 있던 탑으로 밝혀졌다. 공식 명칭은 부여 정림사지 오층석탑이다. 1962년 12월 20일 국보 제9호로 지정되었다.

평제비문은 하수량(賀遂亮)이 글을 짓고 권회소(權懷素)가 글씨를 썼습니다. 그 글씨가 육조체 해서의 전형으로 유명하여 캉유웨이(康有爲)의『광예주쌍즙(廣藝舟雙楫)』에 따르면 "짜임새가 엄정하여 육조체를 달라지게 하였고, 이미 안진경과 유공권의 앞길을 열었다."고 하였습니다. 이 권회소는 초성(草聖)이라 하는 회소(懷素)와는 딴 사람입니다.

사산비명이란 무엇을 가리키는 것입니까

봉암사 지증대사탑비(경북 문경)
봉암사는 1년에 한 번인 초파일에만 개방하고 있다.

옛날 사람들이 상식적으로 금석을 말할 때, 또 불교인들 사이에서 보통으로 일컫는 말에 '사산비명(四山碑銘)'이란 것이 있습니다. 그것은 최치원이 찬술한 네 군데 명승의 비명을 가리키는 말입니다. 이 네 곳은 ① 지리산 쌍계사의 진감선사비명(眞鑑禪師碑銘; 경상도 하동) ② 만수산 성주사 대랑혜국사비명(大朗慧國師碑銘; 충청도 남포) ③ 희양산 봉암사 지증대사비명(智證大師碑銘; 경상도 문경) ④ 초월산 대숭복사비명(大崇福寺碑銘; 경상도 경주)입니다.

진감비는 최치원이 글을 지었을 뿐 아니라 글씨를 쓰고 전액(篆額)[13]까지 다 한 것입니다. 사산비 중에 다른 세 비는 다 곱다랗게

---

13 비의 상단부나 개석에 새긴 글인 제액(題額)을 말한다. 일반적으로 전서(篆

남아 있지만 오직 경주의 숭복사비만은 오래 전에 없어져 어찌된 줄을 모르다가 지난 1931년에 경주 동면에서 그 잔석이 나와서 겨우 편린을 구경하게 되었습니다.

사산비명은 광해군 전후에 철면노인(鐵面老人)이라는 이가 『고운집(孤雲集)』 중에서 뽑아내서 사산비명이라고 이름하여 불교 학인에게 익히게 하면서부터 드디어 불교 학인의 과외 독본이 되었고, 순조·헌종의 사이에 거사 홍경모(洪景謨)가 주해를 더하여 유행이 더 넓어졌습니다. 근래 석전(石顚)[14]이 다시 정주본[15]을 만들어서 글 뜻을 알기가 아주 편해졌습니다.

백월비는 어디 있고
또 어째서 유명합니까

태자사 낭공대사 백월서운탑비
(국립중앙박물관)
봉화 태자사에 있던 승탑비로
김생의 글씨를 집자한 것이다.

백월비(白月碑)는 갖추어 말하자면 낭공대사백월서운탑비(朗空大師白月栖雲塔碑)라고 하며, 신라 후기 승려 행적(行寂; 832~916)의 탑비입니다. 글은 최인연(崔仁渷)이 지었고, 글씨는 고려 광종 5년(954)에 승려 단목(端目)이 김생(金生)의 글자를 모아서 꾸몄습니다.

김생은 신라의 서성(書聖)으로 일컬

書)로 쓰기 때문에 전액(篆額)이라고 한다.
14 한말 일제 시기 승려 박한영(1870~1948)으로, 석전(石顚)은 호이다. 불명(佛名)은 정호(鼎鎬)·영호(暎湖)이다. 1910년 한일 합방 후 불교의 명맥을 유지하는데 노력하였고, 1913년에 『해동불교』를 창간하였다. 1946년까지 동국대학교의 전신인 중앙불교전문학교 교장을 역임하고, 8·15 해방 후에는 조선불교 중앙총무원회의 제1대 교정으로 선출되었다.
15 박한영이 주석을 단 『정주사산비명(精註四山碑銘)』을 가리킨다.

어지고 있지만 친필이 전하는 것이 적고 후세에 와서는 아주 없어졌습니다. 고려 초기에 집자(集字)한 백월비가 있어 겨우 그 전형을 짐작하게 되니, 백월비는 다른 것보다 김생의 필적으로 이름이 내외에 높아진 것입니다. 비는 본래 경상북도 봉화의 태자사 터에 있다가 한때 영주읍으로 옮겨졌고, 지난 1916년에 다시 경복궁 안으로 가져다가 지금 박물관 앞뜰에 진열되어 있습니다.[16]

탑골공원의 비는 언제 세운 것입니까

이씨 조선이 나라를 세우고 도읍을 한양에 정했을 당초에 불교 각 종파의 본사 곧 중앙사무처를 한양에 두었는데, 지금 탑골공원 자리에는 흥복사를 세워 조계종(그 당시에 존재하던 불교의 일파)의 본사로 삼았습니다. 그러다가 세종 6년에 불교의 여러 종을 합하여 선·교 양종만으로 만들 때 조계종이 없어지고 흥복사도 따라서 폐하여 버렸습니다.

세조 9년(1464)에 임금이 『원각경』의 구결(口訣)[17]을 정하고 그해 4월에 효령군 이보(李補)에게 법회를 회암사에서 엄수하게 하였는데, 석가여래 사리가 분신(分身)하는 상서로운 일이 있었다 하여 그

---

16 이 책에서 자주 나오는 경복궁 박물관은 이 책이 쓰여진 1947년 당시 경복궁 안에 있던 국립박물관을 말한다. 1915년 경복궁 내에 설립된 총독부 박물관이 8·15 해방 후 국립박물관으로 개편되었다가 1972년에 국립중앙박물관으로 명칭을 변경하였다. 1986년 옛 중앙청 건물로 이전하였다가 1995년 중앙청 건물이 철거되면서 경복궁 내의 사회교육관 건물을 증개축하여 사용하다가 2005년 용산으로 이전했다. 따라서 이 책에 나오는 경복궁 박물관의 진열품들은 현재 모두 용산의 국립중앙박물관에 있다.

17 한문을 쉽게 읽기 위해 한문의 각 구절 사이에 들어가는 한국어 토씨를 말한다. 이때의 한국어 토씨는 한자나 한자의 약자체를 빌려서 사용했는데, '隱(은, 는)', '伊(이)'처럼 한자를 쓰는 경우도 있고, 'ㅓ(伊의 한 부)', 'ㄏ(厓의 한 부)'처럼 한자의 일부를 떼어 쓰기도 한다.

기념으로 흥복사를 중창하여 원각
사를 만들기로 하였습니다.

임금이 공사를 직접 지휘하다시
피 하여 다음해 4월까지 300여 칸
의 대찰을 완공하였습니다. 한편
으로는 큰 종을 부어 걸고 다른 한
편으로는 13층 석탑을 만들어 세
우고 사리를 모시기로 하여, 세조
12년(1467) 4월 초에 완성하고 4월
8일에 연등회를 크게 베풀어 낙성
하니, 이것이 이른바 대원각사(大
圓覺寺)이었습니다.

온갖 공사가 다 끝난 뒤에 또 기
적비(紀蹟碑)를 세우기로 하여 김
수온(金守溫)에게 글을 짓게 하고
성임(成任)에게 글씨를 쓰게 하였

대원각사비(서울 종로 탑골공원)
세조 11년 원각사를 세운 내력을 기록
한 기념비이다.

으나 마침 세조가 죽고 예종 또한 즉위한 지 1년 만에 죽어 비를
세울 겨를이 없었습니다.

성종이 다시 서거정(徐居正)에게 음기(陰記)[18]를 짓게 하고 정난종
(鄭蘭宗)에게 그것을 쓰게 하여 성종 2년(1471) 4월에 음양 양면의
비를 절의 해탈문 안 동쪽에 세웠습니다. 이것이 지금 탑골공원 안
에 있는 대원각사비입니다. 쉽게 다시 말하면 세조 때에 원각사를
이룩하던 사적을 기록하여 성종 때에 세운 비로, 약 480년 쯤 전의
것입니다.

---

18 비석의 뒷면에 새긴 글을 말한다.

특수 문자의 금석에는 어떤 것이 있습니까

대청제송덕비(서울 송파)
원래는 전서로 大淸皇帝功德碑(대청황제공덕비)라고 적혀 있으나 통상 '삼전도비'로 부르고 있다. 현재는 원 위치라 하는 롯데백화점 너구리 동상 옆으로 이전하였다.

조선의 금석은 대체로 한자를 새긴 것들이지만 한자 이외의 것이 아주 없는 것이 아닙니다. 그 하나는 범어(梵語) 문자입니다. 불교에서는 경문(經文), 특히 다라니(진언)를 6각이나 8각의 석주에 새겨 절 안에 세우는 일이 있는데 이것을 경당(經幢)이라고 합니다.

다라니를 범어로 써서 새긴 경당이 여기저기 있습니다. 완전하게 남은 것으로는 황해도 해주와 평안북도 용천의 대불정다라니당이 있습니다. 파편으로는 개성 선죽교의 교재(橋材)와 평양 법수교의 여재(餘材)에 쓰인 범어 등이 있습니다.

또 하나는 여진 문자입니다. 일찍부터 알려진 것으로 함경남도 북청의 마애비가 있고 뒤에 함경북도 경원에서 발견된 여진자비(女眞字碑)가 있습니다. 후자는 지금 경복궁 박물관 안에 옮겨와 있습니다. 또 금문(金文)으로 여진자경(女眞字鏡)이 몇 개 알려져 있습니다. 이것들은 물론 함경도 방면에 여진인들이 살 때의 유물입니다.

그 다음 특수한 것으로 경기도 광주[19] 삼전도의 청제송덕비(清帝頌德碑)가 있습니다. 병자호란에 굴욕당한 사실을 기록하였는데, 앞면은 만주 문자와 몽고 문자로 적고 뒷면은 한문으로 적어 인조 17년(1639)에 세운 것입니다. 근년 이래로 국문을 쓴 비가 점점 늘고 가는 것은 문화 관념의 전환에 따른 반가운 현상으로 따로 논할 만합니다.

옛 금문에서 진기한 것은 무엇이 있습니까

조선의 옛 금문(金文)에는 중국의 종정이기(鐘鼎彝器)에 비할 만큼 소중한 것은 본래 없습니다. 다만 불배(佛背) · 범종 · 종감(鐘鑑)의 명(銘)이 있는데, 그나마도 학술적 가치가 큰 것은 심히 드뭅니다.

여기서 불배명 가운데 가장 진기한 일례를 말씀드리겠습니다. 지난 1913년 2월에 충주 노은면의 산중에서 발견한 석가문상(釋迦文像)의 뒷면에

건흥(建興) 5년 병진년(丙辰年)에 불제자 청신녀(清信女) 상부(上部) 아암(兒奄)이 석가모니상을 만들었는데 세상에 다시 태어나도 불법을 듣기를 원하며 일체 중생이 모두 이와 같이 바란다.

하는 명문이 있었습니다. 이것은 그 의장과 수법이 순수한 남북조식으로 신라 통일 시대의 것이 아니라 삼국 시대의 것으로 추정됩니다. 또 '상부(上部)'라는 것은 고구려와 백제의 지방 구획 명칭인데, 충주가 백제 옛 땅이었으므로 이것을 백제의 유물로 추정하고 있습니다. 건흥(建興)은 다른 데는 보이지 않는 연호인데, 백제의 연

---

19 지금의 행정 구역으로는 서울특별시 송파구 잠실동이다.

호로서 사서에 빠진 것으로 생각할 밖에 없습니다. 그렇다면 고구려·신라와 마찬가지로 백제에도 연호가 있었던 것을 알겠습니다.

건흥 병진이란 어느 왕의 대일까요. 신라 통일 이전에서 병진을 찾으면 백제 의자왕 16년, 위덕왕 43년, 성왕 14년 등이지마는 그 양식·연대 등을 고찰하여 위덕왕 43년 병진(596)에 해당한다는 게 통설입니다. 백제의 유물이 이미 귀하고 건흥 연호와 같은 숨은 사실을 밝혀준 것이 또 반갑고, 한편으로는 불상의 수법이 대륙 – 반도 – 섬나라의 미술사상 연쇄 재료도 된다는 것이 다시 고마운 것입니다. 지금 경복궁 박물관에 간직되어 있습니다.

조선상식문답속편

5

음 악

조선 음악의 발달 과정을 개괄적으로 들려주십시오

조선의 원시 음악은 극히 간단했습니다. 타악기로 북이 있고 취악기로 피리가 있는 정도이었습니다. 그러다가 매우 발달하여 '고'라는 현악기를 만들어 써서 당시의 인근 민족에 비해서 비교적 고도의 음악을 가졌던 것 같습니다.

삼국 시대에 들어와서는 북방의 고구려부터 시작하여 먼 서아시아와 가까운 몽고·중국으로부터 여러 가지 새 악기가 들어왔습니다. 더욱이 불교와 함께 진보한 음악 문화가 전해 들어와서 음악 무곡(舞曲)이 갑자기 발달했습니다.

그 조류가 차차 남방의 백제·신라로 파급하고, 한편으로 수·당을 통해서 온 서방의 기악(伎樂)과 바다를 건너온 남방 계통의 음악이 바로 반도 남방에 유입된 것도 있어서, 삼국의 음악에는 거의 세계 각 계통의 음악 요소가 골고루 전래해 있던 것을 봅니다. 이것을 기반으로 하여 독자적인 발명과 창작이 차차 악기와 악곡에 나타나고, 다른 한편의 지류 여파는 일본으로 흘러 들어가서 그 처녀지를 개척하게 되었습니다.

통일 신라의 시대에는 장안을 중심으로 한 당의 위대한 문화가 그대로 축소판이 되어서 경주를 중심으로 한 신라에 들어와 있었습니다. 그런 가운데 음악·가무의 세계성이 전대에 비하여 더욱 현저하고, 다른 한편 국운의 융성과 공사 전례(典禮)의 호사에 끌려서 국악의 생장이 자못 활발해졌습니다.

고려조는 신라와 발해의 유산을 받아서 그 내용을 발전시키는 동시에 요·금과의 교제로 인하여 북방악의 이입도 있고, 다른 한편 송에서 고악(古樂)을 정리하는 족족 이른바 '신악(新樂)'과 '대성악(大晟樂)'이 차례로 전래하여서 악제가 예전에 비할 바 없이 구비되었습니다.

이 대성악은 이 뒤 얼마 되지 않아 금이 송의 변경(汴京)[1]을 빼앗을 때에 악기가 대개 흩어져 없어지고, 그 뒤에는 이만큼 다시 회복하지 못하였습니다. 그런데 진역에는 고려 이래로 그것을 전승해 내려와서 드디어 동양 음악의 정화가 홀로 진역에만 존재하는 결과가 되었습니다.

고려 후기에 원과 더불어 교제가 친밀하여지는 가운데 몽고와 서역 회회(回回)[2]의 음악이 새로 전래하여 오고, 고려 말에 명에서 부흥시켜 새로 구비한 아악(雅樂)을 다시 보내와서 음악에 관한 문화재는 더욱 풍부해졌습니다. 이씨 조선이 일어나서 이것을 그대로 승계하였지만, 고려 말의 병란에 종과 경(磬)이 없어지고 또 악보가 결락되어서 율도(律度)의 법에 어그러진 것이 있었습니다.

세종 때에 이르러 비상한 열의로 한편으로는 악기를 보충하고 한편으로는 악률(樂律)을 수정하고 또 한편으로는 신악을 제정하여 조선의 악제가 완성되었습니다. 그 업적을 그림으로 그리고 보표(譜表)로 꾸며서 국가의 전적(典籍)으로 삼고 또 성종 때에는 따로 『악학궤범(樂學軌範)』을 만들어서 그 자세한 것을 전하였습니다. 이는 다만 조선뿐 아니라 진실로 전 동방의 고악(古樂)을 상고하는 일대 전거가 되는 것입니다.

고려와 조선에서는 모두 악을 3부로 나누는 것이 통례입니다. 중국 전래의 고전악을 아부악(雅部樂)이라 함이 하나요, 당·송 계통의 무곡 본위 악을 당부악(唐部樂)이라 함이 또 하나요, 우리나라 기원의 고유악을 속부악(俗部樂) 또는 향악이라 함이 또 하나입니다. 이를 간단하게 부를 때에는 홀로 아악·당악·속악이라고 합니

---

1 송의 수도로, 현재의 카이펑(開封)이다.
2 아라비안인을 지칭하는 한자식 표기이다. 이보다 앞서는 대식국(大食國)이라는 이름으로 알려져 있었으나 원나라에서 이슬람교를 회회교(回回敎)로 개칭한 후 아라비아인을 지칭하는 용어로 사용되었다.

다. 아악 · 당악 · 속악 등 3부는 국가의 법전에 실려 있는 것이므로 이를 합하여 법악(法樂) 또는 정악(正樂)이라고 합니다.

이밖에 잡극(雜劇) 백희(百戲)에 붙이는 것을 산악(散樂)이라고 하니, 산(散)이란 제도 밖의 것이라는 뜻입니다. 산악을 세간에서는 산대(山臺)라 하는데, 산대는 임시로 필요한 곳에 만드는 환영문이나 가설무대를 말합니다. 또 공용 문자로는 흔히 나례(儺禮)라는 말로 포괄합니다. 대개 궁중에 있던 귀신 쫓는 연말 행사인 나례를 관장하는 처소에서 국가가 필요한 경우에 잡극 백희(덧보기 · 굿거리 · 땅재주 등)를 배설하거나 거느렸던 관계로 드디어 나(儺)라는 말뜻이 이렇게 넓어진 것입니다.

이상은 사용하는 악기와 연출하는 곡목에 의한 구분이었고, 쓰이는 방면에 따라 몇 가지 국부적인 종류가 있습니다. 군대에 쓰는 군악, 재회(齋會)에 쓰는 범악(梵樂), 굿할 때 하는 무악(巫樂), 농사를 거드는 농악과 사랑놀이의 '풍류' 등이 그것입니다.

한편 선조 말년, 명의 만력 연간에 이탈리아 선교사 마테오리치가 베이징에 이르러 서양 악기를 바치면서 서양 근대의 음악이 비로소 동양에 전래되었습니다. 이에 따라 서양악의 지식이 차차 조선으로도 유입하다가 예수교가 널리 퍼지면서 풍금과 피아노 등이 들어오고, 일부에서는 찬송가 중심의 악률이 퍼졌습니다.

한말 광무 4년(1900)에 서양식 군악대를 창설하자 모든 관현악과 허다한 악곡이 일반인들의 마음과 귀에 익숙해지게 되었습니다. 이로부터 세계 악단의 파동이 차차 조선을 모르는 체하지 않게 되었으니, 이를테면 재즈의 선풍이 세계를 휩쓸 때에는 그 매혹적인 악풍이 금세 조선에도 들어오는 것과 같은 정세가 되었습니다.

이러한 서양악 유행의 풍조를 급격하게 고양시킨 데에는 레코드와 라디오의 역할이 컸습니다. 이러구러 우리의 음악 생활은 언제든지 세계적 내용을 가지고 있는 것입니다.

조선의 원시 음악을 따로 말씀하여 주십시오

삼한으로부터 삼국 시대 전기까지 문헌상에 나타난 음악 관계 사실을 보면, 방울[鈴]·붑[鼓]·고[琴]·피리[笛] 네 가지 악기가 주로 종교적 용도로 뚜렷이 존재하였습니다. 지금부터 1,700년 전의 중국 사적인 『삼국지』에 실려 있는 바를 보건대, 마한 여러 나라에서는 하느님을 위하는 고을을 따로 두고 그 처소에는 솟대를 세우고 거기에 방울과 북을 달고 그것을 울리면서 굿을 한다고 하였습니다.

방울 소리에 신령스러운 위력이 들어 있다는 것은 예로부터 신도(神道) 방면에서 특별히 믿는 바였습니다. 지금도 무당이 방울을 들고 신령 앞에서 춤을 추고 공수³를 주는 풍습이 있습니다. 붑(지금 말로는 북) 또한 신비한 위력을 가진 악기로서 신사(神事)에 두리둥둥 울리는 것은 예나 지금이나 마찬가지입니다.

『동명왕편』⁴에는 고구려 시조가 비류국과 더불어 국가의 위엄을 다투어 자랑할 때 고각(鼓角)이 중심 재료가 되었음을 전하고 있습니다. 『삼국사기』 고구려 대무신왕 본기에는 낙랑국에 신비로운 북이 있어 적병이 들어오면 저절로 울기 때문에 아무도 낙랑을 침입하지 못하더니 왕자 호동이 계책으로 그 북을 찢어지게 하고 낙랑을 습격하여 항복받았다는 전설을 기록하였습니다. 이 모두 당시에 북이 중요한 악기로 존재하였음을 말하는 것입니다.

『후한서』의 진한전에는 "그 풍속이 가무 음주하기와 고슬(鼓瑟)

---

3 무당이 죽은 사람의 넋이 하는 말이라고 전하는 말을 이른다.
4 고려 후기에 이규보가 쓴 한문 서사시로, 그의 문집인 『동국이상국집』 제3권에 수록되어 있다. 동명왕 탄생 이전의 계보를 밝힌 서장(序章)과 출생에서 건국에 이르는 본장(本章), 그리고 후계자인 유리왕의 경력과 작가의 느낌을 붙인 종장(終章)으로 구성되어 있다.

악기를 연주하는 토우와 악기를 든 토우

하기를 즐기더라."하고, 『삼국지』의 변한전에는 "슬(瑟)이 있어 그 모양이 축(筑)과 같고 이를 뜯으니 음곡이 있더라."하였으니, 줄잡아도 반도의 남방 나라에는 예로부터 일종의 현악기와 그 악곡이 있었던 것입니다. 슬과 축은 다 금(琴)의 줄이 많은 종류이니, 이는 중국 악기를 표준으로 하여 반도의 고악(古樂)을 표현한 말입니다.

남방에 있는 삼한 시대의 고분에서는 진흙을 둥그렇게 뭉쳐 만든 적(笛)이 많이 나옵니다. 이것을 일본에서 '천반적(天磐笛; 아메노이와부에)'이라 하여 신대(神代)의 악기라고 부르며, 또 고대에 반도의 것을 가져간 것이라 하여 이름도 고려적(高麗笛; 고마부에)이라고 부르는 적의 일종이 있으니, 이는 다 우리 고대에 진작부터 적의 여러 종류가 있었음을 짐작케 하는 사실들입니다.

그런데 『삼국유사』에는 통일 신라의 사실이라고 하여 금과 적 두 가지의 신이(神異)한 악기가 있어 국가의 제천고(祭天庫)에 비장하여 내려온다고 기록하였습니다. 이는 필시 그전 옛날로부터 신앙적으로 전승하여 오는 신물(神物)일 것입니다.

이상의 모든 사실에서 반도의 삼한 시대에 줄잡아도 영·고·금

· 적의 네 가지 악기가 있었음을 분명히 알 수 있으며, 이러한 상태는 반도 북방 여러 나라에서도 크게 틀림이 없을 것이 다른 여러 가지 이유로 보아 추측됩니다.

조선 고대의 음악 문화는 어떠한 지위에 있었습니까

가무하며 즐기는 모임을 조선어로 '놀음'이라 합니다. '검남무(劍男舞) 놀음', '덧보기 놀음', '굿중패 놀음'이라 할 때의 놀음이 그것입니다.

이 놀음이라는 이름의 유래는 심히 오래 되었습니다. 고대의 '놀음'은 후세에서와 같이 단지 한때의 오락적 의미로 행하는 것도 있지만, 또 한편에는 신앙 공동체에 속한 부락적 또는 국가적 요구로 엄숙하고 경건하게 설행하는 것이 있어서, 이것이 정작 큰 놀음이었습니다.

『삼국지』에 전하는 내용을 보면, 마한에서는 5월 곡식 심은 뒤와 10월 곡식 타작한 뒤에 신령님께 제사를 올리는데, 부락이 모여서 가무 음주하여 주야로 쉬지 않았고, 그 춤은 수십 인이 한데 일어서서 줄을 지어 돌아다니면서 땅을 구르고 구부렸다 폈다 하여 손과 발이 서로 장단을 맞추었다고 하였습니다. 이것은 부락적 '놀음'의 일례입니다.

또 같은 책에, 부여에서는 12월이면 제천례를 거행하는데 온 나라 사람이 다 모여 여러 날을 두고 음주 가무하니 이 모임을 '영고(迎鼓)'라 한다 하고, 고구려인은 가무와 모여 노는 것을 즐기고 10월이면 온 나라가 다 모여 하늘에 제사하는 모임을 '동맹(東盟)'이라 한다 하고, 예(濊)에서도 10월이면 하늘에 제사하면서 주야로 음주 가무하여 이 모임을 '무천(舞天)'이라 한다 하니, 이것은 전국민적 '놀음'의 예입니다.

이 '놀음'이라는 말이 후에 '예(禮)'라는 글자로 대신하게 되었지만, 어형은 어떻게 변하든지 그 실질은 밤낮으로 가무로 천신(天神)을 기껍게 하는 행사일 따름입니다. 이러한 모임이 다 음악 가무를 중심으로 하여 효과를 발휘하던 것이며, 또 신정(神政) 시대의 국가 생활에서는 무엇보다도 중대한 행사이었습니다. 따라서 음악의 문화적 지위가 얼마나 중요한지를 대강 짐작할 것입니다.

고대 조선에 외국 음악이 유입한 대세를 들려 주십시오

조선 음악의 내력을 알려면 외국 음악에 눈을 떠야 할 필요가 있습니다. 왜냐하면 조선 음악을 구성한 요소 중에는 외국에 기원을 가진 것이 많고, 더욱이 조선 음악의 진보는 항상 외국 음악의 유입에 크게 힘입기 때문입니다.

무릇 동양 음악의 첫째 원천은 중국입니다. 중국에는 황제씨 이래로 창조하여 내려왔다 하는 허다한 악기와 악곡이 다른 문화와 함께 주위에 있는 민족의 사이로 퍼져 나갔습니다. 금(琴)·경(磬)·종(鐘)·슬(瑟) 같은 것이 그 주요한 것입니다. 이러한 중국 음악은 늦잡아도 중국의 한대(漢代)부터 부여·고구려를 시작으로 하여 차차 진역의 여러 나라로 흘러 들어왔습니다.

동양 음악의 또 한 원천은 동호(東胡)·돌궐 등의 북방 민족입니다. 그들의 상무(尙武) 생활이 낳은 고각(鼓角)·가취(笳吹) 등 여러 가지 악기가 언제부터인지 서로 공통적으로 사용되었습니다. 또 한 원천은 지금의 중앙아시아로부터 서아시아와 인도·그리스 방면을 포괄한 이른바 서역 방면입니다.

이 모든 지방은 세계에서 음악 문화가 가장 탁월하게 발달한 곳으로서, 자못 정묘하게 가지가지 악기를 창조하고 음악 이론을 발명하였습니다. 이 방면의 악기로서 직접 오던지 아니면 중국을 거

목어(전남 순천 선암사)

쳐서 진작부터 진역에 들어온 것이 많습니다. 또 오랜 동안에 국민적 특색을 첨가하여 독자적인 발달을 이룬 것도 있었습니다.

중국의 육조 시대부터 수·당 대에 걸쳐서 음악의 주축 노릇을 한 4대 악기, 비파·공후(箜篌)·필률(觱篥)·횡적(橫笛)은 본래 서역계의 것인데, 다 일찍부터 고구려·백제·신라 등에 들어와 유행하여 다른 나라 것인데도 이 나라의 대표 악기 비슷한 대접을 받았습니다.

이상은 진역 음악의 일대 약진기인 불교 전래 전후까지의 외국과의 교섭을 개관한 것입니다. 한번 불교가 전래한 이후로는 다른 예술과 함께 서역계 음악의 유통이 더욱 성대하여지고 따로 인도 기원인 악기가 여기로 들어와서 주요한 국민악(國民樂)을 이룬 것이 있습니다. 징·제금·바라·꽹과리 등 이른바 요발(鐃鈸)[5]의 종류와 단소·목어(木魚)[6] 같은 것이 그것입니다.

고구려의 음악은 어떠하였습니까

고구려는 진역 여러 나라 중에 비교적 오래 전에 건국되었고, 또한 국토 위치가 가장 대륙 쪽으로 치우쳐 있어서 중국과 서역 제국 등 다른 지방 문화를 접수하기에 편리하여 음악도 가장 앞서서 크게 발달했습니다.

---

5 불교에서 법회에 쓰는 악기인 바라를 이르는 말이다. 본래 요(鐃)와 발(鈸)의 두 악기였으나 지금은 합하여 한 악기로 되었다.
6 나무로 잉어 모양으로 만들어 매달고 불사를 할 때 두드리는 기구이다. 어고(魚鼓) 또는 어판(魚板)이라고도 부른다. 본래 중국의 선원에서 식사 때를 알리는 신호 기구로 쓰였는데, 점차 사찰의 행사나 예불, 불교 의식 등에 사용되었다.

고유악의 내력과 서역악의 전래에 관해서는 상고할 길이 없지만, 중국악은 한의 무제 때에 고취(鼓吹)와 기인(伎人)을 보낸 기록이 저들의 땅에 있습니다(『후한서』). 이는 우리 역사 기록으로 말하면 고구려가 아직 건국되기도 전의 일입니다.

이후 남북조 시대의 후위(後魏)와 교제가 친밀하여 중국과 서역계의 여러 기악(伎樂)이 고구려로 쏟아져 들어갔다는 것도 저들의 문헌에 전해 옵니다(『수서』). 이런 가운데 고구려의 국민악이 독특하게 성립된 듯합니다. 후주(後周) 때에 고구려가 악을 보낸 일이 있으며(『책부원귀』), 수의 칠부악(七部樂)과 당의 구부악(九部樂)에 '고려기(高麗伎)'[7]가 다 한 자리를 차지하였습니다(『수서』·『당서』).

기(伎)란 것은 악무(樂舞)와 희예(戱藝)를 통틀어 말한 것입니다. '고려기'의 종목이 당초에 얼마나 있었는지 모르지만, 차차 줄어서 당 무후 때(690~705)에는 25곡이 남아 있고 다시 백 년이 지난 덕종 말년(805)에는 1곡이 연행되었다고 합니다(『통전』).

그러나 무곡의 명칭은 딱 한 가지 수나라 때에 '지서(芝栖)'라는 무(舞)와 가(歌)가 있었다고 전하는 것 밖에는없습니다. 다만 악기는 탄쟁(彈箏)·추쟁(搊箏)·봉수공후(鳳首箜篌)·와공후(臥箜篌)·수공후(竪箜篌)·비파·오현(五絃)·의취적(義觜笛)·생(笙)·횡적·소(簫)·소필률·대필률·도피필률(桃皮觱篥)·요고(腰鼓)·제고(齊鼓)·담고(擔鼓)·귀두고(龜頭鼓)·철판(鐵版)·패(貝) 등 20종이 넘습니다.

악공의 복장은 자라모(紫羅帽)에 새 깃을 꽂고 황대수(黃大袖)·자라대(紫羅帶)·대구고(大口袴)·적피화(赤皮靴)를 오색도승(五色絛繩)으로 묶습니다. 춤추는 사람은, 4인은 덜미에 추고(椎髻)를 싸고 강

---

7 여기서 '고려기(高麗伎)'는 고구려의 기(伎)를 말한다. 고구려는 장수왕 때 국호를 고려로 개칭하였다. 따라서 수당 시대의 중국 문헌에는 고구려가 고려로 기록되어 있다.

무용총 무용도(중국 지안)

(絳)으로 머리를 동이는데 금당(金鐺; 사슬)으로 꾸미고, 2인은 황군유(黃裙襦)·적황고(赤黃袴)이고, 2인은 적황군(赤黃裙)·유(襦)·고(袴)에 소매를 아주 길게 하고 오피화(烏皮靴)를 신고서 쌍쌍이 나란히 서서 연주했다는 기록이 있습니다(『통전』).

이만하여도 고구려악의 내용과 치장이 다 얼마나 화려했는지 알 수 있습니다. 또 악기 구성도 얼마나 세계적인지를 엿보기에 부족함이 없습니다. 그러나 대부분이 후대에 전하지 않고 우리들은 겨우 다음과 같은 '고구려 악부(樂府)'란 제목의 이백(李白)의 시에서 그 운치의 면모를 약간 엿볼 뿐입니다.

> 금꽃 장식을 한 절풍모(折風帽)를 쓰고
> 백색 무용신을 신고 망설이고 주저하다
> 넓은 소매 너울너울 춤을 추는 모습
> 해동에서 날아오는 새 같구나

근년에 우리나라 만포진 건너 퉁거우 지방(고구려의 고도 국내성이 있던 곳)에서 발견된 고분의 벽화에는 남녀 14인이 긴 소매를 휘날리면서 질탕하게 춤추는 모습과 금(琴)·완함(阮咸; 월금)·각적(角笛) 등을 켜고 부는 모양을 채색으로 그린 것이 있습니다. 여기에서 고구려인의 손으로 그린 고구려 무악(舞樂)의 일부분을 여실하게 구경할 수 있게 되었습니다. 이 고분을 학자들이 '무용총'이라고 이름 지었습니다.

백제 음악은 어떠하였습니까

백제 문화에 관해서는 통틀어 전하는 것이 적어서 음악을 상세하게 살피기는 어렵습니다. 그러나 융성했던 음악 문화의 일부분은 한나라와 왜국의 문헌으로 넉넉히 짐작할 수 있습니다.

백제의 악이 중국으로 전해진 것은 남북조 시대의 송(宋) 초에 시작하여 위(魏)·주(周)·수(隋)의 대에 다 악부(樂府)에 보존되었습니다. 당이 백제를 멸망시킬 때 백제악을 다 당으로 가져가게 되어 몇 번 없어졌다 되살아

백제금동대향로의 거문고 타는 모습
(부여박물관)

나기를 반복하였습니다. 악기에는 고각(鼓角)·생(笙)·우(竽)·지(篪)·적·쟁(箏)·공후·도필필률 등이 있었습니다. 춤은 11인이 짝지어 추는데 자대수(紫大袖)·군유(裙襦)에 장보관(章甫冠)을 쓰고 가죽신을 신었다고 합니다(『책부원귀』).

일본 스이코(推古) 20년(612)에 백제인 미마지(味摩之)가 가서 음악 교육을 시작한 이래로 일본의 악은 주로 백제인의 손으로 개발 추진되어, 일본 초기의 음악사는 곧 백제의 음악사라 해도 될 정도

입니다. 나라 시대의 아악 직제에 고려악 8인, 신라악 4인인데 비해 백제악의 생원(生員)은 26인으로 규정되어 있습니다. 이로 보아 아악에서 백제악의 지위가 고구려와 신라에 비해 압도적으로 우세이고 또 백제악이 그만큼 실질을 가졌던 것도 미루어 짐작할 수 있습니다(『일본서기』·『영의해(令義解)』).

공후는 본래 서아시아로부터 고구려를 거쳐 백제에 전래된 악기입니다. 진역에서는 고구려가 더 큰 교섭을 가졌지만 일본에서는 공후를 백제금(百濟琴: 구다라고토)이라고 불러 백제 고유의 악기처럼 인식하고 있으니, 대개 일본에서는 백제악에 많이 사용되었던 까닭일 것입니다.

신라 음악은 어떠하였습니까

신라는 삼국 중 가장 뒤늦었지만 최후의 통일자가 되어 고구려와 백제의 유산을 계승하고 다시 그것을 소화 변통하여 차차 국민적 특색이 있는 음악 체계를 성립시켰습니다.

악기로는 삼죽(三竹; 대금·중금·소금)과 삼현(三絃; 현금·가야금·비파)과 박판(拍板)과 대고(大鼓)가 있습니다. 악공의 복색은 방각복두(放角幞頭)·자대수(紫大袖)·공란홍정(公襴紅䠆)·도금고요대(鍍金銙腰帶)·오피화(烏皮靴)로 이루어졌습니다. 가(歌)와 무(舞)에 다 여러 종목이 있고, 무는 대개 2인이 마주 보고 추었다고 문헌에 기록되어 있습니다(『삼국사기』「악지」).

현금과 가야금은 물론이고 비파 같은 것도 우리 음률에 맞도록 외국의 것을 개량하여 향비파라 불렀습니다. 금(琴)은 곧 적(笛)을 가리키는 것인데, 중국의 적을 개량하여 대·중·소 3종으로 만들어 국악에 맞도록 했습니다. 이때까지의 외래 악기들이 이제 완전히 국토화한 것입니다.

임해전(경북 경주)
신라 시대 귀족들이 모여 연회악을 즐기던 곳이다.

각개의 악기에는 연원과 전승이 분명하고, 또 곡조가 많아서 후세에 알려 있는 것만도 현금에는 평조(平調)·우조(羽調)의 두 가지에 187곡이 있고, 가야금에는 하림조(河臨調)와 눈죽조(嫩竹調)의 두 가지에 185곡이 있고, 향비파에는 궁조(宮調)·칠현조(七賢)·봉황조(鳳皇調)의 세 가지에 212곡이 있었다고 합니다. 이로 보아 신라악이 얼마나 성했는지를 알 수 있습니다.

무악(舞樂)에는 중앙·지방·단체·개인 등의 작품 등을 합하여 수를 헤아릴 수 없었습니다. 회악(會樂)·신열악(辛熱樂)·돌아악(突雅樂)·지아악(枝兒樂)·사내악(思內樂)·가무(笳舞)·우식악(憂息樂)·아악·우인(竽引)·미지락(美知樂)·도령가(徒領歌)·날현인(捺絃引)·사내기물악(思內奇物樂)·내지(內知)·백실(白實)·덕사내(德思內)·석남사내(石南思內)·사중(祀中) 등의 이름이 『삼국사기』에 올라 있습니다. 또 해룡무(海龍舞)·처용무·어무상심(御舞祥審; 霜髥舞)·지신무(地神舞)·무애무(無㝵舞) 등의 이름이 그 유래와 함께 『삼국유사』에 전하고 있습니다.

이렇게 가곡 악무가 성한 것은 가악(歌樂)을 훈련 과목으로 삼은 국선 풍류도의 영향이 크게 추진력이 되었을 것임을 생각할 수 있습니다. 더욱이 통일 이후의 신라는 부가 중앙으로 집중되고 당 문화의 자극이 커짐에 따라 수도에 있는 상류 사회의 생활은 극히 호화로웠고, 따라서 가무 음곡이 많이 쓰였습니다.

숭례전(崇禮殿)·동례전(同禮殿)·월상루(月上樓) 등의 궁중 관악(觀樂)은 말할 것도 없고, 연례행사인 팔관회·가배회(嘉俳會)와 수시로 열린 임해전(臨海殿)·포석정(鮑石亭)의 연회악 또한 다 관현악기를 떠난 것이 아님이 물론입니다. 이러한 조건 등으로 보아서 신라악의 전모는 좀 더 대규모일 것으로 생각되나 『삼국사기』에 전하는 바가 적어 미비함을 면하지 못하는 양합니다.

현금의 유래를 듣고 싶습니다

금(琴)은 중국에서 신화 시대부터 있던 대표적 현악기로, 음악사에서의 지위도 자못 고상합니다. 금은 현(絃)의 수에 따라 여러 종류로 나뉩니다. 그저 금이라 하는 것은 처음에 5현이었다가 뒤에 7현으로 고쳐졌습니다. 금보다 형태가 크고 현의 수가 훨씬 많은 것을 슬(瑟)이라 합니다. 대슬 50현으로부터 중슬 25현, 소슬 15현, 차소슬(次小瑟) 5현까지의 사이에 허다한 중간적인 변형이 있습니다.

진(秦)의 지방에서 슬을 반으로 나눈 것처럼 12현이나 13현으로 변통한 것이 쟁(箏)이란 것이고, 연(燕)·제(齊)의 지방에서 쟁보다 조금 작고 13현인 것을 죽척(竹尺)으로 두드리던 축(筑)이라는 것이 있습니다. 이들 금·슬·쟁·축의 현악기가 중국의 창작인지 아니면 바깥으로부터 수입한 것인지는 알 수 없지만, 줄잡아도 그 발달과 변천에는 고대의 수메르 이래 서방 제국의 영향이 있음을 앙탈할 수 없을 것입니다.

진역에서는 현악기, 곧 금의 붙이를 '고'라고 일렀는데, '고'가 언제부터 어떻게 생겼는지는 알 수 없지만 퉁거우의 무용총 이하 고분에 그 그림이 있고, 또 거기에 이미 일정한 특색이 나타나 있습니다.

여하간 금이 옛날에 어디로부터인지 진역으로 전해 온 뒤에 차차 우리 음률에 맞도록 변통을 더하여 새 종류를 만들어내고, 이것을 거문고라고 부르고 한 자로 '현금(玄琴)'이라고 썼습니다. 후에 조선에 서 보통 금이라 하면 곧 현금을 가리키며, 아 악에 쓰는 금·슬과 대쟁·아쟁은 아는 사 람이나 알 뿐이 되었습니다.

거문고의 유래를 말하는 옛날 전 설은 이러합니다. 처음에 진(晉)이 칠현금을 고구려로 보냈으나 널 리 퍼지지 못하였습니다. 제2 재상으로 있는 왕산악(王山岳) 이 그 음률을 연구하여 7현을 6현으로 고치고 여러 가지 변통을

거문고(현금)

더하여 우리의 악기를 만들고 스스로 1백여 곡을 지어서 이를 타 니, 현학(玄鶴)이 와서 춤을 추었다고 합니다. 그래서 이름을 현학금 이라 했고, 뒤에 다시 현금이라고 부르게 되었다는 것입니다.

고구려로부터 신라로 전해진 뒤에는 옥보고(玉寶高)가 지리산에 들어가서 50년간 연구를 거듭하여 새로 30곡을 만들고 그것이 속 명득(續命得), 귀금선생(貴金先生), 안장(安長)과 청장(淸長), 안장의 아 들 극상(克相)과 극종(克宗)으로 이어져 점점 세상에 퍼지게 되었습 니다. 그 음곡에 두 가지가 있는데, 하나는 평조(平調), 다른 하나는 우조(羽調)로 모두 187곡이 전하고 그 나머지는 흩어져 없어졌습니 다. 『삼국사기』의 「악지」에 기재된 내용입니다.

가야금의 내력은 어떻습니까

가야금을 연주하는 토우
(국립중앙박물관)

고구려에서 금(琴)을 변통하여 현금을 만든 것처럼 반도 남방의 가야(변한의 일국)에서는 쟁(箏)을 변통하여 우리 음률에 맞는 새 형식을 생각해냈는데, 가야에서 만든 고라 하여 이름을 '가얏고'=가야금이라고 하였습니다. 원래 반도 남방에서는 어디서 연원하는지 모르는 축(筑)과 비슷한 일종의 현악기를 가져 오더니, 뒤에 중국과 고구려로부터 금·쟁의 붙이를 얻어서 이것들을 참작하여 국풍에 맞게 개조한 것이 가야금이 아닌가 합니다.

그 유래를 전하는 얘기에 따르면, 가야국의 가실왕이 당의 악기를 보고 가야금을 만들게 하고는 나라마다 음률이 다른데 남의 곡조를 쓸 수 있느냐 하여 악사 우륵(于勒)에게 새로 12곡을 만들게 하였습니다.

가야국이 망할 듯하자 우륵이 이것을 가지고 신라의 진흥왕에게 투탁하였더니, 왕이 그를 받아서 국원(國原), 지금의 충주에 두고 주지(注知)·계고(階古)·만덕(萬德) 세 사람에게 그 업을 전습하게 하였습니다. 이들이 12곡을 줄여서 5곡으로 만들어서 신라의 국악을 삼았다고 합니다.

이 뒤 차차 늘어서 신라 시대에 이미 그 율이 하림조(河臨調)·눈죽조(嫩竹調)의 둘로 나뉘어서 모두 185곡이 있었다고 합니다. 이 가얏고는 신라로부터 일본으로 전한 듯하여, 나라 시대의 아악에서 신라악의 주악기가 되고 이름을 신라금(新羅琴; 시라기고토)라고 일렀습니다.

공후란 무엇입니까

공후(箜篌)란 활 모양이나 규구(規矩)[8] 모양의 여러 줄로 된 금(琴)입니다. 서양에서는 하프(Harp)라고 하여 휜 듯한 줏대에 평행으로 줄을 많이 매고 두 팔로 껴안은 듯하게 타는 악기입니다. 태고로부터 퍽 널리 여러 국민 사이에 분포한 악기입니다. 그 연원은 이집트·아시리아 등지에 있는 듯하며, 그것이 서역을 거쳐 중국과 진역으로 흘러 들어왔습니다.

중국 한나라 때에 공후필모(箜篌筆摸: 空侯 또는 坎侯)라는 이름을 얻었고, 뒤에 형식이 변화하여 수공후(竪箜篌)·와공후(臥箜篌)·봉수공후(鳳首箜篌) 등으로 구별하게 되었습니다. 이 세 가지가 다 진작 고구려와 백제에 전하여 국악의 주요한 요소를 이루었습니다. 또 공후는 백제인의 손으로 일본으로 전해져 백제악과 고구려악의 주악기가 되었고, 이름을 백제금이라 하였습니다.

그러나 통일 신라 이후 외래 음악이 향토화하는 추세가 두드러지는 가운데 우리 음률에 적응하지 못한 점이 있었던지 차차 없어져 마침내 일반에게 망각되기에 이르렀습니다. 일본에서도 또한 후일 백제악의 개폐가 있을 때에 그만저만 소실되어 버렸습니다.

무릇 공후에는 여러 계통에서 나온 가지가지 형식이 있는데, 진역에 있던 것은 어떤 형식이었을까요. 다행히 실물 두 개가 일본나라의 정창원(正倉院) 보물 창고에 있어 대략 아시리아 계통의 규구 모양의 하프임을 알 수 있습니다.

---

8 목수가 쓰는 그림쇠, 자, 수준기, 먹줄을 통틀어 이르는 말이다. 여기서는 모양으로 볼 때 특히 곱자를 이르는 듯하다. 곱자는 직각으로 굽은 자로 곡척(曲尺)·기역자라고도 한다.

상원사 동종 비천상(강원 평창)

또 우리나라 강원도 오대산 상원사에 있는 범종은 신라 성덕왕 24년(725)에 주조한 것으로, 그 종신(鐘身)에 하늘을 나는 선녀가 생(笙)도 불고 금(琴)도 타는 형상을 주조해 냈습니다. 그 금이 정창원의 실물과 똑같은 공후이므로, 신기하게 이것으로 금을 켜는 실제 모습을 볼 수 있습니다.

중국의 공후에는 대소 2종이 있습니다. 대공후는 23현이나 25현이 원칙이고, 소공후는 8현~9현쯤 되는 것도 있습니다. 현재 서양의 하프는 70여 현이 되는 것까지 있습니다.

공후는 우리나라에서 없어진 지가 오래된 까닭에 우리에게 매우 서툰 물건이 되어 버렸지만, 재미있는 일은 가장 오래된 우리 문학의 귀중한 일물(一物)이 공후의 이름으로 전해오는 것입니다. 중국에서 한나라 대의 민요로 전하는 것에 「공후인(箜篌引)」이라는 것이 있습니다. 그것은 낙랑군 조선현 지방, 지금의 평양 대동강의 나루지기이던 곽리자고(霍里子高)의 처 여옥(麗玉)이라는 이가 그 나루에서 생긴 비극에서 얻은 슬픈 가사와 가락을 가지고 지었다고 합니다.

내용을 보면, 곽리자고가 새벽에 일어나 배를 부리는데 어떤 실성한 늙은이가 머리를 풀고 무슨 항아리를 가지고 마구 물로 뛰어 건너려고 하는 것을 그 처가 따라와서 붙잡으려 하였습니다. 그러나 잡지 못하여 늙은이가 물에 빠져 죽으니 그 처가 너무도 서러워

공후를 안고 "마시라 마시라 해도 그토록 건너려 하시다가 저 꼴이 되시고 마니 이 노릇을 어쩌잔 말이오."하는 푸념을 처절하게 노래하고는 뒤따라 죽었다고 합니다. 곽리자고가 돌아와서 처에게 이야기를 전하자 여옥이 그 소리와 뜻을 그려서 세상에 전하여 「공후인」이 생겼다고 합니다.

중국에 전하는 원문은 "공무도하(公無渡河), 공경도하(公竟渡河), 타하이사(墮河而死), 당내공하(當奈公何)."입니다. 곽리자고와 처 여옥이 본토인인지 중국인인지 또 최초의 용어가 무엇인지 등은 다 문제가 됩니다.

그러나 우리가 고찰하는 바의 결론만을 말하면, 이것은 당시 평양 지방에 유행하던 애화성(哀話性) 민요로서 공후에 맞추어 부르던 것을 중국 교민이 한문으로 번역하여 그 곡조와 함께 저희 본토로 전했고, 그 이국적인 애조가 일반에게 환영받아서 공후가(箜篌歌) 또는 금가(琴歌)로 많이 유행된 듯합니다. 여하간 공후가 그때에 얼마나 보통으로 사용되었는지를 이 전설에서 넉넉히 엿볼 수 있습니다.

고려의 음악은 어떠하였습니까

고려가 선양의 형식으로 신라를 대신하였으므로 신라의 문물이 곱다랗게 고려로 계승되었어야 옳습니다. 그러나 경애왕 말에 후백제의 국도 침탈이 상상 이상으로 참담하여 영관(伶官)⁹ 악반(樂班)이 다 결딴나 없어져 버렸기 때문에, 음악 관계의 기재가 온전하게 경주로부터 개성으로 옮겨지지 못한 듯합니다.

9 음악에 관한 일을 담당하던 악관(樂官)을 달리 일컫는 말이다. 중국에서 영씨(伶氏)가 대대로 악관이 되어 뛰어난 솜씨를 보였으므로 '영관'을 악관과 동의어로 쓴 데서 비롯되었다.

고려 건국 후 오래도록 국악에 관한 사실은 징고할 것이 심히 적습니다. 겨우 경종이 '향악(鄕樂)' 구경하기를 좋아하여 종일토록 싫증내지 않았다고 한 것, 성종이 즉위 초에 '잡기(雜技)'가 주책없으므로 국가 행사인 팔관회를 폐했다고 한 것, 또 성종 13년(994)에 '기악(伎樂)'을 요나라에 선사하였다가 퇴박당한 사실이 역사에 실려 있습니다. 이른바 잡기와 기악를 그때쯤 향악에 넣었던 것이겠지요. 이것으로 보건대 고려 전기는 향악 본위의 시대이었다고 보아도 무방할 것입니다.

그러나 신라로부터 침탈당한 후의 유물이 전하기도 하였고, 또 발해가 망하고 백성이 고려로 내투(來投)할 때에 거기에 덧묻어 들어온 옛 의례도 있어서 그때까지의 정악(正樂)이 오히려 명맥을 유지하는 것이 있었습니다. 본토의 것을 향악 또는 속악이라 한 데 대하여 이것을 당악(唐樂)이라고 일컬었습니다.

이렇게 당악과 속악이 병행하여 가는 중에 송에서 대악(大樂) 수정 운동이 진행되어 우리 예종 즉위년, 송의 휘종 숭녕 4년(1105)에 신악이 성립하였습니다. 이것을 대성악(大晟樂)이라 하여 나라 안에 공포하였습니다. 이 대성악이 예종 9년(송 정화 4년, 1115), 11년 두 차례에 걸쳐 연거푸 전래하여 그것을 깨치고 익히는 대로 조정과 묘사(廟社)에 차례로 시행하니, 이에 고려에서도 아악을 다시 정비하게 되었습니다.

예종 9년에 전래한 악기는 철방향(鐵方響) 5가(架), 방향(方響) 5가, 금슬 4면(面), 오현 2면, 쌍현 4면, 쟁 4좌(座), 공후 4좌, 필률 20관(管), 적 12관, 치(篪) 20관, 소(簫) 10면, 포생(匏笙) 10찬(攢), 훈(塤) 40매(枚), 대고(大鼓) 1면, 장고 20면, 박판(拍板) 11관(串)이었고, 아울러 곡보(曲譜) 10책과 지결도(指訣圖) 10책이 문헌에 보입니다(『고려사』 「악지」).

예종 9년의 이러한 것들은 여기서 요청하여 받은 것이지만, 예종

11년에는 저기서 국제적 예물로 정식으로 보내온 것이므로 내용물이 전번에 비하여 더욱 갖추어지고 풍성했을 것을 짐작할 수 있습니다.

여하간 이로부터 고려의 대악은 대성악을 기준으로 하게 되었습니다. 송 본국에서는 대성악의 기물이 금이 송의 수도인 변경을 함락하는 통에 흩어져 없어졌지만, 그 기구와 의용(儀容)이 도리어 고려에 엄연히 존재하게 된 것도 흥미 있는 일이었습니다.

이렇게 예종 이후로는 고려의 악에 향악·당악·아악의 3부가 병립하여(악을 좌우로 나눌 때에는 당악을 좌라 하고 향악을 우라 이른다), 고려 일대는 물론이고 이조까지 전습되었습니다. 이제 그 악기들을 『고려사』「악지」에 의거하여 열거해 보겠습니다.

- **아악** : 편종(編鐘)·편경(編磬)·금(琴: 1현 3현 5현 7현 9현)·슬(瑟)·치(箎)·우(竽)·소(簫)·소생(巢笙)·화생(和笙)·훈(壎)·지(箎)·축(柷)·고(鼓, 晉鼓 立鼓 鼟鼓 應鼓)·어(敔)·단부(搏拊)
- **당악** : 방향(方響)·퉁소(洞簫)·소(簫)·필률(觱篥)·비파(琵琶)·아쟁(牙箏)·대쟁(大箏)·장고(杖鼓)·교방(敎坊)·고(鼓)·박(拍).
- **속악** : 현금(玄琴)·비파(琵琶)·가야금(伽倻琴)·대금(大琴)·장고(杖鼓)·아박(牙拍)·무애(無㝵)·무고(舞鼓)·혜금(嵇琴)·필률(觱篥)·중금(中箏)·소금(小箏)·박(拍)

특히 눈에 띄는 것은 공후가 없어진 것과 장고가 등장한 것입니다. 이 뒤에 장고는 차차 온갖 장단의 기준을 이루어서 절대적으로 주요한 지위를 가지게 되었습니다.

속악은 본래 고래의 전통인 향악을 주체로 하는 것이지만, 고려 시대에 들어와서는 대륙 방면과 교섭이 많았으므로, 전기에는 거란악과 여진악이 스며든 점이 있고 후기에는 몽고악과 몽고를 통해서 라마악과 회회악이 유입되었습니다. 나팔 · 대평소(大平簫; 號笛)[10] 등 악기와 역사서에서의 이른바 호악(胡樂), 호가(胡歌), 올량합무(兀良哈舞), 몽고 음악 등이 그것입니다.

『고려사』 이수산전(李壽山傳)에 이수산이 공민왕 때 좌리공신의 호를 받으니, 몽고 악인 양제(梁濟)가 무리를 데리고 도당에 나와서 연주를 하는데, 이수산이 "악(樂)이 있거늘 가(歌)가 없으랴."하고 한나라 여인을 불러다가 노래를 부르게 하여 서로 크게 기뻐하였다 했습니다.

또한 『고려사』 신우전(辛禑傳)에 우왕이 가끔 호악(胡樂)을 연주하면서 민가를 순유하고 화원에서 놀 때, 호가(胡歌)로써 연악(宴樂)하고 행재(行在)[11]에서 호악을 연주하여 새벽에 이르렀다 합니다. 지존의 몸으로 호적(胡笛) · 호무(胡舞)를 연행하는 기사가 즐비하게 보이니, 호악 즉 몽고 계통의 음악이 얼마나 상류 사회에 성행하였는지 짐작할 만합니다(지금 조선의 농악과 검무 중에 몽고풍이 전한다고 말하는 학자가 있습니다). 이러구러 고려의 음악은 종래의 향악과 당악 외에 새로 호악의 요소가 들어와서 내용이 점점 더 풍부해졌다고 볼 수 있습니다.

그러나 한편으로 여러 번 병란을 겪고 도읍을 옮겨 다니는 통에 없어진 악기와 흩어진 악공이 많더니, 공민왕 8년(1359)부터 복구에 관심을 기울였습니다. 공민왕 19년(1370)에 명에 사신으로 갔던 성준득(成准得)이 돌아올 때 명 태조로부터 편종 · 편경 · 생 · 소 · 금 · 슬 · 배소(排簫) 등을 가져와 기구가 다시 다 갖추어졌습니다. 이어 성용(聲容)[12]이 사라진 것은 악공을 명의 수도에 보내 전습하게 하고, 또 필요한 만큼 악기를 수입해 와서 조회 · 경적(耕籍) · 종

---

10 신호 또는 군호로 부는 피리를 말한다.
11 임금이 궁을 떠나 멀리 나들이할 때 머무는 곳을 말한다.
12 소리의 모양 또는 소리의 형태를 이른다.

묘 · 사직 · 문묘 등에 따로따로 아악 1부씩을 보관하여 쓰게 되었습니다.

그러면 이상의 모든 악을 운용하기 위하여 어느 정도의 상비 인원이 있었을까요. 영관과 우인(優人)[13]의 수를 죄다 증명하기는 어렵지만『고려도경』(고려 인종 2년, 1124년 찬)에 이렇게 적혀 있습니다.

여기(女伎)는 하악(下樂)이라 일러서 무릇 3등이니, 대악에는 260인을 쓰니 왕이 상용하는 바요, 다음은 관현방(管絃房)의 170인과 다음은 경시사(京市司)의 3백여 인이며, 그 백희(百戱)는 수백 인이 있어 모두 매우 민첩하다.

고려 시대에는 국악 외에도 도읍의 모든 방(坊)[14]에 각각 동악(洞樂; 里樂)이 있고, 지방에도 필요한 만큼 악이 다 있었습니다.

일본에 전하는 고려악이란 어떤 것입니까

고구려의 악곡 · 무악으로서 진역과 중국 쪽에 전승된 것은 거의 없습니다. 그런 가운데 홀로 바다 건너 일본으로 들어갔던 것은 가장 잘 간직되어 꽤 많은 수효가 지금까지 전하고 있습니다. 무릇 일본의 원시 음악은 간소하고 질박해서 볼 것이 없고 반도로부터 대륙의 음악을 얻은 뒤에 차차 추태를 벗었습니다.

기록에 오른 것을 보겠습니다. 인교(允恭) 42년(453)에 신라 악인 80명이 건너가서 그 미개함을 깨뜨렸습니다. 다음 유랴쿠(雄略) 11

---

13 배우 또는 광대를 이르는 말이다.
14 고려 시대 수도 개경의 행정 구역 명칭이다. 도성 안의 일정한 구획을 방이라고 한 데서 유래하였다. 고려는 1024년(현종 15)에 오부방리제(五部坊里制)를 갖추어 동 · 서 · 남 · 북 · 중 5부에 35방 · 344리가 속해 있었다.

년(467)에 백제국으로부터 오나라 사람 귀신(貴信)이 건너가서 오나라 금(琴)을 전했고, 이 뒤로 백제 악인이라 하는 사람들이 대대로 끊이지 않았습니다. 긴메이(欽明) 때에 시덕삼근(施德三斤)·계덕기마차(季德己麻次)·계덕진노(季德進奴)·대덕진타(對德進陀) 등이 이름을 나타냈습니다.

스이코(推古) 20년(612)에는 백제인 미마지(味摩之)가 오나라에서 배워 온 기악무(伎樂舞)를 가지고 가서 기악무의 교습이 이로부터 시작되었습니다. 스이코 26년(618)에는 고구려가 수 양제 군대 30만을 격파하여 얻은 포로 2인과 함께 고취악(鼓吹樂)을 보내준 일이 있습니다. 이로써 일본의 음악 문화는 반도인의 손으로 차츰차츰 추진되었습니다.

한편 당의 음악도 전래하여 이른바 나라 시대(710~784)에는 신라악·백제악·고려악이 당악과 더불어 서로 대립하여 크게 숭상되었습니다. 또 동일 계통의 것으로 탐라의 것인 듯한 도라악(度羅樂)과 발해에서 새로 건너간 발해악이 각각 한 몫을 했습니다.

헤이안 시대의 인묘(仁明) 때(815~850)에 이르러서 악제를 정리할 때, 진역 계통의 모든 악을 고려악(여기서 쓴 고려는 고구려를 말함)이라고 통칭하여 우방악(右方樂)으로 하고 당악을 좌방악(左方樂)으로 하였습니다. 이 제도가 뒤에 길이 계승되어 지금까지 내려오니, 이것이 일본 궁중에 간직되어 온 아악이란 것입니다.

본래 신라악에서는 신라금(곧 가야금)을 쓰고 백제악과 고려악에서는 횡적·공후·막목(莫目; 短簫?)을 썼습니다. 악제 개혁 이후에는 이런 독특한 악기는 대개 없어지고 당악과 공통되는 악기로써 음률만 달리하여 연주하게 되었으며, 겨우 적(笛) 하나만이 특색을 지녀서 '고려적(高麗笛; 고마부에)'이라고 일컬었습니다.

고려악으로 전래하는 것은 악곡이 10종이고 무곡이 24종입니다. 그러나 어느 것이 신라·백제·고구려의 것인지는 이제 구별하기 어렵고, 그 중에는 일본에서 본떠 만든 것도 섞여 있습니다. 여러 곡목 중에서 숭상되는 관례에 따라 신조소(新鳥蘇)·고조소(古鳥蘇)·진주독(進走禿)·퇴주독(退走禿)을 고려악의 4대 곡이라고 부릅니다.

현재 행해지는 고려악의 복색은 대개 청(靑)·천총(淺葱)을 쓰고 악기는 고려적·필률·정고(鉦鼓)·요고(腰鼓)를 쓰는데, 음률은 당악에 비하여 매우 단조롭습니다. 여하간 고대 삼국의 악곡과 무용을 그때의 면모대로 볼 수 있기는 일본에 있는 고려악이라 할 것입니다.

이씨 조선의 음악은 어떠하였습니까

왕씨와 이씨의 혁명은 다만 주권자의 성씨가 바뀌었을 뿐이지, 사회와 문화는 그대로 흠뻑 전자로부터 후자로 인계되었습니다. 음악 같은 것도 고려 그대로가 조선 신왕조에 연장되어, 고려의 조회·묘정 등에 쓰던 향악 당악, 기타 악이 다 그대로 답습되었습니다.

공양왕 19년에 명에서 보내온 악기는 마치 신왕조에 대한 선물처럼 곱다랗게 넘어와 쓰였습니다. 다만 국초의 여러 대에 걸쳐서 유신(維新)의 의기를 악률에 담으려는 필요에서 「몽금척(夢金尺)」[15]·「수보록(受寶籙)」[16] 이하의 여러 악장과 약간의 무곡을 편찬하여 구악(舊樂) 사이에 끼워서 악곡의 종목이 더욱 많아졌습니다.

---

15 정도전이 태조의 공덕을 칭송하기 위해 만든 악장이다. 이성계가 왕위에 오르기 전 꿈에 신령에게서 금척(金尺)을 받았다는 내용으로 되어 있다.

16 1393년(태조 2)에 정도전이 지은 악장이다. 이성계가 왕위에 오르기 전 지리산의 돌로 된 벽에서 장차 등극하리라는 글이 적힌 기이한 책을 얻었다는 내용으로 되어 있다.

그러나 고려 이래 오랫 동안 악리(樂理)의 발명과 악률의 조정이 거의 이루어지지 않았습니다. 고려 말 공민왕 19년(1370) 이후와 이조 태종 5년(1405)에 명나라로부터 악기가 전래되기도 하였으나 창업 초기라서인지 그 제도가 거칠고 초라하였습니다.

거기에 철저한 수정을 더할 필요가 있었는데, 때는 마침 세종을 지도자로 하여 국민 문화를 완비하려는 때를 맞았습니다. 이에 음악 정리의 사업이 우쩍 흥기하였습니다. 마침 박연(朴堧)이라는 이 분야의 천재가 나와서 왕의 염려를 받들게 된 것도 천운이었습니다.

무릇 아악의 수정은 이미 태종 때에 단서를 열었고, 세종의 호학은 악리(樂理)에도 자못 마음을 두게 하였습니다. 유사납(柳思納)·정인지(鄭麟趾)·박연·정양(鄭穰) 등에게 구악을 바로잡게 하였으나 얼른 지름길이 열리지 않습니다. 그러다가, 세종 7년(1425)에 그때까지 악률의 기준을 삼아 오던 검은 기장이 해주에서 나오고, 다음해에 성음(聲音)의 표준이 되는 경석(磬石)을 남양에서 발견하였습니다. 이에 세종이 학문에 충실한 박연에게 악률을 바로잡을 책임을 전적으로 맡기고 유력한 관원들에게 협조하게 하였습니다.

여러 해에 걸친 노력 끝에, 먼저 율에 맞는 경(磬) 2가(架)를 만들고 이어 아악과 속악의 일체 악기를 수정하는 데 차례로 성공하였습니다(악기 제작에는 南汲이란 사람의 실제적 공로가 또한 컸습니다). 박연의 음악 정리는 형식상으로 중국 고래의 5성(聲) 12율(律) 삼분손익법(三分損益法)을 기본으로 했지만, 율도(律度)의 장단과 성음의 조화는 오로지 독자적으로 발명하고 조직한 것입니다. 또 거기에는 향음국풍(響音國風)이 다분히 반영되어서 실질적으로는 조선 음악의 실제적 독립을 의미하는 것이었습니다.

세종은 합리적으로 새로 조성한 음악을 응용하여 정대업(定大業)·보태평(保太平)·발상(發祥)·취풍형(醉豐亨)·치화평(致和平)·봉래의(鳳來儀)·여민락(與民樂)·용비어천가(龍飛御天歌) 등의 신악을 제정하고, 그것을 보표로 기록하여 영구히 준칙으로 삼게 하였습니다. 이 악보 12권은 『세종실록』(권136~144)의 뒤에 첨부하여 지금까지 전해옵니다. 거기서 성음을 훈민정음으로 표시한 것은, 그 사업 자체와 함께 문화 독립 정신이 왕성함을 나타내는 증거로 우리의 주의를 끕니다.

저 유명한 『용비어천가』·『월인천강지곡』 등 장편 가사의 출현도 이러한 기운에 부응하는 것이었습니다. 세조는 아버지의 다른 온갖 업적과 아울러 음악 제작에도 선대의 위업을 이어받는 데 게을리하지 않았습니다. 악무의 적용에 실제적 개량을 더하고, 또 악보 표시에도 더 적절한 양식을 고안해 내었습니다. 그 업적의 일부인 악보 2권이 『세조실록』(권48~49)에 실려 있습니다.

이렇게 누대에 걸치는 사업이 성종 대에 이르러서 일단 정비가 되어 조선 음악의 면목이 완성되었고, 이를 집대성하여 일대의 성

'세종, 하늘의 소리를 열다' 공연에서
악기를 연주하고 있다.
(경복궁 근정전)

전(成典)을 만드는 단계에 이르렀습니다.

먼저 성종 5년(1474)에 편찬해 낸『국조오례의(國朝五禮儀)』에 그 일부를 실었습니다. 다시 악(樂) 관계 서적을 집성하기로 하여, 성종 24년(1493)에 문신 유자광(柳子光) · 성현(成俔) · 신말평(申末平)과 악관 박곤(朴棍) · 김복근(金福根) 등에게 장악원[17]에 보관중인 의궤와 악보 등을 참고하여 아악 · 속악 · 향악 · 당악 등 모은 악의 이론 · 제도 · 성용 · 기물 등을 설명하고 그리게 하여『악학궤범(樂學軌範)』9권을 편찬해 냈습니다.

이 책은 이 뒤 이씨 조선의 최고 악전(樂典)이었음은 물론이고, 한편으로는 동양 고악(古樂)의 연구에 가장 잘 갖추어지고 가장 신빙할 일대 전거로 길이 학계의 보물이 되었습니다.『악학궤범』에 보인 악곡과 악기는 아래와 같습니다.

- **시용당악정재(時用唐樂呈才)** : 헌선도(獻仙桃) · 수연장(壽延長) · 오양선(五羊仙) · 포구락(抛毬樂) · 연화대(蓮花臺) · 금척(金尺) · 수보록(受寶籙) · 근천정(覲天庭) · 수명명(受明命) · 하황은(賀皇恩) · 하성명(賀聖明) · 성택(聖澤) · 육화대(六花隊) · 곡파(曲破)

- **시용향악정재(時用鄉樂呈才)** : 보태평(保太平) · 정대업(定大業) · 봉래의(蓬萊儀) · 치화평(致和平) · 취풍형합설(醉豊亨合設) · 아박(牙拍) · 향발(響鈸) · 무고(舞鼓) · 학무(鶴舞) · 학연화대처용무합설(鶴蓮華臺處容舞合設) · 교방가요(敎坊歌謠) · 문덕곡(文德曲)

- **아부악기(雅部樂器)** : 특종(特鐘) · 특경(特磬) · 편경(編磬) · 건고(建鼓) · 삭고(朔鼓) · 응고(應鼓) · 뇌고(雷鼓) · 영고(靈鼓) · 노고(路鼓) · 뇌도(雷

---

17 조선 시대 궁중에서 연주하는 음악과 무용에 관한 일을 담당한 관청을 이른다. 고려 때의 전악서(典樂署) · 아악서(雅樂署) · 관습도감(慣習都監)과 조선 초 새로 설치된 악학(樂學)이 1466년 장악서로 일원화되었다가 1470년 (성종 1) 이전에 장악원으로 개칭되었다.

鼗) · 영도(靈鼗) · 노도(路鼗) · 도(鼗) · 절고(節鼓) 진고(晉鼓) · 축지(柷止) · 어지(敔止) · 관(管) · 약(籥) · 화(和) · 생(笙) · 우(竽) · 소(簫) · 적(篴) · 부(缶) · 훈(塤) · 지(篪) · 슬(瑟) · 금(琴) · 둑(纛) · 휘(麾) · 조촉(照燭) · 순(錞) · 탁(鐸) · 응(應) · 아(雅) · 상(相) · 독(牘) · 적(翟) · 간(干) · 척(戚)

- **당부악기(唐部樂器)**: 방향(方響) · 박(拍) · 교방고(敎坊鼓) · 월금(月琴) · 장고(杖鼓) · 당비파(唐琵琶) · 해금(奚琴) · 대쟁(大箏) · 아쟁(牙箏) · 당적(唐笛) · 당필률(唐篳篥) · 퉁소(洞簫) · 대평소(大平簫).

- **향부악기(鄕部樂器)**: 현금(玄琴) · 향비파(鄕琵琶) · 가야금(伽倻琴) · 대금(大笒) · 소관자(小管子) · 초적(草笛) · 향필률(鄕篳篥)

시용(時用)이란 현행이란 뜻이고, 정재(呈才)란 무악(舞樂)을 말합니다. 『악학궤범』이 성립한 뒤의 악(樂)은 보수적이 되고 침체에 빠져서 아무런 인정할 만한 발전이 없습니다. 연산군의 방탕한 유희가 속악과 잡희에 얼마만큼 자극을 주기는 했겠지만 그 또한 조리있게 말할 것이 없습니다.

이 동안에 한 가지 큰 변화는 중종 이후로 악의 중심이 조정으로부터 차차 민간으로 이행하여 여러 가지 새 경향이 나타난 것입니다. 그 하나는 가사(歌辭) 창작입니다. 그 전의 가사는 주로 조정의 태평을 칭송하는 것에 대하여, 명종 때의 이현보(李賢輔), 선조 때의 정철(鄭澈), 광해군 때의 박인로(朴仁老), 인조 때의 윤선도(尹善道) 등 강호의 즐거움과 민생의 정황을 노래하는 작가들이 속출하였습니다.

또 하나는 가사를 수집하고 기록하게 된 일입니다. 그 전에는 국가의 전악(典樂) 기관에서 텍스트로 입으로 전승되던 가사를 명종 때의 박준(朴浚)처럼 민간인이 끄집어내다가 편찬 간행하는 일이 생겼습니다. 이리하여 고금의 숨은 곡들이 상아탑을 벗어나서 일

양금(한양대학교 박물관)

반 민중의 공유물이 된 것입니다. 또 하나는 음악 자체의 일반화이니, 그 전에는 악이라 하면 관공서 의식의 부수물로 특수하게 존재할 따름이었습니다. 그러나, 특히 금(琴)을 중심으로 하는 민간악의 유행이 시작되고, 그리하는 가운데 거문고의 이마지(李馬智), 가야금의 조이개(曹伊介) 같은 독자적 전통이 생겼습니다. 또 전악 관청에서도 보지 못하는 독특한 보표『양금신보(梁琴新譜)』같은 것이 작성되기에 이르렀습니다.

이렇게 음악의 일반화 경향이 바야흐로 두드러져 갈 때에 명말 청초에 걸쳐서 인물의 교통이 더욱 빈번하여지면서 중국의 속악이 슬금슬금 전래하여 왔습니다. 그 중에 우리 성미에 적합한 것이 한 덩어리로 뭉쳐서 드디어 일부 실내악을 이루었습니다. 이것을 보통 '음률'이나 '풍류' 또는 '줄풍류'라고 일렀습니다.

한편 정악(正樂)은 오랫동안 타성적으로 지속되는 게 고작이다가 영조 때에 이르러 자못 악도(樂道)에 유념하게 되었습니다. 영조 18년(1742)에 악리(樂理)에 정통한 이연덕(李延德)을 장악원 정(正)[18]에 임명하여 악률을 헤아려 교정하게 하고, 대제학 서명응(徐命膺)이 이를 도와 이루게 하니 수백 년의 침체가 하마 진작될 뻔했습니다.

그 결과로 영조 35년(1754)에는 '대악전후보(大樂前後譜)' 16권이 편찬되고, 정조 4년(1780)에는『시악화성(詩樂和聲)』10권, 정조 15년(1791)에는『악통(樂通)』1권이 집성되었습니다. '대악전후보'는 전

---

18 관직명으로, 장악원의 정삼품 당하관이며 정원은 1원이다.

통을 이은 것인 동시에 『악학궤범』 이후 정악의 준거가 된 것이므로, 거기에 수록된 곡명을 적어 보겠습니다.

- 『대악전보(大樂前譜)』 목록; 세종대의 악
- 아악악가(雅樂樂歌) : 정대업(定大業)·취풍형(醉豊亨)·치화평(致和平)·봉황음(鳳凰吟)·여민락만(與民樂慢)·보허자(步虛子)·낙양춘(洛陽春)·전인자(前引子)·후인자(後引子)·여민락현(與民樂絃)·여민락관(與民樂管)·보허자관(步虛子管)·환환곡(桓桓曲)·수룡음(水龍吟)·억취소(憶吹簫)·하운봉(夏雲峰)·소포구락(小抛毬樂)·오운개서조(五雲開瑞朝)·회팔선(會八仙)·천년만세(千年萬歲)·절화(折花)·중선회(衆仙會)

- 『대악후보(大樂後譜)』 목록; 세조대의 악
- 속악(俗樂) : 원구악(圜丘樂)·창수곡(創守曲)·시용보태평(時用保太平)·시용정대업(時用定大業)·유황곡(維皇曲)·정동방곡(靖東方曲)
- 시용향악(時用鄕樂) : 치화평(致和平)·취풍형(醉豊亨)·봉황음(鳳凰吟)·진작(眞勺)·이상곡(履霜曲)·만전춘(滿殿春)·납씨가(納氏歌)·감군은(感君恩)·서경별곡(西京別曲)·만대엽(慢大葉)·한림별곡(翰林別曲)·서경별곡(西京別曲)·쌍화점(雙花店)·보허자(步虛子)·영산회상(靈山會相)·북전(北殿)·동동(動動)·정읍(井邑)·자하동(紫霞洞)

(『대전통편』의 악공을 시험하는 30조와 향악 31조의 이름은 이것과 약간 편차가 있습니다)

이것들은 이 뒤 장악원 악생 사이에 전승되어서 조묘(祖廟) 연향에 형식적으로 연주되었습니다. 다만 세월의 경과와 함께 구악이 없어지고 신악이 부가된 것은 추세로 보아 어쩔 수 없고, 또 악학상으로 보아서 쇠해지는 추세가 더욱 현저해지는 것은 가릴 수 없습니다.

이제 계승과 개혁이 적은 제례악은 모르는 체하고 변화 추이가 가장 심한 연례악(宴禮樂)을 보겠습니다. 한말의 실제를 보여주는 광무 6년(1902)의 『진찬의궤(進宴儀軌)』에 따르면 다음과 같은 이름들이 보입니다.

- 악곡 : 여민락(與民樂) · 보허자(步虛子) · 천보구여지곡(天保九如之曲) · 만년장춘지곡(萬年長春之曲)(이하 100여 곡의 이름을 들었으나 그 중에는 가사의 내용으로 각기 칭하여 한 곡에 여러 이름인 것이 있는 듯하여 실제의 곡수는 얼마인지 꼭 헤아리기 어려우므로 나머지는 생략하겠습니다)
- 정재, 곧 무악 : 초무(初舞) · 가인전모란(佳人剪牧丹) · 무고(舞鼓) · 춘광호(春光好) · 광수무(廣袖舞) · 만수무(萬壽舞) · 사선무(四仙舞) · 헌선도(獻仙桃) · 제수창(帝壽昌) · 향령(響鈴) · 아박(牙拍) · 몽금척(夢金尺) · 경풍도(慶豐圖) · 헌천화(獻天花) · 보상무(寶相舞) · 포구락(抛毬樂) · 연백복지무(演百福之舞) · 장생보연지무(長生寶宴之舞) · 수연장(壽延長) · 봉래의(鳳來儀) · 육화대(六花隊) · 첩승무(疊勝舞) · 무애무(無㝵舞) · 가자(歌者)(이상은 外進宴에 속하는 것이고, 內進宴에는 여기서 빼는 것이 있는 대신 내진연에만 따로 있는 것에) 쌍무고(雙舞鼓) · 춘앵전(春鶯囀) · 쌍포구락(雙抛毬樂) · 쌍검기무(雙劍器舞) · 선유락(船遊樂) · 학무(鶴舞) · 연화대무(蓮花臺舞)

이상에서 열거한 악곡과 악무는 국말까지 현행한 것은 물론이고, 그 전통이 봉상시에서 아악부[19]로 계승되었으리라고 볼 것입니다.

---

19 이왕직 아악부를 말한다. 조선 시대 장악원이 교방사 → 장악사 → 이왕직 아악대를 거쳐 1915년 이왕직 아악부로 되었다.

삼현육각(이원기로회도)

삼현육각이란 무엇입니까

『국조오례의』·『악학궤범』 이하의 악서에 있는 악기와 악공은 국가 의례에 쓰는 정식의 것으로, 그것 한 판을 갖추는 것은 거추 장스럽기도 하고 또 꼭 그래야만 할 필요도 없습니다. 그래서 언제 부터인지 약식 악반(樂班)이 성립하여 어지간한 경우에는 이것만으 로 수요에 충당하고, 더욱이 민간에서의 악기 연주는 이 정도에서 만족하는 새 기준이 세워졌습니다. 이것이 삼현육각(三絃六角), 줄여 서 삼현 또는 육각이라는 것입니다. 근세에 보통 풍악을 잡힌다 하 면 곧 이것을 가리킵니다.

삼현육각은 고(鼓)·장고·해금·필률(한 쌍)·횡적을 말합니다. 삼현육각이란 말뜻은 진실로 명백하지 않지만, 대개 삼현은 해금 을 따로 친 것이고 육각은 악기의 총수를 말한 것인 모양입니다(무 악(巫樂)에는 위에 든 5종 외에 제금이 들어가 6수(數)가 됩니다).

삼현육각 대신 '육잡이'란 별칭도 있습니다. 『고금석림(古今釋林)』 이라는 책에는 6각은 나팔·필률·태평소의 각 두 개를 말한다고 하였는데, 이는 필시 취타악에서 이따금 쓰는 말이 아닌가 합니다. 여하간 이 여섯 가지 합주는 근세 조선에 성립한 악반 조직입니다.

조선상식문답속편

종묘 제례 어가 행렬 중 취타

취타니 군악이니 하는 것은 무엇입니까

군진(軍陣)에 쓰는 음악은 장쾌하고 웅장함을 위주로 하기 때문에, 불고 치는 악기, 즉 고(鼓)와 각(角)과 라(螺)로 구성하여 궁정의 연회와 군왕의 동가(動駕)[20]와 군대 행진 때에 취주합니다. 이것을 중국에서는 고취(鼓吹)라 하고 진역에서는 취타 혹은 군악이라고 했습니다. 이러한 군악 연주자를 취고수·취타수·세악수(細樂手)라고 부르고, 각 영문(營門)에 몇 명씩 배속되었습니다.

궁정의 연회와 군왕의 행차에 쓰기 위하여 궁정에 따로 비치한 취타수는 내취(內吹)라고 하며 선전관청(宣傳官廳)[21]에 속하고, 계라(啓螺)라는 관원이 영솔하였습니다. 『육전조례(六典條例)』에 의하면, 원내취(元內吹) 40명, 겸내취(兼內吹) 44명, 합하여 100명 가까이 있었습니다.

조선상식문답속편

---

20 임금이 탄 수레가 대궐 밖으로 나가는 것을 말한다.
21 조선 시대에 국왕의 호위, 왕명 전달, 부신(符信) 출납 등을 담당했던 관청이다.

임금의 거둥 행렬에 어가 전후로 약간 명씩 늘어서 나가다가 계라의 연주 지휘에 따라서 취타만의 독특한 행진곡을 취주하였습니다. 고·각·주라와 아울러 나팔·호적·정(鉦)·동라(銅鑼)를 어가 행렬 때 야단스럽게 합주하는 것을 따로 대취타라고 불렀습니다.

내취의 복색은 대초립(大草笠)에 홍색이나 황색의 직령(直領)을 입는데, 근래에 시가에 돌아다니는 광고 악대가 그 옛 모습입니다. 내취는 조라치(照羅赤)라고 부릅니다. 조라치는 몽고어로 사역인(使役人)이란 뜻으로서, 내취가 일면에서는 선전관청의 노예 노릇을 한 데 따른 것입니다. 조라치란 말은 물론 고려 시절 궁정 용어에서 유래한 것입니다(군악이란 말은 광무 연간에 양악의 한 이름이 되었습니다).

음률이니 풍류니 하는 것은 무엇입니까

음률과 풍류는 다 국어로 음악을 이르는 말이고, 줄풍류는 곧 현악을 가리키는 말입니다. 그러나 근세에 특정적으로 쓰는 음률·풍류·줄풍류라는 말은 다 현악기를 중심으로 한 일종의 실내 악반을 의미합니다.

보통 말의 풍류나 줄풍류는 곧 거문고·가얏고·양금·해금(깡깡이) 등 현악기를 주체로 하고 거기에 장고·젓대(橫笛)·단소(短簫; 尺八)를 반주 격으로 얹어서 동호인끼리 조용히 즐기는 실내악입니다.

이러한 풍류란 것이 언제 어떻게 성립했는지는 명백히 찾아낼 수 없지만, 그 중 양금이란 것은 『열하일기』를 보면 영조 이후에 널리 유행한 듯하므로, 줄풍류의 기원이 대개 이와 서로 선후하는 것 아닌가 합니다. 또 그 연원은 청나라의 속악에 있는 것 아닌가 생각합니다.

무릇 중국에는 진(晉) 대로부터 시문을 짓고 읊는 사람들 사이에 일종의 경음악이 성립하였으며, 이것을 '사죽(絲竹)'이라 하였습니다. 이것이 당·송의 사이에서 '연악(燕樂)'으로 발달하여 일세를 풍미하기에 이르렀습니다. 그러다가 남송 이래로 차차 쇠미하여서 명나라를 지내고 내려와서는 생(笙)·소(簫)·현(弦)·적(笛) 등 몇 가지 악기로 겨우 애호가들의 속달놀음[22]이 되고 말았습니다.

청대의 '사죽'에 사용하는 악기는 때와 장소에 따라 차이가 있고 그 총수는 수십 종이 넘지만 한때 한곳에서 합주하는 종류는 그리 많지 않습니다. 우리의 '줄풍류' 한판만 하면 오히려 질번질번한 편이며, 보편적으로 쓰이는 악기는 대개 우리 '풍류'와 공통적이고 그 중에는 양금도 들어 있습니다. 이러한 점으로 보아서 우리의 음률(풍류·줄풍류)은 청대의 속악에 맥락이 닿을 듯합니다.

농악은 어떻게 구성된 것입니까

농악이란 말은 농부들이 두렛일을 할 때에 힘을 돋우며 수고를 위로하기 위하여 행하는 풍류를 이르는 말입니다. 옛날 동네마다 상비하고 있는 흔한 악기 즉 장고·수고[23]·호적·꽹과리 따위를 이용하여 모내기나 제초 때에 '농자천하지대본(農者天下之大本)'의 깃대를 벌 한가운데 내세우고 몇 사람이 선두가 되어서 쾌지나칭칭 노역가(勞役歌)를 메기고 받으면서 일을 진행하다가, 일이 끝난 다음에는 막 두드리고 춤추면서 돌아오는 것입니다.

선두의 메기는 소리에는 해학과 풍자와 생활고의 호소가 섞바뀌어 나와서 간단한 웃음이 연방 새 기운을 자아내고, 나를 잊어버리

---

22 남이 알아듣지 못하도록 작은 목소리로 수선스럽게 이야기하면서 노는 것을 뜻한다.
23 타악기의 하나로 소고(小鼓)라고도 한다.

강릉 농악

려고 함께 어울려 신나게 추는 춤은 고달픈 신경을 흠씬 풀어주기
에 넉넉하였습니다.

이전에 세조가 농사를 열심히 장려할 때 일부러 농가(農歌)를 만
들고 노래에 능한 기생 중에서 농가를 잘 부르는 여자 9인을 선정
하여서 오로지 농가를 부르게 하여 민생의 어려움을 알게 하시니,
이것은 국정(國定) 농악이라 할 것입니다. 최근에 옛 사당패와 굿중
패의 놀이를 농악이라는 이름으로 연행하는 일이 더러 있지만, 이
것은 농촌의 오락이라는 의미로 농악이라 할는지는 모르지만 결코
본연의 농악은 아닙니다.

양악은 언제부터 알려지고 또 전래하였습니까

서방 계통의 악기와 악곡이 우리나라에 전래된 것은 옛날 삼국
시대 이전부터의 일입니다. 공후가 그 하나입니다. 고려 시절에도
원의 궁정을 통하여 흥융적(興隆笛: 풍금의 일종)과 기타 서양의 새 악
기를 구경하였습니다. 이조 시대에도 베이징 가는 사람들이 천주
당의 풍금을 듣고 천악(天樂)이 이런 것인가 보다 했다는 이야기가

있습니다. 그러나 근대 서양 음악의 지식을 구체적으로 얻은 것은 훨씬 뒤의 일입니다.

청나라에서 강희 52년(1713)에 예수회 선교사인 이탈리아인 페드리니와 포르투갈인 페레이라가 어명을 받아 동서양 악리(樂理)를 논술하여 『율려정의(律呂正義)』(상편 2권, 하편 2권, 속편 1권)를 편찬하였습니다. 이후 건륭 11년(1746)에 앞 책을 부연하여 『율려정의후편(律呂正義後編)』(120권)이 간행되었습니다.

이 두 책은 실로 중국에서 서양 음악 이론을 채용한 최초의 책입니다. 또 서양 음악 7음계의 이탈리아 이름 '도레미파솔라시'와 당시 유럽 음악계에 사용된 오선보법(五線譜法)을 소개한 효시입니다.

『율려정의』의 전래는 곧 서양 악리가 조선에 들어온 시초입니다. 순조 때 학자 이규경의 『오주연문장전산고』에는 페드리니 · 페레이라 두 사람이 설명한 것이 자세히 인용되어 있습니다. 또 이 책에는 "근래 자명악(自鳴樂)이란 것이 연경(燕京)으로부터 나와서 소방합(小方榼) 중에서 중악(衆樂)이 저절로 울리고 8음이 구비되고 6률이 극히 조화롭다"라고 적고 있습니다. 이는 곧 네덜란드 말로 '오르겔'(Orgel)이라 하는 음악 완구로서, 동양 여러 나라에서 한참 신기하게 감상하던 것입니다. 비록 완구로서일망정 국내에서 서양의 악음, 즉 선율을 직접 듣기는 이 자명악이 시초가 아니었을까 합니다.

이후 기독교가 유행하고 교회가 건설된 뒤에 교회 음악이 어느 정도 들어와서 행해졌지만, 일반적인 인식을 얻지는 못하였습니다. 건양 원년(1896) 3월에 민영환(閔泳煥)이 특명 전권 공사로 모스크바에 부임하여 니콜라이 2세 대관식에 참여하고, 계속하여 영국 · 독일 · 러시아 · 미국 · 프랑스 · 오스트리아 등 여러 나라 주재 대표로서 서구 여러 나라의 문물을 두루 살폈습니다.

이듬해 9월에 돌아와 보고하기를, 각국을 돌아보니 육해군의 정비가 충실해야 국권이 신장하며 또 사기를 드높이려면 서양식 군악을 채용할 필요가 있다고 진언하여 받아들여졌습니다.

군악대

그러나 내외가 복잡다단하던 때라 얼른 겨를이 나지 않다가 광무 4년(1900)에야 궁내부 고문관 미국인 샌즈(W. F. Sands)와 총세무사 영국인 브라운(John Mcleavy Brown)에게 설계하도록 하였습니다. 우선 50인(외에 대장 1인)의 한 소대를 두기로 하고 독일인 에케르트(Franz von Eckert)를 초빙하여 시위연대 군악대라는 이름으로 악대를 가르쳐 양성하게 하였습니다. 양악이 구체적으로 적용된 것은 실로 이때부터 시작되었다고 할 것입니다.

에케르트는 본래 일본의 궁내성 아악료에 고용되어 20여 년 재직하고 그 국가(國歌)의 작곡을 맡았던 사람인데, 우리나라에 초빙된 뒤 광무 6년(1902) 1월에 국가를 제정하게 되니 또한 그 작곡을 맡았습니다(에케르트의 곡은 광무 7년에 '대한제국 애국가'[24]란 이름으로 동판으로 간행되었습니다).

조선인이 음악적 재능이 있는데다가 에케르트의 훈련이 지극히 엄격하여, 오래지 않아 서양의 어려운 곡조를 다 교묘히 소화해내서 군악대는 실로 조선에 방문 온 외국인 사이에 일대 경이였습니다.

『문헌비고』를 보면, 군악의 목록에 대한 애국가 이하 열두 나라의 애국가, 대한 국민 행진곡 이하 독일 행진곡 7 , 미국 무도 행진

---

24 이 '대한제국 애국가'의 작사자는 민영환인 것으로 밝혀졌다.

곡, 오스트리아 평상 행진곡 6, 각국 가곡, 각국 무곡 등 모두 40여 곡과 대한제국 예호(禮號), 일본국 장관 예호 등이 있습니다.

조선상식문답속편

6

연극

치는 부분이 있습니다

연극을 나타내는 국어는 무엇입니까

국어로 희(戲)와 극(劇)을 무엇이라고 하는지를 지금은 웬만한 선비라도 모를 만큼 희와 극의 사회적 존재가 근세에 와서 심히 희미해졌습니다. 그러나 옛날 우리나라에 희와 극이 없어서 그런 것이 아닙니다. 다만 후세에 내려와서 문화 관념의 전이로 말미암아 희와 극을 대수롭지 않게 여기게 되니, 이에 대한 일반적인 관심이 극도로 미약해지고 약간의 잔재가 민속의 한 귀퉁이에 구차하게 남아 있게 되어 그 이름조차 보통으로는 잊어버리게 되었을 따름입니다.

그러면 연극을 나타내는 국어는 무엇일까요. 그 말에는 '짓', '굿', '노릇'의 세 가지나 있어서 경우에 따라서 적당히 분별하여 썼었습니다. 지금 보통 대화에 '굿이나 보지' 하는 '굿'과, '짓거리한다' 하는 '짓'과, '아무 노릇이라도 하지' 하는 '노릇'이 다 희나 극의 의미로 쓰기도 하는 말입니다.

이 세 말 가운데 어느 것이 주된 말일까요. 『훈몽자회』(중종조 최세진이 지은 어휘서)에 요(要)와 희(戲)를 다 '노릇'이라 새기고, 우(優)와 영(伶)을 다 '노릇바치'라 새기고 있습니다. 『역어유해(譯語類解)』(숙종 이전부터 있던 한어·조선어 대역 사전)에는 잡희와 잡기를 다 '노릇'이라 번역하고, 구란(拘欄: 곧 극장)을 '노릇ᄒ라못는딕', 상간(上竿)을 '쳣대노릇', 농파희(弄把戲)를 '노릇ᄒ다', 호요자(好要子)를 '노릇 즐기다'라 번역하고 있습니다. 『두시언해』에는 회해(詼諧)를 '노ᄅ 샛말'이라고 번역하였습니다. 따라서 희극의 주된 말은 지금 어음으로 '노릇'이라고 보는 게 옳습니다.

조선어가 구성되는 예로 넓혀 보면, 배우는 '노릇바치' 외에 '노릇꾼', 극장은 '노릇마당', 과백(科白)은 '노릇사설'이나 '노릇말'이라고 부름직합니다. '노릇바치'란 말의 의장(意匠)은 바로 영어의 'actor'와 일어의 '역자'(役者; 야쿠샤)와 꼭 부합하는 게 재미있다 할 것입니다.

고대 연극의 특색은 무엇입니까

연극은 다른 문화 수준과 더불어 발전하기 때문에 각 시대의 연극에는 그때그때의 특색이 저절로 붙어 있습니다. 고대의 희와 극에는 물론 고대에 상응하는 특색이 이것저것 달라붙어 있습니다. 그 가운데 문화 유형적으로 가장 현저한 특색은 무악(舞樂)으로부터의 분화가 확연하지 않아 무악과 희극과의 경계가 명백하지 않다는 점입니다.

대개 노래로 부르기만 하다가 몸짓을 더하여 무악을 만들었는데, 그것이 다시 진보하여 어느 사실의 전개를 기다랗게 연출하는 것이 곧 희나 극입니다. 그러므로 윤곽만 생긴 초기의 희극은 자연히 무악과 동작의 범벅으로 구성하는 것이 통례였습니다. 이 정도에서 매우 더 진보하여 비로소 순수한 연극, 즉 현재 보는 것과 같은 형식이 생기고 이러한 순수한 연극이 생긴 뒤에는 가극·무용극이란 것이 극의 한 분야로 따로 존재하게 됩니다.

조선 연극의 기원은 어디서 찾겠습니까

연극의 기원은 어디서나 마찬가지로 고대의 제례에 있습니다. 옛날 종교 의식 중에는 소리로 하는 노래와 몸짓으로 하는 춤이 없어서는 안 될 요소입니다. 소리와 몸짓이 리듬과 선율을 나타낼

뿐 아니라, 좀 더 복잡한 내용과 연속 동작으로 연출되면 이것은 '노릇' 또는 '짓거리'가 됩니다. '노릇'과 '짓'은 고어의 연극을 의미하는 말이고, '거리'는 단락 곧 장(場)이나 막(幕)을 의미하는 말입니다.

초기의 연극은 신도(神道)를 섬기는 이가 신령을 즐겁게 하기 위하여 그 앞에 가무를 아뢰고 갖가지 재주를 부리는 신성한 의식이었습니다. 그 유풍의 여운이 현재 무당의 굿에 남아 있습니다. 무당의 굿에 여러 '거리'가 있어 '거리'마다 복색을 달리하고 이런 짓저런 짓을 하며, 작두를 탄다, 동잇전을 밟는다 하는 등의 재주를 부리는 것은 다 원시적 연극의 부스러기가 전해 오는 것입니다.

이러한 종교 의식으로부터 일반적인 오락성이 전개해 나와서 순수한 연극이 성립하는 것입니다. 그렇게 전환하는 시기는 민족에 따라서 같지 않습니다. 그리스와 같은 데에서는 신앙극과 오락극의 분화가 퍽 일찍 실현되었습니다. 중국과 같은 데는 매우 늦어서 주나라와 진나라 때에 이미 전업 창우(倡優)가 있으면서도 제대로 된 연극은 송나라·원나라 이후에야 비로소 보게 되었습니다.

우리 조선으로 말하면, 제례에 따르는 가무 유희는 상고부터 있어 왔지만 오락성의 연극은 근세까지도 투철하게 성립되지 못하였습니다. 여전히 종교에 근거를 두었거나 그렇지 않으면 가창(歌唱)의 그늘에 기생하는 약간의 극희(劇戱)가 구차하게 전해 오는 데 그쳐서, 우리는 극문화상으로 진실로 가난하기 짝이 없는 세간살이였습니다. 여하간 조선 연극사의 첫 장은 남과 같이 우리 원시 신앙의 행사 속에 찾아야 하는 것만은 의심의 여지가 없습니다.

조선 고대극의 내용을 전하는 재료는 무엇이 있습니까

우리 옛날 부족 사회에서는 어디서든지 매년 한 번 제천 대회를 열어 부족 의식을 연마하고 대회 끝에는 가무백희(歌舞百戱)를 병행하였다고 하므로, 그때에는 꽤 많은 오락극이 있었으리라 얼른 추측할 수 있지만 지금 그 자세한 것을 알 수는 없습니다.

그런데 우리가 『삼국사기』·『삼국유사』와 같은 고전을 가만히 살펴보면, 고대의 역사 사실로 기재된 것 중에는 사실상 당시의 문학 작품으로 보아야 할 것이 많고 또 그 중에는 부족 대회나 국가적 제전에서 실현하던 희곡의 대본으로 보이는 기사가 꽤 많이 채집 수록되었습니다.

한두 가지 예를 『삼국사기』 열전 중에서 골라보면, 신라의 설씨녀, 고구려의 온달, 백제의 도미 등 여러 편은 그 내용이 극의 소재라기보다 바로 극본 자체라고 보는 게 매우 타당한 것들입니다. 물론 이러한 여러 편들이 무대에서 실연되는 것을 본 것은 아니지만, 우리는 조선 고대 문화와 비교 문학사적 안목으로 이러한 관찰을 시도하는 것에는 주저치 않습니다.

신라 전성기의 대표적 저술가인 김대문(金大問)은 각 방면에 걸쳐 국가 전고(典故)에 관한 귀중한 저술을 하였습니다. 그 중의 하나로 『악본(樂本)』이란 것이 있음을 우리가 주의해야 합니다. 이 『악본』이란 것이 무엇이겠느냐 하면, 대개 당시에 통행하던 가무 음악에 관한 기록이라는 것은 거의 확실합니다. 그 책에는 지금 말로 하여 연극 각본이라 할 것이 상당히 채록되었으리라 추단함이 결코 망발이 아닐 것입니다.

수많은 김대문의 저술 중 전기(傳記)·『고승전』·『화랑세기』·『악본』·『한산기(漢山記)』 등은 김부식이 『삼국사기』를 찬술할 때까지 곱게 남아 있어서 『삼국사기』의 재료가 여기서 많이 나왔다는 것은 말할 것도 없는 사실입니다.

우리는 『삼국사기』에 기록된 화랑의 사적(事蹟)이 김대문의 『화랑세기』를 인용하였으리라 생각합니다. 동시에 설씨녀·온달·도미 등은 그『악본』에 실려 있는 희곡 대본을 채용한 것이라는 상상을 하고 싶습니다. 그런즉 조선 고대극의 연구 재료로도『삼국사기』·『삼국유사』는 우리의 큰 문화재임을 다시 한번 인식해야 할 것입니다.

『삼국유사』에 컨해 있는 고대극은 무엇입니까

『삼국사기』와『삼국유사』두 문헌이 우리 고대 문화의 연구에 똑같이 중요한 가치를 가지고 있지만, 양자 사이에는 각각 특색이 있습니다.『삼국유사』는『삼국사기』처럼 상식화와 문식(文飾)을 주장하지 않고 고대의 전승을 소재 그대로 전하여 준 것이 가장 두드러진 특색입니다. 이것을 연극사 연구의 재료로 대할 때에도 이러한 느낌이 또한 있습니다.

고대 부족 국가의 시조 탄생, 국제(國制) 창건에 관한 기사를 놓고『삼국사기』와『삼국유사』를 비교해 보자면,『삼국사기』는 상식화한 신화에 그치지만『삼국유사』는 그러한 신화가 어떻게 전승되어 왔는지를 보여줍니다.

이를테면 고려 문종 때 어느 문인이 기록한『가락국기』를 대강 그대로 전재하여 가락국 건국 이야기를 전하여 이르기를,

가락 지방에는 씨족적 소추장뿐이었는데 군주를 모셔야겠다 하여 부중(部衆)들이 성지에 모여서 주술적 기도를 올린 결과 천상에서 황금 알이 내려오고 거기에서 신동이 나와서 그를 왕으로 추대하였다. 또 배필이 없어 걱정이었는데 홀연 해외에서 이선(異船)이 신아(神娥)를 싣고 들어와서 하늘이 정한 가연(佳緣)을 맺게 되었다. 또 경쟁자가 나타나자 신술(神術)을 겨루어 패퇴시켜서 국가의 기업이 비로소 안정되고 태평해졌다.

하여 그 경과가 완연히 영화 필름이 풀려 나오는 것을 보는 듯합니다. 더욱이 색시가 해외 이방에서 들어오고 그를 맞이하는 광경을 말할 때 그 야단법석이 결코 심상한 기록만으로 볼 수 없습니다.

그래서 그 일부 시말(始末)을 종합해 관찰하고 다시 원시 문화상의 통칙을 여기에 적용하여 보면, 이것은 그냥 이야기로 입에서 입으로 전해지던 것이 아니라 실상 가락 국민 사이에 건국 신극(神劇)으로 실연되어 오던 것을 어느 시기에 기록화한 것입니다. 혹시 김해 지방에서 거행되는 제례 의식 중에 이러한 한 토막이 있던 것을 문종 때 어느 문사가 문자로 옮기게 된 것이라는 가설을 얻게 되었습니다.

무릇 원시 사회에서 건국 사실을 극화하여 부족 제사 같은 때에 연출하고 또 이러한 경로로 고대의 역사라는 것을 의식적 또는 실감적으로 전승하여 내려가는 것은 허다한 유례가 있으므로,『가락국기』의 처음 부분을 이렇게 상정하는 것은 턱없는 일이 아닙니다. 이 고찰이 과히 억지가 아니라면, 우리는 뜻하지 않게 신비하고 웅대한 고대극의 한 장면을 여기서 발견하게 됩니다.

이렇게 중요하고 전통 있는 고대극을 보여 주는『삼국유사』저자의 솔직 담백한 저술 태도는 또 한번 우리의 감사를 받아도 될 것입니다. 물론 이 밖에도『삼국유사』중에 극적 전승으로 해석해야만 타당한 기록이 여럿 있습니다.

고구려 시대에는 무슨 극이 있었습니까

중국의 정사 기록을 보면, 고구려 인민은 가무를 즐겨서 부락마다 밤에는 남녀가 모여서 어울려 '가희(歌戱)'를 한다 하였고(『삼국지』고구려전), 어떤 책에는 모여서 '창악(倡樂)'을 한다 하였습니다(『후한서』고구려전). '희'니 '창'이니 하는 것은 무슨 '노릇'이나 '짓거리' 즉 연극을 말합니다. 이 두 문헌은 다 고구려에서 연극이 숭상되었음을 전한 것입니다.

『고려사』「악지」에는 고구려의 가악이라 하여 '내원성(來遠城)'·'연양(延陽)'·'명주(溟州)' 3종이 올라 있고, 일본의 아악에는 고구려의 무곡으로 '조소(鳥蘇)'·'숙덕(宿德)'·'납소리(納蘇利)'·'곤륜팔선(崑崙八仙)' 이하 수십 종이 전하고 있었습니다. 이 가와 무가 대개 일면 이른바 '희'와 '창' 즉 극 노릇도 하였을 것이라 생각합니다.

중국의 수와 당 사이에는 고구려의 가곡이나 무곡으로 '지서(芝栖)'란 것이 전해 가서 본국의 풍모 그대로 연출되고 유행하였습니다(『수서』와 『당서의 「악지」). 이 지서는 필시 우리말로 극희(劇戲)를 의미하는 '짓'이란 말의 대자(對字)로서, 고구려 극곡(劇曲)의 한 토막이 전해 갔던 것이라고 생각할 수 있습니다.

그러나 이것들을 다 문헌상에 다만 가와 무로써 전하는 것이므로, 이게 바로 극이라 하기는 무단에 가깝습니다. 또 『삼국사기』의 고구려 본기 기사 중에 그때 극곡 대본의 부스러기로 인정되는 것이 여럿이지만, 이 또한 어느 것이 꼭 그렇다고 지적하여 말하기는 물론 조심스럽습니다.

백제의 극곡은 무엇이 알려져 있습니까

백제 무왕 13년(612)에 악사 미마지(味摩之)가 일본으로 건너가서 탈 쓰고 놀이하는 '기악(伎樂)'을 처음 전하였으며, 그때의 가면 다수가 지금까지 전하고 있습니다(『일본서기』). 중국의 문헌에도 백제에 '악소(握塑)'·'농환(弄丸)'의 희와 아울러 독특한 무악이 있다고 적고 있으니(『주서』·『수서』·『당서』 등의 백제전과 「악지」), 백제에 희와 극의 류가 행하였음은 분명한 사실입니다.

『고려사』의 「악지」에는 백제의 가악으로 「선운산」·「무등산」·「방등산」·「정읍」·「지리산」 5종을 싣고 있습니다. 일본의 아악에는 '백제악'으로 부르는 일군이 있어서 초기에는 반도 계통 무악의 대표적 지위에 있었으니, 이들 가운데는 희와 극의 일면을 가진 것이 있었음을 생각할 수 있습니다. 『삼국사기』에 실린 도미전과 『삼국유사』에 기록된 서동 이야기 같은 것도 일종의 극으로 볼 때에 비로소 구석이 비지 않음을 깨닫습니다.

그러나 이러한 추측이 맞을지 아닐지는 누구도 갈피를 잡아 정할 수 없는 일입니다. 다만 백제에 희극이 가난하지 않았다는 사실만은 위에 인용한 자료로써 넉넉히 엿볼 수 있을 것입니다. 또 후세의 양호(兩湖) 지방[1]에 화랑과 재인이 많이 모여 있는 점으로 미루어 보아 혹시 백제가 희극에서는 고구려와 신라에 비하여 좀 더 우월하지 않았을까 상상할 수 있을지 모릅니다.

신라의 국곡을 말씀하여 주시오

고구려와 백제의 악무(樂舞)는 중국과 일본에 다 전해간 것이지만, 신라의 악무는 중국 문헌에 보이는 것이 없고 다만 일본에 유입하여서 '신라악'이란 이름으로 아악의 일부를 구성하였습니다. 무릇 반도 음악의 일본 전래는 눌지왕 37년(453)에 신라 악공 80인이 일본에 이르러 여러 가지 악기와 가무를 실연한 데서 시작했으니, 이만큼 떼를 지은 것을 보아서 내용이 풍부하리라 짐작할 수 있습니다.

『고려사』 「악지」에는 신라의 가악으로 「동경(東京)」(두 가지)·「목

---

1 호남(湖南)과 호서(湖西)를 통틀어 이르는 말이다. 호남은 전라남도와 전라북도를, 호서는 충청남도와 충청북도를 이른다.

주(木州)·「여나산(余那山)」·「장한성(長漢城)」·「이견대(利見臺)」등 6종이 실려 있습니다.「목주」는 전처 딸이 계모를 섬기면서 설움을 받는 내용이고,「이견대」는 국왕의 부자가 오래 이별하였다가 간신히 도로 만나는 내용으로서 극의 스토리로 극히 효과적인 것들입니다.

『삼국사기』와 『삼국유사』에 수집되어 있는 용장(勇將)·은사(隱士)의 로맨스에도 천생이 극으로 생긴 것이 한둘이 아닙니다. 한편 화랑의 단체에서 '가악'을 숭상하여 도의(道義) 연마의 실감적 방법으로 썼으므로 아무래도 여기에는 꽤 많은 희극 대본이 있을 수밖에 없었을 것입니다.

그러나 이런 것들은 다 논외로 둘 수밖에 없습니다. 분명히 말할 수 있는 것은 팔월 가위에 관민·상하·남녀노소가 다 함께 잔치를 열 때 "가무백희를 다 함께 하였다."는 것입니다. 그 중 하나가 「회소곡(會蘇曲)」이었다고 『삼국사기』에 전하고 있습니다.

무릇 신라 시절에는 국풍의 가악을 '향가'라고 부른 데 대하여, 무악이나 희극을 '향악'이라 일컬었습니다. 그러나 대부분은 대개 사라져 버리고 극히 적은 일부분이 그 내용과 풍범(風範)을 후세에 남겼을 따름입니다.

신라의 어느 시기부터는 상고 이래의 연례적인 국민 대제(大祭)를 팔관회라는 이름으로 설행하였습니다. 여기서는 관례적으로 '가무백희'를 연행하였는데, 이 팔관회의 풍이 태봉으로 계승되고 다시 고려로 이어져 갈수록 성대해졌습니다. 신라 시절의 희극이 더러 후세에 전승되기는 이러한 경로를 밟은 것입니다.

이씨 조선에 들어와서는 고려 시절처럼 국가 전례로서의 팔관회가 폐지되면서 전통적 가무백희가 많이 쇠퇴 소멸하였지만, 그 일부분이 조정 잔치의 여흥과 세시새회(歲時賽會)[2]의 신악(神樂)으로 전해져 미약한 명맥을 보존하였습니다.

그 중 가장 알려진 것이 황창랑(黃倡郎)의 무검희(舞劍戱), 처용랑(處容郎)의 가면무와 이른바 '사선악부(四仙樂部)'의 잔재인 듯한 학무·사자무 등 동물 모방적 무희입니다. 이것들은 대개 이조 아악과 속악의 일부를 짓기까지 하였습니다.

사선악부란 무엇입니까

통상적으로 어느 나라든지 고대에는 음악 희극이 종교 의식의 일부로 존재하였습니다. 진역에서도 고대의 악희는 국민 교단인 국선 화랑도의 부수물로 운용되었는데, 이것을 사선악부(四仙樂部)라고 일컬었습니다.

대개 국민교인 '부루' 단의 중심을 풍월주(風月主) 혹은 원화(源花)라고 부르고 그것을 한문적으로 개칭해서는 선랑(仙郎) 혹은 국선(國仙)이라는 이름을 썼습니다. 신라 시대의 허다한 선랑 가운데 영랑(永郎)·술랑(述郎) 이하 네 선랑이 가장 유명하여 사선(四仙)이라는 말이 선랑 전체를 표상하는 의미로 사용되었습니다. 여기서 사선악부라는 것은 역시 국선단 악극부, 얼른 말하자면 국가 교회 전속 성악대 내지 성극단 정도의 의미를 가진 말입니다.

궁예의 태봉국이 신라의 팔관회 예전(禮典)을 옮겨다가 성대하게 설행한 사실을 전하는 문헌에 이르기를

궁중 광장의 중앙에 윤등(輪燈) 일좌(一座)를 놓고 그 네 귀퉁이에 향등(香燈)을 벌여 놓고 좌우 양변에 채백(綵帛)으로 장식한 무대 배경을 각각 5장(丈) 남짓 되게 베풀고서, 백희와 가무를 그 앞에서 연행하니,

---

2 민간에서 새해 초에 벌어지는 마을 축제를 말한다. 이 마을 축제 때 신에게 제액기복(除厄祈福)을 빌면서 가무와 유희를 펼친다.

그 사선악부와 용·봉·코끼리·말·수레·배 등의 희는 다 신라의
옛 풍속이었다.

라고 하였습니다. 태봉의 이 전례는 다시 고려로 계승되어서 그전
보다 더 성대하게 숭상되었습니다. 이렇게 진역 악희(樂戲)의 주조
는 종교 중심으로 전승되고, 그 진행의 궤도 노릇을 한 것이 팔관
회이었습니다.

신라에서 향악을 얼마나 숭상하였습니까

신라인이 음악에 주술적 신앙을 가져서 '향가'를 크게 숭상한 것
은 널리 아는 사실입니다. 그러나 처용무가 정성스럽게 전승된 것
을 보면 향가 못지않게 '향악'도 소중하게 알았음은 짐작할 것입니
다. 또 『삼국사기』의 김인문(金仁問: 신라 태종무열왕의 둘째아들로서 삼국
통일의 일등 공신) 전기에 그의 재능을 말하면서 "예서(隷書), 활쏘기
와 말타기, 향악을 잘한다."고 한데 붙여 기록하고 있어서 향악이
사회적으로 점잖게 대접된 사실을 살필 수 있습니다.

처용무란 어떤 것입니까

통상적으로 고대의 민속에는 어디든지 사기(邪氣)와 악신(惡神),
특히 온역신(瘟疫神)[3]을 물리치는 의식이 있어서 정기 또는 수시로
의식을 설행하였습니다. 한문에 나(儺)라고 하는 것이 그것입니다.
조선에서는 옛날에 처용이라는 비상한 인격이 있어서 온역신이
무서워하였다는 세속 신앙이 유행하여, 처용을 '나(儺)'의 주체로

---

3 전염병으로 사람의 목숨을 빼앗는 귀신을 말한다.

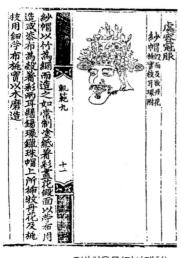

오방처용무(기사계첩)

하는 가면무를 베풀어서 역신이나 화악(禍惡)의 세력을 몰아냈습니다. 이 행사를 처용무라고 일렀습니다.

처용무는 틀림없이 고대 문화에 있는 허다한 주술적 무용극 중의 하나입니다. 『삼국유사』에는 그 기원을 아래와 같이 기록하였습니다.

신라 제49대 헌강대왕 대에 동해 용의 아들 처용이 조정에 나아가 정화(政化)를 도왔는데 왕이 미녀로 아내 삼게 하여 오래 머무르게 하였다. 역신이 처용 처의 미모를 흠모하여 사람 모양으로 변하여 깊은 밤에 몰래 와서 함께 자고 있었다. 처용이 밖에서 돌아와 이 꼴을 보고 노래 부르고 춤추며 물러나자, 역신이 본 모습을 나타내어 앞에 꿇어앉아 말하기를, "내가 공의 부인을 흠모하여 이러한 죄를 지었건만 관대하게 처리하여 일 없는 것같이 하시니 이제부터는 공의 화상(畵像)을 붙인 곳에는 그 문 안에 들어가지 않겠습니다." 하였다. 이런 내력으로 신라인은 문마다 처용을 그려 붙여 벽사진경(辟邪進慶)하게 되었다.

여하간에 처용의 노래와 춤이란 것이 그전부터 전해 내려와 고려 시대에는 벽사(辟邪)하는 나(儺)의 경계선을 넘어서 일반인이 오락으로 좋아하게 되고, 드디어 처용무와 동일한 계열에 붙이는 모든 가면희의 총칭이 되었습니다. 더 내켜서는 산악백희(散樂百戲)의 포괄적 명칭으로까지 발전해 버리니, 줄잡아도 이조 이후의 나례란 말과 그것을 관장하는 처소인 나례도감의 이름이 참으로 이렇게 광범하여진 것입니다.

'나'는 덧내는 귓것을 즐겁게 해주는 놀이이므로, 국어에는 이것을 '덧보기'라고 일컬었습니다. 또 가면 잡희는 정식으로는 산대(山臺: 장식한 가설무대 내지 배경) 앞에서 연출하는 것이어서 '산대놀이' '산대춤'이란 말이 세간에 쓰입니다.

그래서 나례도감을 손쉽게 산대도감이라고 고쳐 부르기도 하고, '탈놀이' '탈춤'이란 말도 흔히 쓰입니다. 무릇 '탈춤'=가면희에도 여러 가지가 있지만 덧보기가 대표적인 것이므로 보통 '탈춤' 또는 '산대'라 하면 곧 덧보기 놀음을 가리키게 되었습니다.

향악 5종이란 무엇입니까

신라 시절의 향악에는 허다한 종류가 있었겠지만, 일반적으로 널리 알려진 것은 최치원의 시로 말미암아 유명해진 것입니다. 곧 『삼국사기』「악지」에 "최치원의 시에 향악 잡영시 5수가 있으므로 여기에 기록한다"며 그 내용을 적고 있습니다.

금환(金丸)

몸 놀리고 팔 휘둘러 방울 돌리니
달이 돌고 별이 뜬 듯 눈이 어지러워
의료(宜僚) 같은 재주인들 이보다 나으랴
동해바다 파도소리 잠잠하겠네

월전(月顚)

어깬 솟고 목은 움칠 꼭다린 오뚝
여러 한량 팔 비비며 술잔 다툰다
노랫소리 듣고 나서 웃어 젖히며
초저녁이 지새도록 깃발 붐빈다

대면(大面)

황금빛 얼굴 그 사람이

구슬채찍 들고 귀신 부리네

빠른 걸음 조용한 모습으로 운치 있게 춤추니

붉은 봉새가 요(堯) 시절 봄에 춤추는 것 같구나

속독(束毒)

쑥대머리 파란 얼굴 저것 좀 보소

짝 더불고 뜰에 와서 원앙춤 추네

장구소리 두둥둥둥 바람 살랑랑

사뿐사뿐 요리 뛰고 저리 뛰노나

산예(狻猊)

일만 리라 머나먼 길 사막 지나오느라

털옷은 다 해지고 먼지만 뒤집어 썼네

머리 꼬리 흔드는 모습 인덕(人德)이 배었구나

영특한 그 기개 온갖 짐승 재주에 비할소냐

이 다섯 가지의 성질을 살펴보면, 대개 보통의 무악이 아니라 중국에서 '산악(散樂)'이라 하는 종류에 속하는 것들입니다. 산악은 정악이 아닌 산잡한 악이라는 뜻입니다. 무릇 골계희·모의재(模擬才)·환술(幻術)·기예(奇藝) 등을 음악 반주와 함께 연출하는 원시적 경극(輕劇) 잡희의 총칭으로, 다른 말로 백희(百戱)라고도 합니다. 대개 서역의 나라들에 기원을 둔 것으로서 차차 중국에서 수입하여 수나라와 당나라 때 전성기를 맞이하고 그 여류(餘流)가 진역으로 파급된 것들입니다.

이 시들의 제목을 살펴보겠습니다. '금환(金丸)'은 금칠한 공을 놀리는 것으로, 시 중에 의료(宜僚)라 한 것은 중국 고대의 금환 명인의 이름입니다. '월전(月顚)'은 거친 선비들이 술자리에서 겨끔내기로 실수하는 것을 내용으로 한 경희극(輕喜劇)입니다. 대면(大面)은 금색 가면을 쓴 주술자가 악한 귀신을 물리치는 종교적 성격의 무용극으로, 현재 티벳의 풍속을 연상케 합니다.

'속독(束毒)'은 먼 곳의 사람이 왕의 감화를 사모하여 떼 지어 와서 무악을 바치는 뜻을 나타내는 가면극입니다. '산예(狻猊)'는 인도 특유의 동물 의장무(擬裝舞)로서 서역과 동방의 각국에 널리 유행하게 된 유명한 무악이니, 그 일부가 지금도 조선과 일본 등에 남아 있습니다.

'월전'이니 '속독'이니 하는 것은 기원지인 서역 어느 나라의 말을 사음한 것일 겁니다. 여기서 우리가 주의할 점은, 이것들은 분명히 서방 기원의 산악들인데도 최치원이 특히 향악 즉 국풍의 악무라고 적은 것입니다. 대개 이 악무들이 이미 향토적으로 동화되어서 일반적으로 향악시하기에 이르렀던 까닭일 것입니다.

일천 수백 년 이전에 멀리 중앙아시아·서아시아·남아시아의 악무가 신라의 도읍에 들어와서 내 나라 것같이 일반에게 친숙하였다는 것은 재미있는 사실입니다.

돌이켜 생각하건대, 중국에서 당나라 시대는 가(歌)와 무(舞)를 합하여 인물과 사건을 연출하는 초보적인 희극이 차차 발달하려 하는 시기입니다. 이 시기에 '대면(大面)·'발두(撥頭)'·'답요랑(踏搖娘)'·'소중랑(蘇中郎)'·'굴뢰자(窟儡子)'·'참군(參軍)'·'번쾌배군난(樊噲排君難)' 등 주로 골계(滑稽)[4]와 조롱을 테마로 한 희극이 일반적으로 성행하였습니다. 당과 더불어 동일한 문화적 유대를 갖고 있는 신라에 이런 여러 놀이가 골고루 수입되었으리라 짐작할 수 있

---

4 우스꽝스럽거나 익살스러운 것을 말한다. 요즘의 코믹(comic)이란 말이다.

습니다.

이제 최치원이 읊은 향악 5종을 보면 '대면'은 명칭은 서로 같지만 오히려 내용이 서로 같지 않고, 나머지 4종은 반드시 중국에 연원을 가지는 것 같지도 않습니다. 다만 테마에 있어서 서로 공통적일 따름입니다. 이렇게 보면 최치원이 전한 다섯 향악의 이름과 실상이 다 온전히 본국에서 성립된 것으로 것을 짐작할 수 있을 듯합니다.

신라의 '대면'은 황금 가면을 쓴 권위자가 귀신을 쫓아낸다는 게처용을 연상케 합니다. 그러나 당의 '대면'은 다른 유래를 갖고 있습니다. 북제(北齊)의 난릉왕(蘭陵王) 장공(長恭)이 용감하게 잘 싸우지만 용모가 여자 같아서 위엄이 없게 생겼는데, 나무로 만든 가면을 쓰고 진두에 서서 크게 공을 세우자 제나라 사람들이 이를 장하게 여겨서 이 가면을 만들었다는 것입니다.

고려 시대에는 희극이 어떻게 얼마나 발달하였습니까

가무백희가 팔관회를 끼고 전승되는 것은 신라 때부터입니다. 고려로 내려와서는 팔관회가 국가 제천의 최고 전례(典禮)로 준행되어 대대로 변함이 없었으니, 가무백희는 이 든든한 울타리 아래서 꾸준히 발달하였습니다. 한옆으로는 팔관회와 함께 숭상된 연말의 나례 즉 벽사의 굿을 할 때 가무백희를 궁중으로 불러들여 보는 일이 행해지니, 이것이 또한 가무백희의 존립·발달에 큰 보탬이 되었습니다.

고려 시절에는 서쪽으로 오대(五代)·송의 영향을 입으면서 한편으로 북방에 있는 거란·여진·몽고 등 신흥 민족들의 활동 시기를 맞아 그들과의 문화 교류가 활발해졌습니다. 이 가운데 이른바 호악(胡樂)과 호희(胡戲)가 섞여 들어와서 가무백희의 내용을 매우 풍부하게 하였습니다.

『고려사』에 나타난 몇몇 사실을 들추어 보겠습니다. 예종 10년(1115) 11월의 팔관회 끝에는 왕이 창우(倡優)를 대궐 안으로 불러들여서 삼고(三鼓)[5]까지 가무를 시키다가 간하는 신하의 말에 따라 그만두었습니다.

예종 11년(1116) 4월에는 왕이 서경으로 순행하자 서경 유수를 비롯한 여러 관리들이 의장과 악부를 갖추어 어가를 맞이하였는데, 대악(大樂)·관현(管絃)의 양부(兩部)가 기교와 사치를 경쟁하여 부녀자들이 말을 달리며 격구를 하게 하는 데까지 이르렀습니다.

예종 12년(1117) 8월에는 왕이 남경[6]을 순행하니, 남경 근처에 흩어져 사는 거란 투화인들이 거란의 가무와 잡희를 연주하며 어가를 맞이하자 왕이 어가를 멈추고 관람하였습니다. 예종 15년(1120) 10월에는 팔관회 끝에 왕이 잡희를 보다가 국초의 공신 김락(金樂)과 신숭겸(申崇謙)의 우상이 있으므로 왕이 감탄하여 시를 지었습니다.

예종의 다다음 대인 의종은 연악(宴樂)을 일삼고 사치를 숭상하기로 유명한 임금이어서 그의 일대에는 악희 관계의 사실도 적지 않았습니다. 의종 9년(1155) 정월에 연등회에서 실컷 관람하고 돌아온 왕이 여전히 흥이 풀리지 않아서 이미 철거한 채붕(綵棚)[7]을 급히 복설하고 영관(伶官) 양부악(兩部樂)을 모아서 한낮에 이르기까지 권태로움을 잊고 즐겁게 관람한 일이 있습니다.

왕이 악을 좋아하자 내시의 좌번과 우번이 경쟁적으로 영합하였는데, 의종 19년(1165) 4월에 우번은 채붕을 매고 잡기를 연주하는

---

5 하루 밤을 다섯으로 나눈 셋째의 시각으로 지금의 12시경을 말한다.
6 고려는 수도인 개경 이외에 평양에 서경(西京), 경주에 동경(東京), 양주(현재의 서울 지역)에 남경(南京)을 설치하였다.
7 오색 비단 장막을 늘어뜨려 장식한 무대를 말한다.

중에 외국 사람들이 공물을 바치는 시늉까지 했고, 좌번은 유사(儒士)들이라 잡희에 익숙하지 못하여 왕의 은총이 덜하였다 하였습니다.

의종 21년(1167) 4월에 하청절(河淸節)[8] 잔치를 할 때에는 대악서(大樂署)·관현방(菅絃坊)은 다투어 채붕과 준화(樽花)[9]를 구비하여 갖은 성기(聲伎) 놀이를 연행하며 밤에 이르렀습니다. 이어 5월에 장단 응덕정에서 뱃놀이를 하는데, 배 안에 채붕을 맺고 여악(女樂)을 싣고 잡희를 즐기다가 5경에야 연안에 올랐는데도 놀이를 계속하였습니다. 의종 22년(1168) 3월에 서경에 순행할 때는 도처에 연악을 베풀어 여러 악과 잡희를 즐겼습니다.

역시 의종 때의 일로, 예성강 사람들이 그 땅을 현(縣)으로 하기 위하여 왕을 거기로 가 놀게 하고 기이하고 음란한 재주를 베풀었습니다. 50여 척의 배에 채범(彩帆)을 달고 악기(樂伎)와 채붕을 싣고 여러 악을 연주하였는데, 어떤 사람이 귀신놀이를 하면서 불을 머금고 토하다가 잘못하여 배 한 척을 태워 왕이 크게 웃은 일이 있었습니다.[10]

의종이 너무 향락 생활에 탐닉하다가 결국 폐출당하고 무신이 발호하는 세상이 되었습니다. 최충헌이 막부 정치를 열어 4대 60여 년을 계속하니, 이 최씨의 호사 중에 가무백희는 없어서는 안 될 요소가 되었습니다. 때가 바로 고려 문화의 개화기에 해당하여 희극의 발달도 활발하였습니다.

『고려사』 최충헌전의 기록을 보겠습니다. 희종 2년(1206)에 왕이

---

8 고려 시대 때 임금의 생일을 기념하던 날로, 의종 때 정해졌다.
9 나라 잔치 때에 준(樽; 목이 짧고 배가 부른 작은 항아리)에 꽂아 춤에 쓰던 조화(造花)이다.
10 의종 19년(1165) 4월의 기사이다. 원문에 예종 때의 일로 되어 있는 것은 오자로 보인다.

최충헌을 진강후(晋康侯)에 봉하고 책봉사를 보내자 최충헌이 사신 일행을 접대하여 잔치를 열었는데, "그 장구(帳具)·화과(花果)와 사죽(絲竹)·성기(聲伎)의 성대함이 삼한 이래로 신하의 집에서는 없었던 바이었다."고 하였습니다.

희종 4년(1208)에 왕이 최충헌의 개인집으로 옮기자 최충헌이 왕을 모셔다가 잔치를 열었는데, "비단 채봉과 호한(胡漢)의 잡희가 사치함을 다하였다."고 하였습니다. 고종 3년(1216)에 거란의 잔당들이 침입하자 방어군을 파견하느라고 미리 연습을 했는데, 적을 베고 개선하는 모습에 다 가장(假裝)과 희극을 썼습니다.

고종 때에 최충헌의 아들 최이(崔怡)가 몽고의 화를 피하기 위하여 왕을 끌고 강화로 들어가 있었을 때는 호사의 풍조가 더욱 기세를 부렸습니다. 고종 32년(1245) 4월 8일에 연등을 할 때, "채봉을 맺고 기악백희(伎樂百戲)를 베풀어 밤새도록 즐기니 도성인과 사녀(士女)들로 구경하는 이가 담과 같이 둘러섰다."고 하였습니다. 이어 5월에 조정의 고관을 초대하니,

채봉을 맺어 산을 만들고 비단 장막을 베풀어 휘장을 벌리고 가운데 그네를 매어 문수(文繡)·채화(綵花)로 장식하고, (중략) 기악백희를 베풀고 팔방상 공인(工人) 1,350여 인은 사람마다 모두 차려 입고 뜰에 들어와 악기를 연주하니 현가(絃歌)·고취(鼓吹)가 천지를 진동하였다. 최이가 팔방상에 백금을 각각 3근씩 주고 또 영관(伶官)과 양부(兩府)의 기녀와 재인에게 금백을 주니 그 비용이 거만(鉅萬)이었다.

고 합니다. 아무리 세도가라도 일개 개인집 잔치에 악공과 재인이 천 수백 명이라는 건 놀라운 성황입니다. 거기에 호한(胡漢) 잡희, 곧 북방계와 중국계의 모든 희극이 다 있었다 하니 거기서 연출된 곡목도 결코 간단하지 않았을 것입니다.

고종 다음인 원종 때부터는 원과 더불어 화친하여 아들 충렬왕 이후로는 두 나라가 대대로 장인과 사위 관계를 맺어 양자의 교제가 지극히 친밀해졌습니다. 이 때문에 다른 나라 희극이 유입될 기회는 전보다 많아졌을 듯한데, 문헌에 오른 것은 비교적 적습니다.

충렬왕은 풍류 좋아하는 군주로 들린 사람이어서 이 방면으로 많은 일화를 남겼습니다. 충렬왕 13년(1287) 8월에 왕이 원나라 궁전에서 열린 황제 탄신 축하연에서 송나라 사람의 작희(作戱)함을 보고 세자를 불러 구경하게 했으나 세자가 사양하고 들어가지 않았다고 사서에 특별히 적었습니다. 이듬해 14년(1288) 9월의 세자 생일 축하연에서 상장군 정인경(鄭仁卿)은 주유희(侏儒戱)[11]를 하고 장군 간홍(簡弘)은 창우희(倡優戱)를 하자 왕도 손뼉을 치며 일어서서 춤을 추었다는 기사가 있습니다.

충렬왕의 아들 충선왕과 충선왕의 아들 충숙왕은 이 방면에 등한하였지만, 충숙왕의 아들 충혜왕은 증조부를 닮은 듯 악희(樂戱)를 즐겼습니다. 충혜왕 4년(1343) 5월에 새 궁을 짓는 데 동원된 일꾼들을 위로한다는 명목으로 왕이 술자리를 벌이고 문무 신료를 불러 나례를 구경하였습니다.

이때 왕이 흥이 솟구치자 스스로 일어나 춤추고 또 재상들로 하여금 차례차례 단판(檀板)[12]을 치며 춤추게 하였습니다. 이어 여러 가지 희(戱)를 하는데, 누구는 걸호희(乞胡戱)를 하여 가장 호평을 받았다는 기사가 있습니다. 또 충혜왕 대에 각저(角觝)[13] · 수박(手搏)[14] 등 잡희를 구경한 기사는 줄지어 있다시피 보입니다.

---

11 난쟁이춤으로, 난쟁이처럼 목을 움츠리고 두 어깨를 으쓱하며 허리를 구부리고 추는 병신춤이다.
12 박자를 치는데 쓰이며 널빤지 모양으로 생겼으며 참빗살나무[檀]를 사용하여 만든다.
13 씨름을 말한다.
14 주로 손을 써서 상대를 공격하거나 수련을 하는 우리나라 전통 무예이다.

충정왕과 공민왕의 양대를 거르고 우왕에 이르러는 왕이 바람 등이 행세와 함께 악희 즐기는 취미도 대단하였습니다. 우왕 10년(1384) 2월에는 왕이 환관을 데리고 동지(東池)에 가서 말을 씻겼는데, 끝날 무렵에 왕이 스스로 피리를 불고 환관들로 하여금 잡희를 하게 하고, 또 김원길(金元吉)에게 당인희(唐人戲)를 하게 했다는 기사가 있습니다.

같은 해 8월에는 사냥하고 밤에 돌아오면서 생가(笙歌)와 고무(鼓舞)로 무격희(巫覡戲)를 하면서 탄식하기를 "사람이 세상에 산다는 것이 초로(草露)와 같다."하면서 하염없이 눈물을 흘렸다 하고, 이어 총애하는 후궁들을 데리고 다른 데로 옮겨가 "백가지로 희(戲)를 즐긴" 기사가 있습니다.

우왕 11년(1385) 정월에는 왕이 격구장에서 열병한 후에 곧바로 잡희 도구를 가지고 나가서 멋대로 놀았다는 기사가 있습니다. 11년 6월에는 화원에서, 12년 정월에는 궁중 동조(東朝)[15]에서 왕이 스스로 가면을 쓰고 처용희를 하여 남을 웃긴 기사가 있습니다.

우왕 13년(1387) 7월에는 추석놀이로 "6도의 창우(倡優)를 징발하여 동강(東江)에서 백희(百戲)를 베풀고 내탕고의 저장물로 비용을 충당했지만, 재상과 대간이 능히 바로잡아 구하지 못하고 도리어 기묘한 재주를 지어 맞장구치는 자까지 있었다."고 한 기사가 있습니다.

우왕 14년(1388) 3월에는 왕이 호곶에서 기린·봉천 등의 배를 타고 하고 싶은 대로 '잡희'를 하여 밤낮을 가리지 않았다고 하였고, 4월에는 요동 정벌군을 보내며 평양에서 날마다 "백희(百戲)를 베풀고 호악(胡樂)을 연주하기"를 일삼았다는 기사가 있습니다.

---

15 수렴청정하는 태후가 집무하던 곳을 이른다. 여기서는 10세에 즉위한 우왕을 수렴청정했던 명덕 태후의 집무실을 가리킨다.

이렇게 역대 군왕이 흔히 악희를 즐겨 하였으니, 추세로 보아 당연히 신하 중에는 이보다 더 심한 자가 있었을 것입니다. 또 군왕의 왕래와 권신의 출입과 군사의 개선에 다 채붕·잡희를 진설하는 것이 통례였으니, 그 사회적 실용성이 수월치 않았음을 깨달을 것입니다(강감찬·최충헌·변안렬 등의 열전 참조).

희극을 즐기고 숭상하게 되면 저절로 창우(倡優)의 사회적 지위가 무거워질 수밖에 없습니다. 이규보의 「통사(通師)가 붙여 사는 숭교사 방장에서 마시다」라는 시에 자신이 붙인 주에 "어전에 큰 창우 두 사람" 운운의 구절이 있고, 또 「등석(燈夕)[16]에 대궐에 들어가 느낌이 있기에」라는 다음과 같은 시가 있습니다.

> 양부(兩部)의 풍악 소리 맑은 옥을 바수는 듯
> 구문(九門)에 켜 놓은 등불 별처럼 찬란하다
> 못난 선비 광대들만 못한데도
> 붉은 관복 입은 채로 대궐 뜰에 들어간다

이곡(李穀)이 원나라에 오래 있다가 충목왕 즉위 초에 환국하여 재상에게 보낸 서신 가운데 다음과 같은 구절이 있습니다.

지금 본국의 풍속은 재물이 있으면 유능하다 하고, 세력이 있으면 슬기가 있다 한다. 조정에 나갈 때 입는 옷과 유자(儒者)의 관(冠)을 창우 잡극의 놀이라 하고, 곧은 말과 정당한 의론을 마을의 미치고 망녕된 말이라 하기에 이르렀다.

---

16 사월 초파일을 가리킨다. 『동국세시기』에 "4월 8일은 곧 석가모니 탄생일이다. 우리나라 풍속에 이날 등불을 켜므로 등석(燈夕)이라 한다."라고 하였다.

이는 다 어지간한 조정 신하들이 도리어 창우만 못한 세태를 분개한 말입니다. 이렇게 고려 시절에는 창희(倡戱)의 사회적 환경이 매우 좋았지만 외국 희의 전래에 따른 양적 향상 외에 질적 진화를 본 것은 그리 많지 못합니다. 대륙에서는 송·원 양대에 걸쳐 희극이 획기적으로 발달했지만, 고려에서는 극예술의 독립조차 오히려 실현하지 못하고 여전히 골계와 조롱 본위의 촌극 정도로 일관하고 만 것은 그 이유가 무엇이든 간에 애달픈 일입니다.

이씨 조선에서 희극은 어떻게 존재하였습니까

이씨 조선은 모든 문화재를 고려로부터 그냥 물려받았으며, 극문화 또한 고려의 충실한 계승자였습니다. 고려에서는 일찍부터 산대색(山臺色)을 두어 산악백희(散樂百戱)를 관장하게 하고, 충렬왕 5년(1279)에 산대색을 연등도감에 병합하여 내려오더니, 이조에 들어온 뒤 언제부터인지 나례도감이 설치되어서 세시(歲時)[17]의 나례와 함께 조정의 의식, 사신 대접에 쓰이는 백희를 주선하는 것을 담당하였습니다.

이조 전기에는 신흥 국가의 기세도 있고 전쟁에 참여한 장수와 사졸들에 대한 위로도 잦았지만, 무엇보다도 외국 사신의 왕래가 많았습니다. 그들에게 친절한 뜻을 표하는 데에는 이국적인 악희를 보여주는 것이 매우 효과적이었습니다. 그렇기 때문에 백희잡극의 존재 이유를 아무래도 인식할 수밖에 없었으며, 규모도 꽤 성대하였습니다.

조정의 의식에는 첫째로 군주의 행차가 있습니다. 『태조실록』에 보면, 2년(1393)에 임금이 계룡산 도읍 터를 보러 가는데, 2월 경진

---

17 새해의 처음, 즉 설을 가리킨다.

(庚辰)에 청주에 이르니 목사 이하가 나례를 갖추어 북쪽 교외에서 맞이하고 부로(父老)들이 가요를 올리고 어가에 절하였습니다. 임인(壬寅)에 임금이 계룡산으로부터 도성에 이르니 백관들이 용둔(龍屯)에 나아가 맞이하고 시좌궁(時座宮) 문 밖에 채붕과 나례를 설치하였습니다.

둘째로, 즉위 · 부태묘(祔太廟)[18] · 진연(進宴) 때의 경축입니다.『태조실록』에 보면, 원년(1401) 4월에 임금이 새 도읍지(한양)에 행차하여 즉위를 태묘에 고하고 개성으로 돌아오시니, 유후사(留後司)의 여러 신하들이 "산붕결채(山棚結綵)와 나례백희(儺禮百戱)"를 베풀고 공복을 입고 남문 밖에서 맞이하였고, 성균관의 생도와 교방의 창기들은 가요를 올렸고, 백관들은 전(箋)을 올려 하례하였습니다.

『세종실록』에 보면, 6년(1424) 7월에 임금이 태종의 부묘를 마치고 환궁하자 담당 관청이 채붕을 맺고 백희를 베풀고 성균관 학생 등이 다 가요를 올리고, 임금이 근정전에 나아가 하례를 받았다고 하였습니다.

사신 접대에는 남왜북로(南倭北虜)[19]에게는 명색뿐인 악(樂)을 썼지만 명나라 사신의 의식적 방문에 대해서는 온 정성을 있는 대로 다 들였습니다. 그 병폐를 이루 견딜 수 없어서 가끔 이를 변통하자는 논의가 일어나면서도, 이미 정해진 규례를 깨는 것은 타당치 않다 하여 끝끝내 그 성대함은 고치지 않았습니다.

『태조실록』에 보면, 3년(1394) 4월에 명나라 사절 황영기(黃永奇) 등 3인이 오니 채붕과 나례를 베풀고 임금이 친히 영접하여 수창궁으로 들였으며, 또 7년(1398) 6월에는 임금이 일부러 남문에 행차하여 사신 영접의 잡기와 채붕을 관람하니, 이것이 전례가 되어 후

조선상식문답속편

---

18 삼년상을 끝낸 뒤에 임금이나 왕비의 신주를 종묘에 모시는 것을 말한다. 부묘(祔廟)라고도 한다.
19 남쪽의 왜구와 북쪽의 오랑캐라는 뜻이다.

에도 준행되어서 오래도록 줄지 않았습니다.

『선조실록』에 보면, 원년(1568) 명나라 사신 영접 기사에 "잡희와 정재인(呈才人) 등의 기묘한 연기와 특이한 구경거리는 이루 다 적을 수가 없다."고 하였습니다. 이것을 명나라 사신 그들의 기록으로 보면, 세종 32년(1450) 윤 정월에 명나라에서 경제(景帝)의 즉위 소식을 가지고 왔던 사신 예겸(倪謙)의 『조선기사(朝鮮紀事)』에 나타나 있습니다. 예겸이 평양에 이르자,

먼저 십수여 리 밖으로 광대들을 보내어 영접했다. 근교에 이르러 (중략) 백희(百戱)를 베푸는데 온갖 짐승들을 거느리고 춤을 추는 모습이었다. (중략) 영접을 받으면서 성 안으로 들어왔다. 대동관 문 밖에 이르니 동쪽과 남쪽 두 곳에 채붕을 설치하고 무대 위아래에는 관기들의 여러 놀이가 베풀어지고 있었다.

고 하였습니다. 이어 예겸이 황주에 이르자 "고악잡희(鼓樂雜戱)와 오산채붕(鰲山綵棚)[20]이 다 서경과 같았다."고 하고, 개성에 이르자 "고악잡희와 오산채붕이 갖춰짐이 황해도와 같았다."고 하였습니다. 또 서울 근교에 이르자 "고악잡희로 사신들을 맞이하는데, 경복궁의 동과 서 양면에 오산(鰲山)을 성대히 차리고 운운"하였습니다. 이 모두가 사신이 가는 것 곳곳에서 악희를 진설하는 실제 모습입니다.

성종 19년(1488) 3월에 명 효종 즉위를 알리러 온 사신 동월(董越)이 돌아간 후 운문으로 기술한 『조선부(朝鮮賦)』중에

---

20 채붕을 말한다. 오색 비단 장막을 늘어뜨리고 나무로 단을 엮어 만든 가설무대인 채붕은 산붕(山棚)·오산(鰲山)·산대(山臺) 등으로 불렸다.

수레와 말이 움직이는 소리가 울리면

끝없이 이어지는 어룡(魚龍) 놀이가 나오네.

자라는 산을 인 채 봉영(蓬瀛)[21]의 바다에서 뜨는 해를 맞이하고

원숭이는 새끼를 안고 무산협(巫山峽)의 물을 마시네.

근두(筋斗)[22]를 뒤치니 상국사(相國寺)의 곰 재주는 비교할 것도 없고

긴 바람에 울거니 어찌 소금 수레를 끄는 훌륭한 말[23]이 있겠는가.

밧줄을 타고 내리니 가볍기는 허공을 나는 신선과 같고

외나무다리로 달려가니 날뛰는 산귀신인가 놀라며 보네.

사자와 코끼리를 장식한 것은 벗긴 말가죽을 뒤집어쓴 것이고

봉황과 난새가 춤추는 것은 들쭉날쭉한 꿩꼬리털을 묶은 것이네.

대개 황해도와 서경에서 춤추는 것을 두 번 보았지만

모두 이곳에서 하는 것처럼 잘하고 아름답지는 못하였네.

라 한 것은 서울에서 어마어마한 환영문과 함께 재주넘기·줄타기 등 갖은 재주를 보이고 또 원숭이·학·사자·코끼리 등 갖은 물상(物象)을 진열한 상황을 말한 것입니다.

중종 34년(1539)에는 명 사신를 맞이하는 산대의 잡상(雜像) 중에 공자의 상이 있는 것을 보고 책임자를 힐난한 일이 있었으며(실록), 또 절구에 치마를 두르고 사람 얼굴 모양을 붙였다 해서 나온 '절구 부인'이라는 말이 지금도 전해오고 있으니(旬日篇), 얼마나 상(像)들을 장하게 세우려 했는지 대강을 엿볼 수 있습니다.

임진왜란을 치른 뒤로 물자가 보잘 것 없고 병자호란 후 청에 대

---

21 봉영은 봉래(蓬萊)와 영주(瀛州)를 가리킨다. 모두 중국의 동해에 있다고 하는 선산(仙山)이다.

22 땅재주 넘기를 말한다. 송나라의 서울에 상국사(相國寺)란 절이 있는데, 그 앞에 곰이 곤두박질로 땅재주하는 것을 구경하는 장소가 있었다고 한다.

23 "소금 수레를 끄는 훌륭한 말"이란 큰 재주를 가지고 있으면서 작은 일에 쓰여서 곤경에 처한다는 뜻이다.

한 접대 의지는 명에 비할 것이 아니어서 사신 영접의 시설이 부쩍 줄었건만, 유형원(柳馨遠)은 『반계수록(磻溪隨錄)』에서 사신 영접 때 가산우희(假山優戲)를 폐해야 할 한 이유로

팔도의 우인(優人) 수천 명을 불러 모아 몇 달씩 서울에 머무르게 하여 백성들의 가산(家産)을 흩뜨리고 사람들의 마음과 눈을 크게 뒤흔드니 그 해로움이 또한 심히 적지 않다.

는 것을 들었습니다. 이익(李瀷)은 『성호사설(星湖僿說)』에서 그 사치 비용의 민폐를 말한 뒤에

금세에는 도감(都監)까지 따로 두어, 중국에서 사신이 올 때마다 좌우 채붕을 만들어 신기함을 자랑하느라고 번번이 막대한 경비를 소모하고 있다. 이것을 점차 줄여서 폐지하는 데 이르게 할 수는 없겠는가?

라고 하였습니다. 여기서 좌우 채붕이란 좌우 양변을 싸서 경쟁적으로 한 산대씩을 꾸미게 한 것으로, 유득공(柳得恭)은 『경도잡지(京都雜志)』에서 그 내용을 말하였습니다.

연극에는 산희(山戲)와 야희(野戲) 두 가지가 있는데 나례도감에 예속되어 있다. 산희는 채붕을 엮고 포장을 치고 사(獅) · 호(虎) · 만석승무(曼碩僧舞)[24]를 춘다. 야희는 당녀(唐女) · 소매(小梅)로 분장하고 춤을 춘다. 만석은 고려 때 중 이름이고, 당녀는 고려 때 예성강가에 와서 살던

---

24 음력 4월 8일 개성 지방에서 공연되던 인형극 놀이이다. 망석(忘釋) 중놀이라고도 한다. 황진이의 미색과 교태에 홀려 파계한 지족선사를 조롱하기 위하여 만들어 공연하였다는 설과 지족선사가 불공 비용을 만석(萬石)이나 받아먹어 그 탐욕을 흉보기 위하여 공연하였다는 설이 있다.

중국의 창녀(倡女)이고, 소매 또한 옛날 미녀의 이름이다.

사절 접대의 채붕 연희가 이렇게 번폐스러웠지만, 이 일이 있기 때문에 예전 희극의 전통이 일부라도 보존하게 된 효과를 우리가 기억해야 합니다.

인조 즉위 초인 『인조실록』의 계해(1623) 2월의 기사에는 전(前) 왕조 폐정 혁신의 한 단서로

침향산(沉香山)을 네거리에서 태워 없앨 것을 명하였으니, 이는 예조의 청을 따른 것이다. 광해 때 종묘에 고하고 친히 제사하는 일이 있으면 미리 나례도감을 설치하고 헌가(獻架)와 잡상(雜像) 및 침향산을 만들어 한량없이 민력(民力)을 허비하는가 하면, 온 나라의 희자(戲子)가 미리 모여 있다가 환궁할 때가 되면 묘문(廟門) 밖에서부터 서서히 전도(前導)하며 희자와 기생이 섞여 서서 요란하게 음악을 연주하고 온갖 묘기를 보였다. 이에 곳곳마다 어가를 멈추고 그것을 구경하기에 여념이 없었으므로 식자들이 한심하게 여기었다. 지금 반정(反正)하는 초기에 네거리에서 이를 태워 없앨 것을 명하였으므로 원근에서 듣고 보는 사람들이 모두 열복(悅服)하였다.

라고 한 것이 있습니다. 그러나 이는 인심을 눅이려는 일시적 조치일 따름이고 나례도감의 시설과 수시 거행의 관례를 아주 폐절한 것은 아니니, 대개 조정 의식상의 필요가 있으므로 그것을 폐기하려 해도 할 수 없는 것입니다.

침향산이란 무악과 희극의 배경으로 쓰는 물건입니다. 이씨 조선은 희극의 주류가 나례도감의 공적 용도에 따라 전해 내려왔지만, 또 한 가지 민간에서의 지지 조건이 있었다는 점에도 주의해야 합니다.

「삼일유가」(전 김홍도, 평생도 부분)

그것이 무엇이냐면, 진역에 과거법이 시행된 뒤로부터 과거 급제가 인생 최고의 영광이어서 과거 급제자의 영광을 자랑하는 것으로 유가(遊街)라 하여 서울 시가를 3일간 돌아다녔고 도문(到門)이니 영친(榮親)이니 소분(掃墳)이니 하여 출신 본향에서 여러 가지 축하연을 열었습니다.[25]

유가에는 창우(倡優)들이 앞서서 갖은 재주를 부리며, 모든 축하연과 소분에는 공적으로 제공되는 이러한 악과 희가 반드시 따랐습니다. 여기에 창우를 쓰는 게 매우 난잡하니 그만둠이 옳다 하는 옹졸한 논의도 있었지만, 뜻을 이룬 자의 영광을 드날리는 데에는 이만한 좋은 거리가 없으므로 너나없이 긴요하게 썼기 때문에 그 명맥이 부지되었습니다.

진역에는 이러한 놀음을 빼고는 아무 다른 민중 오락이 없는 터

---

25 도문은 과거 합격증인 홍패(紅牌)를 받아서 집으로 돌아오면서 벌이는 잔치를, 영친은 고향의 부모나 친척들을 뵐 때 벌이는 잔치를, 소분은 조상의 무덤에 가서 산소를 깨끗이 하고 제사 지내는 일을 말한다.

이기에 창우 잡희가 대중적으로 지지받는 것은 별문제였지만, 그것이 고루한 선비들의 '기기음교(奇技淫巧)' 배척론을 만나면서도 오히려 국가적 또는 상층 문화적으로 용인되어 오랜 전통을 실추하지 않는 것은 위에 말한 몇 가지 쓸모가 있기 때문이었습니다.

그러나 적극적으로 특별한 권장을 받지 못하고 무식하고 무기력한 예인들이 사회 최하층의 지위에서 구차하게 존속하다 보니 쇠잔이 있을 뿐이지 발달이 없으며, 저락(低落)이 거듭될 뿐이지 향상을 볼 수 없는 것은 진실로 당연한 일입니다. 이러한 조건 하에 있다 보니 수천 년이 하루같이 재빠름의 기(技)와 해학의 희(戲)쯤에 그치고, 다른 데서만큼 순수 희곡적인 성장을 이루지 못하고 만 것도 또한 어쩔 수 없는 일입니다.

나례도감에 매인 재인이 하던 노릇이 무엇이었습니까

옛날에 정식 무악 아닌 것을 휘뚜루 산악백희(散樂百戲)라 하여 구경거리로 하는 온갖 잡짓이 죄다 여기에 들었고, 이것이 다 나례도감에 속했으므로 범위가 넓고 종목도 일정하지 않았습니다. 중국에서 육조 · 수 · 당의 사이에 행하던 백희란 것을 보면, 줄타기 · 나무에 달리기 · 솟음질 · 뜀질 등 땅재주로부터 어룡(魚龍)으로 변화하고 도화(刀火)를 삼키고 토해내는 환술(幻術)까지 그 종목이 실로 번다한 모양입니다.

그러나 진역 고래의 전통으로 내려오는 것은 가짓수가 그리 많은 것 같지 않습니다. 보통 문자에 나타나는 것은 대개 농환(弄丸; 죽방울), 연당(緣橦; 솟대장이), 주색(走索; 줄타기), 번신(翻身; 재주넘이), 투정(鬪挺; 몽치놀리기) 등 땅재주와 씨름 · 택견 · 수벽 등 힘다툼과 덧보기[假面] · 꼭둑각시[傀儡] · 주지탈춤[獅子舞] 등 약간의 무극 종류와 임시 시설인 잡상(雜像)에 지나지 않습니다. 이 밖에 때에 따라 더러 변통과 증감이 있을지라도 주된 과목은 항상 이 몇 가지를 끼고 돌았습니다.

허백당(虛白堂) 성현(成俔)의 「관극(觀劇)」이라는 시에

궁궐 봄빛 채붕에 범범하고
붉은 옷 무늬 바지 가로 세로 어지럽다.
방울놀이는 참으로 의료(宜僚)의 솜씨
줄타기는 나는 제비처럼 가볍다.
네 벽 좁은 방에 허수아비 감춰두고
백척간두 위에서 잔 잡고 춤춘다.
임금님 광대놀이 즐겨 하지 않지만
뭇 신하들과 태평성대 하려 한다.

이라 한 것은 실로 나례의 기본적인 줄거리의 한판을 엮어댄 것입니다.

덧보기란 무엇입니까

덧보기란 우리 고유어의 나희(儺戱)를 이르는 말입니다. 본래 역신을 즐겁게 한다는 말에서 나와 뒤에는 역귀를 물리친다는 의미로 둘러씌운 말입니다. 고대 진역의 역신 쫓는 행사는 다른 데서와 같이 사나운 가면을 쓰고 무기로 위협하는 춤이니, 유명한 처용무가 그것입니다. 그러나 문화 수준이 높아짐에 따라 처용무 자신도 신앙적 의미보다 의식적 행사로 변하고, 다시 변하여 드디어 오락적 유희를 이루고 말았습니다.

처용무와 기악(伎樂)에서 쓰는 가면놀음 등이 애초부터 종교적 약속을 벗어 버리고 순오락적으로 분화 발전하는 곳에 새로 일종

의 탈놀음이 성립하여 극적 요구에 부응하였습니다. 지금의 이른 바 '덧보기' - 탈놀음, 즉 산대가 그것입니다. 덧보기는 본래 종교적 의미의 말이지마는 '덧보기'란 이름과 그 번역어인 나례라는 글자가 새 가면희에도 인습적으로 계속 쓰이게 되었습니다.

그래서 이 계통의 모든 유희를 맡아 보는 곳을 나례도감이라 이르고, 나례의 여러 희(戲)는 산대(곧 오붕·결채)를 매고 그 앞에서 연행하는 것이므로 희를 산대라고 부르는 일이 생기고, 또 무식한 사람들은 희를 산대도감이라고 부르기도 하였습니다. 그것이 다시 변하여 산대의 여러 희 중에서 덧보기·가면희·탈놀음만을 산대놀음이나 산대도감이라고 이르게 되었습니다. 지금 보통 산대라고 하는 말은 이 가면희를 가리키는 것입니다.

그 전에는 산대 가면극에 몇 가지 종목이 있었는지 모르지만, 근래까지 유행하는 산대놀음은 고샅반·상좌춤 이하 12거리에 눈끔쩍이·왜장녀 이하 30여 명의 노릇바치가 제각기 탈을 쓰고 특권계급과 형식·도덕에 대한 반항 정신을 구체적으로 연출하는 연쇄극 한 무더기가 있을 뿐입니다. 이 산대놀음은 특히 서울 이남에서 유행하며, 서울에서 가깝고 또 고래의 전통적인 관계 때문에 서울 근처인 파주와 양주의 것을 가장 중하게 쳤었습니다.

꼭둑각시란 어떤 것입니까

꼭둑각시란 나무 인형에 옷을 입혀 무대에 내어놓고 안에서 노릇바치가 인형의 관절마다 잡아맨 끈으로 놀려서 어느 테마를 연출하는 인형극입니다. 이런 것을 고대 중국에서 '곽독(郭禿)'이라 했고 일본어에서는 구구쓰(クグツ)라 했습니다. 우리 꼭둑이란 것이 대개 이것들과 출처가 같은 말이며, 필시 연원이 되는 서방 어느 나라의 말을 수입했을 것입니다.

한문에는 따로 괴뢰(傀儡)니 굴뢰자(窟儡子)니 하는 말이 있는데, 이것도 필시 동일한 원어의 다른 번역이 아닐까 합니다. 진역에서 꼭둑놀음은 퍽 오래 전부터 있은 듯하며, 중국 문헌에는 당나라 군이 고구려 도성을 공파하였을 때에 괴뢰희를 얻어 가져갔다고 하였습니다(『문헌통고』).

꼭두각시놀음
(국립민속박물관)

후대의 조선어에 무릇 창우를 휘뚜루 '광대'라 일컫지만 『고려사』의 전영보전(全英甫傳)에 "우리나라 말에 가면을 쓰고 희롱하는 자를 광대라고 한다."고 한 것을 보면, 광대는 탈놀음의 노릇바치입니다. 『역어유해(譯語類解)』에도 귀검아(鬼臉兒)·귀두(鬼頭)·가면(假面)을 '광대'로 번역하였으며, 또 『훈몽자회(訓蒙字會)』에는 괴뢰를 다 '광대'로 새기고 또 주석에 "괴뢰는 가면희이다. 세간에서는 귀검아라 부른다."고 하였습니다.

또 『역어유해』에도 면괴(面魁)를 '곡도'라고 번역했고, 『사소절(士小節)』에는 "산대는 채붕을 설해서 행하는데, 지금 풍속에 괴뢰 가면희가 이것이다."하여 둘을 많이 혼동하였습니다. 요컨대 광대란 말은 실상 가면희와 괴뢰자의 노릇바치를 따로 부르는 명칭이며, 이렇게 보면 '광대'와 '곡도'(꼭둑)도 본래 같은 어원이었을 듯도 합니다.

옛날 꼭둑에는 어떤 종목들이 있었는지 모릅니다. 근세에 연행하던 것으로 『사소절』에 철괴선(鐵拐仙)·만석승(曼碩僧)의 이름을 들었습니다. 그러나 철괴선은 일반에게 잊혀버려진 지 오래고, 망석중은 이름이 속어화될 만큼 대중적이지만 그 전편은 전하지 않고 수도승이 놀아나서 난무하는 장면만이 일종의 점극(點劇)으로 연출될 뿐입니다.

근래에 꼭둑각시라 하면 박첨지·홍동지를 주인과 부주인으로 하고 꼭둑각시를 주인공으로 하여 양반 사회를 욕보이는 테마를 연출하는 일종 사회극을 가리키게 되었습니다. 성현의 「괴뢰잡희를 보다」라는 시에

금빛 허리띠 번쩍번쩍 붉은 옷 빛나는데
거꾸로 매달렸다 몸을 던지니 나는 새 같고
줄타기와 죽방울놀이 많은 기교와 기술들
줄에 꿰인 나무인형 신기(神機)를 자랑한다.
송나라 곽독(郭禿)만이 어찌 홀로 아름다울까
한 고조도 평성에서 포위를 풀 수 있었는데
조정을 존경하기 위해 욕례(褥禮)를 펼쳤는데
중국이 안목 커서 비웃지나 않을까.

라고 한 것을 보면 괴뢰의 희가 결코 단순하던 것이 아닙니다. "송나라 곽독" 운운은 우리 '꼭두'가 중국의 곽독만하다는 말이고, "한 고조도 평성에서" 운운은 중국 옛 이야기에 한의 고조가 평성에서 흉노에게 포위당하였을 때에, 진평(陳平)이 미인 인형을 만들어서 성 위에서 놀리자 선우(單于)의 마누라가 이를 보고 성을 빼앗으면 선우가 저런 미인에게 반하리라 생각하여 선우에게 포위를 풀라고 권하여 물러나게 하였다는 고사를 인용한 것입니다.

사지춤은 어떠한 것입니까

사지는 국어에 사자(獅子)의 음이 와전된 것입니다. 사지를 한편에서는 주지라 하므로 사지춤을 주지춤이라고도 합니다. 사자는 인도 서쪽의 맹수이고, 또 인도 고래의 관습으로 사자의 탈을 무와 희에 써 왔습니다. 그러므로 의심의 여지없이 사자춤은 서역에 기

원을 두고 있습니다.

중국의 남북조 때에 사자 무가 북조 여러 나라에서 행하여 수나라와 당나라에 계승되었습니다.『구당서』「음악지」를 보면, 사자무는 달리 태평악(太平樂)이라고 합니다. 털을 엮어 사자를 만들고 사람이 그 속에 들어가서 면앙순압(俛仰馴狎)²⁶하는 형

북청사자놀이
사자(탈)놀음 중에서 가장 유명하며,
음력 대보름날 행사한다.

상으로 춤추는데, 2인이 하나는 고삐를 잡고 하나는 불자(拂子)를 들고서 놀리는 시늉을 한다고 하였습니다.

진역에는 언제부터 유입하였는지 모르지만 최치원의 향악 5영 중의 「산예(狻猊)」란 것이 시의 내용으로 보아 당의 태평악과 가까워 보입니다. 이 사자무는 고래의 무희 가운데 전통이 가장 오래고 가장 보편적으로 유행하였습니다. 종(縱)으로는 신라 우륵의 가야금 12곡 중에 이미 사자기(獅子伎)가 있어서 지금까지 내려오고 있고, 횡(橫)으로는 조정의 정악으로부터 지방 각 대처(大處)의 벽사주술에 걸쳐 이 무희처럼 널리 연행되는 것은 달리 유례가 드뭅니다.

근래에 봉산의 사자탈춤 소문이 새로 높아졌지만 그보다 더 주의해 볼 것이 경주의 주지춤입니다. 얼마 전까지도 월남(月南)과 보문(普門)에 각각 '주지' 탈이 있고, 동리마다 그것을 유지하기 위한 '주지논'이 있어서 소요 비용을 대었습니다. 연말 세초 무렵의 밤

---

26 아래를 굽어보고 위를 우러러 보면서 희롱하는 모양으로 춤을 추는 것을 의미하는 듯하다.

중에 두 곳에서 출발하여 중간에서 만나 밤새도록 교전하여 승부를 내며, 세후에는 동리마다 돌아다니면서 나쁜 기운을 쫓고 복이 이어지기를 비는 것이 그 소임이었습니다.

무릇 근세 민간에서 행한 사지춤은 신라 이전의 것에 비하여 의미는 매우 달라졌지만, 무희 그것의 용태(容態)는 같은 모양을 지켜 나온 것이 대체로 사실일 것입니다(사자무는 형태상 가무에 붙을 것이지만 계통상 나례의 한 과목이어서 편의상 극희에 포함해 서술합니다).

나례 이외의 희극에는 어떤 것이 있었습니까

유교 독재의 이씨 조선에서는 이른바 "기괴하고 음란한 기교",[27] "물건에 팔려 뜻을 잃는다."[28]하여 배척론이 내리 누르고, 국어 문학을 경시하는 악풍이 거기에 덧짐을 쳐서 끝내 소설과 희곡 발달의 좋은 기회를 얻지 못하고 말았습니다. 그러나 사람의 본성상 자연의 요구를 어찌하지 못하여 갖가지 희곡의 작은 풀이 사회 약속의 무거운 바위를 쳐들고 가냘픈 잎사귀를 뾰족뾰족 내밀었습니다.

이렇게 구차히 생겨서 아는 듯 모르는 듯 유행한 연극 중에 비교적 알려진 것은 성균관 유생들이 연례적으로 설행하는 궐희(闕戲; 혹은 儒戲·遷都戲)란 것입니다. 즉 매년 여름과 겨울에 성균관 유생들이 종이에 '궐(闕)' 자를 써 붙이고 공자를 임금으로 모시고 동학(東學)을 안자국(顔子國), 남학(南學)을 자사자국(子思子國), 중학(中學)을 증자국(曾子國), 서학(西學)을 맹자국(孟子國)으로 하여 제후가 천자를 섬기듯 합니다.[29]

27 『서경』 태서하 제3에 나오는 구절이다.
28 『서경』 여오 제7에 나오는 구절이다.
29 여기서 동학·남학·중학·남학은 4부 학당 즉 4학(四學)을 가리킨다. 4학

성균관의 상하재(上下齋)[30] 사람들
이 백관(百官)의 직을 제출하면, 이조
에서 전형 선발을 맡아서 주의(注擬)[31]
를 담당하게 합니다. 사람 성에 공(孔)
자든 구(丘) 자든 글자를 가진 이에게
는 다 종정(宗正) 직을 줍니다. 승정원
에서는 왕명을 출납하고, 사법 관서
에서는 어그러진 일을 다스리는데 심
하면 짚으로 허수아비를 만들어 참형
을 하기도 합니다. 관제(官制) 한판을
분명히 차린 셈입니다.

천도(遷都)하는 도막은 궐(闕) 자를
처음에 동재(東齋)에 붙였다가 명륜당
으로 올려다가 반포하고 다시 서재
(西齋)로 옮깁니다. 문무 관인은 보릿
대로 금대(金帶)를 만든다, 흰 노끈으
로 옥관자를 붙인다, 종이로 공작 꽁

성균관 동재(서울 종로)

지를 만들어 융복(戎服) 모양을 꾸미는 등 제각기 관복을 차립니다.

4학(四學)에서는 사신을 보내서 내조(來朝)를 합니다. 꿩을 보라
매로 삼아 진상하면 예조가 사신에게 잔치를 베풀되 한잔 술에 숙
두(熟豆)를 안주로 주고 재직(齋直)[32] 어린애에게 솥뚜껑을 두드리며
노래를 부르게 하는데, 이것을 동악(動樂)이라 합니다.

은 서울의 위치에 따라 네 곳에 설치되었고 성균관의 부속 학교였다.
30 성균관 유생들의 기숙사인 동재(東齋)와 서재(西齋)를 말한다. 동재와 서
　재는 강당인 명륜당을 중심으로 앞쪽 좌우에 설치되었다.
31 관리 후보자 세 사람을 정하여 임금에게 올리던 제도이다. 문관은 이조, 무
　관은 병조에서 담당하였다.
32 재지기라고 하며, 재실(齋室)을 관리하는 사람을 말한다.

성균관에서 칙사를 4학으로 보내면 4학에서는 베옷과 비단이불로 집 기둥을 싸서 결채(結綵)라 하여 영접하며, 심지어는 한어(漢語)로 통역하는 시늉까지 합니다. 정승 될 사람을 뽑고 인사 고과를 하고 과거를 보이고 급제자 이름을 부르는 등 모든 것을 꼭 조정의 예식과 같이 하였습니다.

형식과 도덕의 질곡에 눌렸던 샌님들도 이때만은 마음 놓고 숨을 쉬어 보며 대사성(大司成) 이하 관계 관리도 다 재미있게 이것을 구경하였습니다. 말하자면 지금 법정계 대학에서 하는 모의 국회나 모의 정부와 유사한 목적을 지닌 연극이었습니다. 지방으로 나가서도 비슷한 놀음이 많은데, 속리산 법주사 승려들의 연행하는 좌수희(座首戲) 같은 것이 꽤 대규모이었습니다.

『세조실록』에는 본래 우인(優人)으로서 궁시장(弓矢匠) 노릇하는 자가 맹인 취객의 희(戲)를 연출한 기사가 있습니다. 『패관잡기(稗官雜記)』에는 어느 왕조엔지 관청에서 무세포(巫稅布)를 받으러 왔을 때 민가들이 절절매는 광경을 마침 세시에 우인(優人)이 대궐 뜰에서 연출하자 임금이 보고 무세를 없애게 하여, "지금에 이르러서는 우인들이 그 희를 계속 전하여 옛일로 여겼다."고 합니다.

중종 때에 정평 부사 구(具) 아무개가 탐학이 심하여 안장 파는 백성을 관청 뜰로 불러들여다가 여러 날을 두고 조련질하여 값을 깎고 마침내 관청의 돈으로 사는 모양을 우인이 세시에 어전에서 연출하자, 임금이 보고 구 아무개를 잡아다가 죄를 논한 일이 있어 "우인도 백성에게 보탬이 있다."라고 하였습니다.

『기문총화(記聞叢話)』에는 명종이 병환 중 기분 전환 삼아 창우(倡優)를 불러들여 희를 구경하시는데, 임금이 한 번도 동요하시는 일 없더니, 이조 판서와 병조 판서가 도목정사(都目政事)[33]하는 광경을

---

33 관리의 근무 성적을 평가하는 것을 말한다. 조선 시대에는 이조와 병조에

보이면서 그 정실 쓰는 내막을 연출하니 임금이 비로소 크게 웃었
다는 기사가 있습니다.

이러한 사실은 다른 곳에도 많이 있습니다. 다만 이런 것이 한바
탕의 웃음거리와 한때의 풍자에 그치고 말았습니다. 계속 발전하
며 체계적으로 생장하며 천재(天才)를 얻어 비약하고 능수(能手)를
만나 기록되어서 마침내 극문화의 일대 전당을 건설하지 못한 것
이 못내 안타까울 따름입니다.

창극이란 무엇입니까

세종대왕이 훈민정음을 만들어 우리말을 본래 모양대로 적는 길
을 터 준 것은 실로 우리의 모든 문화에 일대 새 생명을 부여한 대
사업이었습니다. 우선 극문화 하나만 보더라도, 그전에는 희극이
창우(倡優)의 입에서 입으로 전승하기 때문에 대본이 없어 수준을
유지하지 못하고 계승이 안 되어 내용이 확장되지 못하였습니다.

그러던 희극이 차차 문화재로 축적되기 시작하여 전에 짤막한
촌극이던 것들이 끼리끼리 서로 끌어당겨서 여러 가지 연가체(連歌
體)의 장편희(長篇戲)를 형성하여 갔습니다. 아마 이것은 숙종 전후
쯤으로부터 시작한 현상으로 추측되는 바입니다.

창우 사회에서 전하는 바로는, 지금 광대 소리의 비조는 거처를
알 수 없는 하한담(河漢譚)과 결성(結城) 땅의 이름 모를 최선달(崔先
達)이라 합니다. 두 사람에 의해 새로 출발한 우리 판소리가 전라
도와 충청도 사이에서 전전하며 성장하다가, 정조 때에 권삼득(權

서 매년 두 번 혹은 네 번 행하였는데, 1년에 한 번 행하는 것은 단도목(單都
目), 두 번 행하는 것을 양도목(兩都目), 네 번 행하는 것을 사도목(四都目)
이라 하였다.

三得; 1771~1841)[34]이 전주와 익산의 사이에서 탁월한 솜씨로 소리의 '제'를 순화하였습니다. 이어 순조 때에 신 오위장[35]이 고창에서 나와 박식함과 독실한 의지로 대본 내용을 문학적으로 갈고 닦았습니다. 이로써 선비 출신인 두 사람의 힘으로 판소리가 예술적 지위를 확립하였습니다.

한편으로 운봉의 송홍록(宋興祿), 여주의 염계달(廉季達), 죽산의 모홍갑(牟興甲), 해미의 방만춘(方萬春), 공주의 고도관(高濤寬) 등 명창들이 순조·헌종·철종의 사이에 꿈치를 이어 나와 실제로 판소리의 가치를 우적우적 높여서 광대의 판소리가 드디어 조선의 대표적 가악을 이루게 되었습니다.

광대 소리의 연원을 캐 보면 퍽 오랜 옛날에까지 거슬러 올라가겠지만, 지금과 같이 정연한 체제와 풍성하고 유려한 내용을 가지게 된 것은 비교적 근세의 일입니다. 바로 창연(唱演) 대본이 생긴 뒤의 일일 것입니다.

그러면 광대 판소리의 대본은 어떤 것들이 있을까요. 보통 12판(혹은 12마당)이라고 하는데, ① 장끼 타령 ② 변강쇠 타령 ③ 무숙이 타령 ④ 배비장 타령 ⑤ 심청가 ⑥ 박 타령 ⑦ 토끼 타령 ⑧ 춘향가 ⑨ 적벽가 ⑩ 강릉매화전 ⑪ 숙영낭자가 ⑫ 옹고집 타령이 그것입니다.

이들 판소리는 이름과 같이 '소리' 중심의 창으로서, 무대와 배경이 있는 것이 아니요, 역할과 여러 막이 있는 것도 아니라 모든 극적 요소가 죄다 광대의 목과 손가락 끝에 의탁하고 있습니다. 마치

---

34 조선 정조·순조 때 활약한 판소리 8명창 중의 한 사람이다. 조선 후기 8명창 가운데 가장 선배로, 특히 『흥보가』를 잘 불렀다.

35 신재효(申在孝; 1812~1884)를 말한다. 조선 후기의 판소리의 이론가이자 작자, 후원자이다. 종래 계통 없이 불러 오던 소리를 통일하여 『춘향가』, 『심청가』 등 여섯 마당으로 체계화하였다.

중국의 창희(唱戲) 특히 대고사(大鼓詞)와 서로 엇비슷할 것입니다.

조선의 전통적 극문화는 수천 년의 노력으로 겨우 이 형식의 극에 도달하여 다시 내일을 기다리고 있었습니다. 광대 소리는 오래도록 '사랑놀이'에 의존하여 억울한 경지에서 헤매다가 광무 연간에 국립 '희대(戲臺)'가 생기면서 차차 사회적 해방의 길을 텄습니다.

그러나 새 예술 문화의 도도한 추세에 밀려서 발걸음이 오히려 활발하지 못하다가 근래 방송 기관이 생기면서 이것을 연예 곡목의 주요한 일부로 삼고 새로 창극이라는 이름을 붙였습니다. 대개 이 귀중한 예술 전통에 대한 일반의 인식을 새롭게 하려는 취지에서 나왔을 것입니다.

이른바 희대는 어떻게 생겨서 어떻게 없어졌습니까

희대(戲臺)란 중국식으로 말하면 극장이란 말입니다. 조선의 옛 연희는 똑바른 의미의 무대를 필요로 하지 않았고 특정한 극장 시설도 생기지 않고 말았습니다. 한말 고종 황제 광무 6년(1902) 가을에 등극 40년 경축 행사를 서울에서 거행하기로 하고 조약을 체결한 동서양 각국의 군주에게 초청장을 보냈습니다. 이러한 귀빈을 접대하기 위하여 여러 가지 신식 설비를 갑자기 진행하였습니다.

그 중의 하나로 봉상시(奉常寺) 건물 일부를 터서 지금의 새문안 예배당 있는 자리에 벽돌로 둥그렇게, 말하자면 로마의 콜로세움을 축소한 형태의 소극장을 건설하고 여령(女伶)[36]과 재인(才人)을 뽑아서 예희(藝戲)를 연습시켰습니다. 규모는 보잘것없지만 무대, 세 방향의 계단식 관람석, 가로막, 준비실을 설비한 조선 최초의 극장입니다. 또 한창 시절 런던의 로열극장과 비엔나의 왕립극장에

36 조선 시대 각종 궁중 연희에서 춤을 추고 노래하던 여자, 즉 기생을 일컫는다.

비견할 수 있는 유일의 국립극장인 것만은 사실이었습니다.

이에 관한 사무를 처리하기 위하여 협률사(協律社)라는 기관이 궁내부 관할하에 설치되었습니다. 처음에는 경축 행사를 위해 기생과 재인들을 예습시켰으나, 불행히 그해 가을에 콜레라가 유행하여 경축 행사가 다음해로 연기되고 협률사는 일반 오락 기관으로 기생·창우·무동 등의 연예를 구경시키면서 다음해를 기다렸습니다. 광무 7년에 이르러서는 봄에 영친왕이 천연두에 걸려 가을로 밀렸고, 가을에는 농사 형편이 근심이 되고 또 일본과 러시아의 풍운이 급전하여서 명색만 갖춰서 예식을 치루는 통에 모처럼 준비한 희대가 소용없어지고 말았습니다.

이에 협률사는 슬그머니 상업 극장으로 변화하여 이것저것을 연행하고, 한편으로 기생과 창우의 관리 기관 노릇을 겸하여서 찐덥지 않은 세간의 평을 거듭 받더니, 광무 10년 4월에 이르러 봉상사(奉常司; 본래 寺인데 이때는 司로 되었다) 부제조 이 아무개의 상소가 있어서 칙령으로 이를 혁파하여 버렸습니다.

그러나 일반의 연극 요구는 날로 높아져 가는데, 당시 서울에는 극장으로 사용할 만한 다른 집이 없어서 이 건물을 이용하는 연극 기획자가 끊이지 않았습니다. 한말 이후로는 이인직(李人植)의 원각사(圓覺社), 윤백남(尹白南)의 문수성(文秀星) 등 과도기적 신극 운동이 다 이곳을 보금자리로 하여 부등깃[37]을 기른 것은 기억할 만한 사실입니다. 다만 원각사란 이름이 생기면서부터 '희대'란 이름은 차차 행하지 않다가 마침내 일반에게 잊혀져 버렸습니다.

---

37 태어난 새끼 새의 다 자라지 못한 약한 깃으로, 여리고 덜 자란 것을 비유적으로 나타낸다.

화산대란 무엇입니까

고려 말엽에 왜구 방어의 필요에 따라 화포에 관한 기술이 심히 발달하여 전투에서 크게 효과를 거두었습니다. 이조에서는 이것을 평시에 오락 방면에도 응용하여 연말 세시나 사신 접대 때에 산대를 매고 그 간가(間架)[38]마다 화약을 장치하고 온갖 기교를 더하여 어두운 밤에 이를 폭발시켜 장쾌한 불놀이를 하였습니다. 이것을 화산대(火山臺: 브산듸)라고 불렀습니다.

연말 세시에는 나례와 아울러서 벽사(辟邪)의 용도가 섞인 것이고, 사신 특히 왜인에게 이것을 구경시키는 데에는 우리 화포의 위력을 과시하는 의미를 포함하였던 것입니다.

중종 37년(1542)에 일본국 왕의 사신 승 안심(安心) 등에게 관화(觀火)[39] 대접을 하는데, 예조에서는 아무쪼록 기이한 종류를 보여 주려 하고 병조에서는 소소하고 중요하지 않은 화포를 쓰자 하여 서로 맞선 일 등은 재미있는 일화입니다. 후세의 하나비(花火)란 것은 실로 조선의 기술을 배워 간 것입니다.

---

38 어떤 건물이나 물건에 일정한 간격으로 사이를 갈라서 나누는 살을 말한다.
39 불꽃놀이를 말한다.

7

서학

글씨의 예술적 지위를 알고 싶습니다

서(書) 즉 글씨는 다른 모든 국민들에게는 하나의 실용품에 지나지 못하지만, 중국과 중국 문화권의 동양 각국에서는 예술, 아니 가장 고상한 예술이 되어 왔습니다. 물론 실용품이기도 하지만 동시에 예술품이고, 실용품으로보다 예술품으로서의 가치가 비싸게 평가되고 있습니다.

이것은 한자의 독특한 구조 형태와 발달 과정, 또 지필묵의 특성과 문자를 신비시하는 국민성 등으로 말미암아 오랫동안에 걸쳐 성립 발달한 것입니다. 다른 나라 문자들이 한낱 기호에 지나지 못하는 것과는 근본적으로 차이가 있습니다.

중국인들이 서학(書學)을 얼마나 중요하게 평가하였는지를 보겠습니다. 원나라 한성(韓性)은 「서칙서(書則序)」에서 "글씨는 마음을 그린 것이다."라 하였고, 원나라 성희명(盛熙明)은 「서법고(法書考)」에서 "글씨라는 것은 마음의 그림이다."고 하였고, 당나라 목종이 유공권(柳公權)에게 글씨 획이 어떻게 그리 갸륵하냐고 묻자 "필(筆)을 씀은 마음에 달려 있고 마음이 바르면 필이 바르게 됩니다."고 답하였다고 『구당서』 유공권전에 기록되어 있습니다.

『송사(宋史)』 전씨세가(錢氏世家)에는 송나라 전유치(錢惟治)가 초서와 예서를 잘 하는데, 그의 말에 "마음은 손을 다룰 수 있고 손은 필을 다룰 수 있으니 방법이 그 안에 있다." 했다고 기록되어 있습니다. 당 태종은 『필법결(筆法訣)』을 짓고 그 첫머리에 단언하여 이르기를

글씨를 쓰고자 할 때는 마땅히 보는 것을 거두고 듣는 것을 돌이키며 생각을 끊고 정신을 집중하여야 한다. 마음이 바르고 기운이 화목하면 곧 오묘함을 얻게 된다. 마음과 정신이 바르지 못하면 글자는 기울

어지고 뜻과 기운이 화합하지 못하면 글자는 뒤집어진다. 그 도는 노나라 종묘의 그릇과 같아 비면 기울고 차면 뒤집히며 적중하면 바르게 된다. 바르다는 것은 화합이 가득 찬 것을 말한다.

라 하였습니다. 명나라 왕수인(王守仁)은 자신의 글씨 공부하던 감상에 대해 이르기를

내 처음에는 옛 첩(帖)을 모방하여 글자의 모양을 체득하는 데 그쳤고, 나중에 붓을 들어서는 가벼이 종이에 대지 않았다. 마음을 가다듬고 정신을 집중하여 조용히 생각하고 마음속에 형체를 모았다. 이것을 오래하니 비로소 그 법에 통달하게 되었다.

이라 하였다 합니다(『왕양명선생연보』). 이렇게 글씨는 동양에서 하나의 예술에 그치는 것 아니라 거의 도(道)에 다다랐으며, 그 연습이 곧 인생의 일대 수양으로 인식되었던 것입니다.

소동파(蘇東坡)의 「구필적시(求筆迹詩)」에 "몽당붓이 산처럼 쌓여도 대단할 것 없고 책 만 권을 읽어야 비로소 신명이 통한다."고 하였고, 황산곡(黃山谷)이 「논서(論書)」에서 "글씨를 배움에는 반드시 가슴 속에 도의가 있어야 하고, 또한 성현과 철인의 학문으로 이를 넓혀야 글씨가 고귀해진다 운운"한 것은 다 이 경계를 설파한 것입니다.

중국 예술에서의 글씨의 지위에 대하여 임어당(林語堂)은 재미있는 이론을 시도하였습니다.

서구의 화가는 이상을 추구하다가는 반드시 여성에게로 되돌아가는데, 중국의 화가와 애화가(愛畵家)는 한 개의 풀벌레와 한 덩어리의 맨바위를 들여다보고 지상의 유쾌함과 기쁨을 느끼니 이것은 중국화에

있는 특이한 리듬이다. 그런데 이러한 리듬 예배는 실로 중국의 서학 (書學)으로부터 발전해 나온 것이니 서양인이 이 서학의 원리를 이해하지 못하고는 중국의 그림을 감상할 재주가 없을 것이다. 중국 예술에서 서학의 지위는 추상적인 형태와 리듬의 연구로서 기본적인 것이므로, 글씨는 중국인에게 대하여 기초적인 미학을 주고 또 중국인은 글씨를 통하여 선과 형(形)에 대한 기초 개념을 배웠다고 할 수 있다.

이는 회화뿐 아니라 중국의 건축에 있어서 패루(牌樓)·정사(亭榭)·묘관(廟觀) 등의 조화와 형의 감각이 글씨의 어느 전범으로부터 직접으로 끄집어내지 않은 형식은 하나도 없다. 세계 예술사상 중국 서학의 지위는 이렇게 참으로 독자적의 것이다. 문자를 쓸 때에 철필(鐵筆)보다 퍽 미묘하고 민감한 모필(毛筆)의 독특한 사용법에 의하여 글씨는 분명 회화와 같은 정도의 예술적 수준에까지 올라갔다. 회화와 글씨를 자매 예술로 생각하는 중국인은 이 사실을 명확히 인식하고 있으며 또 어느 편에서 더 많은 감명을 받느냐고 묻게 되면, 그 대답은 반드시 글씨의 편으로 기울어질 것이다.

글씨는 이러해서 회화와 동일한 정열과 지심(至心)으로써 길러지고 전통적으로 존귀한 대접을 받아서 비싸게 평가되는 예술이 되었다. 서법은 다른 예술의 걸작과 마찬가지로 논평이 야단이고, 서도(書道)의 대가들은 범인이 도저히 다다를 수 없는 고도에 달하였었다. 서양에 대하여 유의미한 일은 서학이 중국 예술에 미학적 기초를 줄 뿐 아니라, 그 이해와 응용에 있어서 실수하지 않는다면 가장 소득이 많은 일개 정신주의적 원리를 제시하고 있다는 사실이다.

곧 중국의 서도가 2천 년에 걸쳐 이어진 수련을 통하여 리듬과 형의 온갖 가능한 양식을 탐구하여 자연 현상 중에서 특히 식물과 동물, 마른 매화가지, 두세 개의 죽은 이파리를 남긴 말라비틀어진 포도나무, 도약하는 사냥개의 몸뚱이, 사슴의 날씬한 다리, 맹호의 어기찬 사지, 높이 솟은 암석, 기승스러운 말의 힘, 털이 둥실둥실한 곰, 수척한 학의 몸 등으로부터 예술적 감흥을 끄집어낸 것을 이해해야 한다. 이런 따위 자연의 리듬의 1태(態) 1형(型)일지라도 중국의 글씨에 묘사되어서 직접 간접으로 독특한 양식을 산출하는 원천 노릇을 하지 않은 것이 없다

　　(중략) 근대의 예술은 리듬의 탐구와, 구조와 비례의 새로운 형식상에서의 시험에 있다. 그런데 아직도 그것을 발견하지 못하고 있다. (중략) 중국의 서학(書學)과 그 정신주의적 원리의 연구에 있어서 자연계의 리듬의 재검토에 일대 가능성을 약속하게 될 것이다(임어당, 『小學論集』 중 「중국 예술의 정신주의」).

중국 서학(자체 · 서법)이 변천해 온 요령을 들려주십시오

중국의 문자는 대개 중국 독자적인 발명품으로 아득한 옛날부터 있은 듯합니다. 은대(殷代; 서기전 1766~1123)의 자체(字體)는 출토 당시의 실물에서 볼 수 있으니 근래 유명해진 귀갑수골각문(龜甲獸骨刻文)[1]이 그것입니다. 중국의 자체(字體)는 대개 10종으로 구분됩니다.

① 원시기로부터 은대까지의 예스럽고 치졸한 모든 자체는 일괄하여 '고문(古文)'이라 합니다.
② 주나라 대에 이르러 고문이 크게 정비된 것을 '대전(大篆)'이라 합니다. 그 작자가 사주(史籀)라 하여 '주문(籀文)'이라고도 합니다.
③ 진나라 대에 이르러 이사(李斯)가 대전이 복잡하다 하여 이를 고쳐서 소전(小篆) 또는 진전(秦篆)이라는 간편한 글자체를 새

---

1 거북이 껍질과 동물 뼈에 새긴 문자라는 뜻으로 줄여서 갑골문자라 한다.

로 만들었습니다. 지금 인장 같은 데 흔히 사용되고 있습니다.

④ 전서(篆書)가 엄정함을 숭상하는 공적 문자인데 반하여 전국 시대로부터 평민들이 사용하던 상용 간체 문자가 있어 이를 진대에 완성했는데, 이것을 '예서(隸書)'라 합니다. 전하는 얘기로는 정막(程邈)이 만든 것이라 합니다. 한대에 내려와서는 예서체의 서법이 크게 발달하여 목책이나 비갈 등에 죄다 이 서체를 쓰게 되니 세간에 한예(漢隸)의 명성이 높은 까닭입니다.

⑤ 고예(古隸)가 약간 변화하여 해서(楷書)에 가까워진 서체를 '팔분(八分)'이라 합니다. 전한(前漢) 말경부터 유행하였습니다.

⑥ 예서를 한 번 더 간략하게 한 서체로 '장초(章艸)'가 있습니다. 신하가 임금에게 글을 올릴 때 쓰는 초서라는 뜻입니다. 전한의 사유(史游)가 만들었다 합니다.

⑦ 다시 예서가 변전하여 네모반듯하게 나간 서체를 '해서(楷書)'라고 합니다. 다른 말로 정서(正書) · 진서(眞書) 또는 금예(今隸)라고 합니다. 한나라 말부터 유행하여 육조를 지나 수나라 · 당나라에 이르러 크게 성하였습니다.

⑧ 유려함과 속도 위주로 나간 서체를 '초서(草書)'라 합니다. 국어에 흘림이라는 이름이 묘하게 그 특색을 붙잡았다 할 수 있습니다. 해서와 초서는 거의 동시에 갈라져 따로따로 한 서체를 형성한 것으로, 장초에 대하여 금초(今草)란 말을 쓰기도 합니다.

⑨ 해서를 얼른 손쉽게 쓰면서 생긴 서체에 '행서(行書)'라는 것이 있습니다. 조선에서는 반초(半草)니 반행(半行)이니 하는 말을 쓰기도 합니다. 이것은 실상 해서를 편리하게 쓰기 위한 서법에 불과하지만 옛날부터 하나의 종류로 따로 세워 왔습니다. 전하는 말로는 후한의 유덕승(劉德升)이 행서를 만들었다고 합

니다. 한편으로 예서 · 해서 · 행서 · 초서의 사이에는 예해(隸楷)니 예초(隸草)니 하는 허다한 과도적 서체가 있습니다.

⑩ 이밖에 '비백(飛白)'이라 하는 한 기이한 서체가 있습니다. 한나라 말 위나라 초에 오로지 전문(殿門) · 비액(碑額) 등에 사용되니, 우리 민간에 유행하는 초필(草筆) 글씨가 그 여류에 붙는 것입니다.

이상 한자 변천의 경로를 보자면, 복잡하고 어렵고 기이함으로부터 간단하고 편리함으로 변화한 것이 대개의 추세입니다. 이른바 무엇은 누가 만들었다 하는 말은 대개 중국인들이 모든 범물(凡物) 창작을 특정한 한 사람에게로 돌려 보내려 하는 습관에서 나온 것일 뿐, 실제로는 실용상 새로운 요구에 따라 촉진된 자연스러운 발달에 지나지 않습니다.

그 다음 서법 발달의 대세를 대강 말하겠습니다. 진나라 이전에는 글씨가 능란한지 서투른지를 견주어 보지 않았기 때문에 서학이나 서법과 관련한 설이 없었습니다. 한나라 대에 이르러 비석 세우는 풍습이 성행하면서부터 심미적인 글씨에 대한 요구가 매우 깊어졌습니다. 거기에 이어 서법의 전승에 계통을 찾을 수 있게 되었습니다.

후한 말에 채옹(蔡邕; 132~192)이 박학하고 여러 예능에 능통했는데, 글씨에도 능하였습니다. 유명한 희평석경(熹平石經; 예서)[2]이 그가 쓴 것입니다. 채옹의 제자에 최식(崔寔)은 전서에 능하였습니다. 장지(張芝)는 초서로 유명하였습니다. 위탄(韋誕; 179~253)은 글씨와 아울러 붓과 묵을 잘 만들며, 삼국 위나라 때의 보기(寶器)의 명제(銘

2 후한의 영제가 경서 문자를 정리하기 위해 『역경』, 『경서』, 『시경』, 『예기』, 『춘추』, 『논어』, 『공양』 등 7경을 새겨 뤄양(洛陽)의 태학문 앞에 세운 비이다.

題)가 다 그 솜씨입니다.

　장지와 유덕승(劉德昇)의 제자로 종요(鍾繇; 151~230)가 있습니다. 그는 위나라 때의 대표적 서예가가 되었는데 그 글씨가 "나는 기러기는 바다를 희롱하고 춤추는 학은 하늘을 노닌다."고 하였고, 임종 때 그 아들에게 말하기를 "나는 정성을 다해 글씨를 배우고 그 필법을 배워서 매번 천지만물을 보면 모두 획으로 형상화했다."하니, 그의 오롯함을 엿볼 수 있습니다.

　종요의 제자에 위부인(衛夫人; 李矩의 처)이 있습니다. 예서를 잘하고 해서에 특색을 가지니, 우리나라의 위부인체 활자는 그 필법으로 쓴 것입니다. 위부인의 제자인 진(晉)의 왕희지(王羲之; 321~379)는 각 체에 정교하지 않은 것이 없어 천고에 서성(書聖)의 이름을 독차지하였습니다.

　그가 남긴 것으로 소해(小楷)로 쓴「악의론(樂毅論)」·「황정경(黃庭經)」·「동방삭화찬(東方朔畵讚)」과 행서로 쓴 대표적 걸작인「난정서(蘭亭序)」가 있습니다. 앞의 종요와 합하여 종왕(鍾王)이라 부르기도 하고, 아들 왕헌지(王獻之)와 아울러 이왕(二王)이라고 부르기도 합니다.

　남북조(또는 육조) 시대에는 특별히 명성을 남긴 이가 없지만, 비갈(碑碣) 등 유물로 보듯이 이름난 사람이 적지 않았습니다. 수나라에는 왕희지의 후손인 승려 지영(智永)이 당대에 걸출하였고,『진서천자문(眞書千字文)』이 유명합니다.

　당나라에 내려와서는 해서의 발달이 정점에 달하였습니다. 우세남(虞世南)·구양순(歐陽詢)·저수량(褚遂良)·안진경(顔眞卿)의 4대가가 대표적입니다. 우세남은 품격, 구양순은 방정준엄(方正峻嚴), 저수량은 청려경발(淸麗勁拔), 안진경은 웅대혼박(雄大渾樸)을 각각 특색으로 하였습니다. 특히, 안진경의 행서는 왕희지 이후의 제일로 칩니다.

4대가 외에 당 태종, 손과정(孫過庭), 장욱(張旭), 회소(懷素), 유공권 등 여러 대가와 수많은 명가가 있어 서로 아름다움을 다투었습니다. 장욱은 또한 초성(草聖)이라는 이름을 얻었고, 손과정은 서보(書譜)를 만들어 유명합니다.

송나라에 내려와서는 소식(蘇軾), 미불(米芾), 황정수(黃庭堅), 채양(蔡襄)을 4대가로 칩니다. 소식은 대자(大字), 미불은 행서를 자랑하였습니다. 원나라에는 조맹부(趙孟頫; 1254~1322), 선우추(鮮于樞; 1255~1301)가 나란히 대가로 불렸습니다. 조맹부는 정련함으로, 선우추는 호탕함으로 뛰어났습니다.

명나라에 이르러서는 서학의 운치가 매우 처지지만 명가가 많습니다. 축윤명(祝允明; 1460~1526), 동기창(董其昌; 1555~1636), 문징명(文徵明; 1470~1559), 왕탁(王鐸; 1592~1652), 장서도(張瑞圖)가 특히 두드러졌습니다.

청나라에는 유용(劉墉; 1719~1804)을 제일로 칩니다. 고아하고 소박하며 질박하고 풍성함이 남이 따르지 못한다 하였습니다. 청나라 서학의 특색은 옛날의 전예(篆隸)로 거슬러 올라가 연구하는 것입니다. 등염(鄧琰; 1743~1805)과 이병수(伊秉綬; 1754~1815)가 대표적입니다. 건륭제의 열한번 째 아들로 조선 여성에게서 난 성친왕(成親王; 1752~1823)은 여러 서체에 다 통달하였습니다. 평이하고 순탄하여 실용서의 좋은 모범으로 칩니다.

또한 옹방강(翁方綱; 1733~1818)의 해서, 하소기(何紹基; 1799~1873)의 행서, 근래 사람 오대징(吳大澂; 1835~1902)과 오준(吳俊; 1844~1925)의 전서, 정효서(鄭孝胥; 1859~), 우우임(于右任; 1882~) 등이 다 한 때의 거장으로 올랐었습니다.

삼국 시대의 글씨는 어떠하였습니까

한문은 중국 것이니까 그 서법이 항상 중국에서의 변천과 더불어 보조를 맞추는 것이 당연합니다. 진역에서 글씨의 가장 오랜 흔적은 용강의 점제비(秥蟬碑)인데, 전형적인 한예(漢隷)에 속합니다.

그 다음은 국내성의 광개토왕릉비인데, 육조 초기 예해(隷楷)의 호웅혼박(豪雄渾樸)한 서체입니다. 다음은 진흥왕의 4비인데, 힘차고 고아한 육조 말기를 대표하는 해서체입니다. 해서 중에 행서와 초서를 섞어 쓴 것이 퍽 흥미 있습니다.

광개토왕비와 진흥왕비는 당시 진역의 서예가 이미 이만한 정도에 다다랐음을 보여주는 증거로도 귀중하지만, 마침 중국 서학사상에서 자료가 빠져 있는 각각의 시기를 메울 희한한 실적이 된다는 점에서 다시 가치를 더하는 것입니다.

황초령 진흥왕 순수비 탁본
(서울대학교 박물관)

이러한 글씨는 누가 썼을까요. 이름자를 남긴 이는 없으나, 대개 글과 글씨가 당시 승려의 손에서 나왔으리라는 것만은 의심의 여지가 없습니다. 백제가 남긴 글씨의 흔적으로 국내에서 발견된 것은 오직 하나, 충주에서 발견한 석가문상조상기(釋迦文像造像記)가 있습니다. 또 백제 유민의 작품으로 인정받는 것이 일본의 고대 금석(金石)에 약간 있지만 서학적 가치를 가진 것이라고 하기는 어렵습니다.

고구려의 글씨에는 어떤 것이 있습니까

고구려의 글씨는 고도 국내성의 근교에 있는 퉁거우(通溝) 뚱강즈(東岡子)의 광개토왕릉비와 능역에서 출토된 유문전(有文磚)에 있고, 거기서 좀 떨어진 양위터우즈(羊魚頭子: 우리 만포진의 바로 대안)에 모두루 묘지(牟頭累墓誌)가 있습니다.

국내에 있는 것으로는 평양 옛 성벽의 석각(알려진 것은 3종)과 곡산 출토의 삼존불배명(三尊佛背銘)과 광주 출토의 유문와(有文瓦) 등이 지금 남아 있으며, 다 육조 시대 예해(隷楷)에 속하는 것입니다.

특히 광개토왕릉비는 육조 초기 예해의 호웅혼박한 서체 모양을 지니고 있어서 중국 금석에서도 그 유례를 찾기 어려운 걸작입니다. 또 모두루 묘지는 압록강변 한 고묘(古墓)의 현실(玄室) 벽 위에 필사한 진적(眞蹟)을 근년에 우연히 발견한 것입니다.

주인공 모두루가 광개토왕을 따르던 신하임이 밝혀짐으로써 연대가 광개토왕릉비와 동시대의 것임을 추정할 수 있습니다. 필치가 자못 담대하고 자유로워서 능비와 더불어 엄격함과 소탈함의 양 대척을 짓고, 하나는 금석체이고 하나는 필기체로 동시대의 다른 모습을 보여주는 것은 퍽 흥미 있는 점입니다.

그리고 1,500여 년 전 옛 사람의 필사 문자를 그때 그 모양대로 볼 수 있는 것은 '유사유전한진간독(流沙遺傳漢晋簡牘)'을 빼고는 오직 이것만이 있을 뿐입니다. '유사유전한진간독'은 대개 짤막한 문장이지만, 모두루 묘지는 중간 마멸은 있을 법하지만 수미일관한 장편 문장입니다. 이 점에서 거의 동방에서 보기 드문 유일한 유물입니다. 당나라 위속(韋續)의 『서설(書說)』에 의거하면,

구양순은 처음 왕희지의 글씨를 배우다가 나중에 험경(險勁)한 독창적인 서체를 창안하여 당대의 최고를 이루었다. 고구려가 일찍이 사신을 보내 구양순의 글씨를 구하자, 당 고조가 감탄하여 말하기를 "구양순 글씨의 명성이 원방(遠邦)에까지 들렸을 줄은 몰랐다. 그대 나라에서 이 필적을 보고 의당 형모(形貌)가 우람할 것으로 생각하지 아니할 것이다."하니 대개 구양순의 형모가 왜소한 고로 한 말이었다.

고 하였으니, 이 말이 옳으면 구양순의 서체법이 고구려에 전해진 것입니다.

백제의 글씨에는 어떠한 것이 있습니까

백제는 다른 유물이 다 그렇듯이 글씨가 끼친 것도 극히 적습니다. 국내에서 발견된 것에는 충주에서 발견한 석가문조상기 하나와 흩어진 숫자를 새겨 넣은 와명(瓦銘) 몇 개가 있을 뿐입니다. 일본의 가장 오랜 금석에는 당연히 백제 유민의 필적이라고 추정되는 것이 없지 않지만 명확한 증거를 가진 것은 없습니다.

국도 부여에 당평제비(唐平濟碑)와 당유인원기공비(唐劉仁願記功碑)[3]가 있습니다. 글씨는 실로 일대 명작이지만 다 백제와는 관계없는 것입니다. 『남사(南史)』 제(齊)나라 편 중의 소자운전(蕭子雲傳)에 의거하건대,

소자운이 초예(草隸)에 능하여 당대의 모범이 되었다. 백제국 사신이 건업(建業)에 와서 글씨를 구하니, 마침 소자운이 배를 타고 동양 태

---

3 백제 멸망 후인 663년(문무왕 3)경 백제 땅에 진주한 당나라 장수 유인원을 기념해 세운 비이다. 충청남도 부여군 현내면 궁북리 부소산에 있던 것을 현재는 국립부여박물관에서 보관하고 있다. 보물 제21호로 지정되어 있다.

당 유인원 기공비(국립부여박물관)
백제 멸망 후 백제 땅에 진주한 당나라 장수 유인원을 기념해 세운 비이다.

수로 부임하기 위해 배를 타려 하고 있었다. 사신이 저차(渚次)에서 기
다리다가 소자운을 보고 절하고 또 절하면서 척독서폭(尺牘書幅)[4]을 구
하므로 소자운이 그 성의에 감동하여 짐짓 사흘을 배를 세우고 30장을
써 주고 금화 수백만의 사례를 받았다.

는 사실이 기록되어 있으니, 그 서학에 정성을 들임이 얼마나 도타
웠는지를 엿볼 것입니다.

신라의 서체는 어떻게 변천하여 왔습니까

신라는 삼국 중에 비교적 늦게 개명된 나라이지만, 현재 반도 안
에 있는 조선의 가장 오랜 서체 유적은 신라의 진흥왕비들(창녕·북
한산·황초령·마운령의 네 곳)입니다. 그 서체는 육조 말기를 대표하는

---

4 척독은 글이 쓰인 한 자 가량 되는 널빤지를, 서폭은 글씨를 써서 걸 수 있도
록 꾸민 천이나 종이를 뜻한다. 여기서 척독서한은 비유적으로 글씨를 의미
한다.

해서로서 힘차고 품위 있습니다. 해서 중에 행서와 초서의 필획을 섞어 쓴 것이 자못 흥미를 줍니다. 진(陳)대의 비로는 우리나라와 중국을 통틀어 오직 이 비 하나뿐입니다. 비문의 글뜻으로도 그렇지만 당시 신라의 서예가 이미 정도에 다다랐다는 게 도리어 경탄할 만한 사실입니다.

그러면 진흥왕 비문의 작자와 글씨를 쓴 사람은 누구일까요. 비문 중에 바로 표시된 것은 없지만 당시 문사(文史)의 자루가 대개 승려의 손에 쥐어 있던 실정이었으므로, 임금을 따르던 사람들 중 첫머리에 오른 승려인 법장(法藏)이나 혜인(慧忍) 등 가운데 누구일 것이라고 추측해도 억지가 아닐 것입니다.

진흥왕 이후 약 1세기 동안은 신라 흥국(興國) 운동의 고조기로서, 각 방면에서 문화가 죄다 약진하고 있었고 한편으로는 당과의 교통이 지극히 활발하였습니다. 따라서 서학(書學)과 같은 것도 당나라 융성의 영향을 입어서 볼 만한 것이 많았을 텐데, 지금은 증명할 수 있는 유적이 없습니다.

통일 초기인 문무왕대에 들어와서 몇몇 중요한 작품이 등장합니다. 하나는 지리산 화엄사의 석경(石經)이고, 또 하나는 경주의 태종무열왕릉비와 사천왕사비입니다. 사전(寺傳)에 의하면, 석경 제작 연대는 문무왕 17년(677)으로 되어 있습니다. 진역(晉譯)『화엄경』 60권[5]을 당나라 때의 사경체(寫經體)의 해서로써 근엄하게 베껴내 법당의 벽면에 박아 넣었던 것으로, 이후에 불에 타 부서지고 지금은 수많은 파편으로 잔존한 것입니다.

무열왕비는 무열왕의 아들 문무왕대에 건립되었습니다. 김인문

5 불타발타라(佛馱跋陀羅; 359~429)가 한역한 것으로 동진(東晉) 시대에 번역되었다 하여 '진역 화엄경'이라 불린다.『화엄경』의 한역 사업은 이후 당나라 때 두 번 더 이루어졌는데, 이 두 본과 비교하여 '진역 화엄경'을 '구역(舊譯) 화엄경'이라고도 한다.

태종무열왕릉비(경북 경주) 이수 전액(篆額)
글자가 마몰되어 있다.

(金仁問)의 전(篆), 한눌유(韓訥儒)의 글씨라 합니다. 비신은 진작 없어지고 지금은 이수와 귀부만이 있고, '태종무열대왕지비(太宗武烈大王之碑)'라는 전액(篆額) 8자만이 남아 있습니다.

　사천왕사는 문무왕 19년(679)에 완성되었으므로 그 비도 이즈음의 건립으로 추측됩니다. 비 전체가 오랜 동안 간 곳을 모르다가 근래 그 단편 하나를 절터에서 찾아내서 완전한 글자와 깨진 글자를 합하여 열 자의 해서로 된 짤막한 구절을 얻어 보게 되었습니다.

　이제 석경과 사천왕사비를 합하여 보면, 육조의 필의(筆意)는 조금도 끼친 것이 없고 완전히 방정준정(方正峻整)한 당나라 해서로 변해 있음을 명백히 알아볼 수 있습니다.

　문무왕 뒤에 성덕왕 18년(719)에는 경주 감산사의 미륵보살조상기, 성덕왕 19년에는 감산사 아미타여래조상기(이상 행서), 성덕왕 24년(725)에는 오대산 상원사 종명(해서), 혜공왕 7년(771)에는 봉덕사 성덕대왕신종지명(해서), 혜공왕 때 연도 미상의 고선사 서당화

상탑비(행서), 애장왕 2년(801)에는 무장사 아미타여래조상사적비(왕희지체 집자)가 있습니다.

이어 헌덕왕 5년(813)에는 단속사 신행선사비(승려 靈業의 글씨, 행서), 헌덕왕 10년(818)에는 백률사 석당기(해서), 경문왕 12년(872)에 곡성 대안사의 적인선사비(姚克一), 진성왕 7년(893)에는 운봉 심원사의 수철화상비(해서), 헌강왕 10년(884)에는 장흥 보림사의 보조선사비(일부 해서, 金薳 書, 大部 行書, 金彦卿 書) 등이 있습니다.

서예가 갈수록 현저하게 발달하고, 그것이 그대로 당 해서, 특히 구양순체의 확장으로 이어지다가 신라말의 여러 비에 이르러서는 구양순체가 거의 독보적이 되었습니다. 최치원이 짓고 최치원의 종제(從弟)인 최인곤(崔仁滾)이 쓴 성주사 낭혜화상비, 김영(金頴)이 짓고 승려 몽순(蒙淳)이 쓴 월광사 원랑선사비, 최치원이 짓고 승려 혜강(慧江)

성덕대왕 신종
글씨(명문) 부분

쌍계사 진감선사 대공탑비
이수 전액(경남 하동)

이 쓴 봉암사 지증대사비, 최인곤이 짓고 승려 행기(行期)가 쓴 봉림사 진경대사비 등이 대표적인 것들입니다. 또한 최치원이 짓고 쓴 쌍계사 진감선사비는 구양순의 뼈에 안진경의 살을 붙여서 특색을 나타냈습니다.[6]

6 전통 시대에 비갈은 여러 사람의 손을 거쳐 완성되었다. 찬자(撰者)는 비문의

조선 서학상에서 김생의 지위를 말씀하여 주십시오

『삼국사기』본전(本傳)에 의거하건대,

> 김생(金生)은 부모가 미천하여 그 가계를 알지 못한다. 성덕왕 10년
> (711)에 태어났다. 어려서부터 글씨를 잘 썼다. 평생 동안 다른 기예는
> 공부하지 않았으며, 나이가 80이 넘어서도 오히려 붓을 잡고 쉬지 않았
> 다. 예서 · 행서 · 초서가 모두 입신의 경지에 이르렀다. 지금도 때때로
> 그의 친필이 있는데, 학자들이 그것을 전하여 보배로 여긴다.
>
> 고려 숙종 때 학사 홍관(洪灌)이 진봉사(進奉使)를 따라 송나라에 들어
> 가 변경(汴京)에 묵었다. 그때 한림 대조(待詔) 양구(楊球)와 이혁(李革)이
> 황제의 칙명을 받들고 숙소에 왔다. 그림 족자에 글씨를 썼는데, 홍관
> 이 김생의 행서와 초서 한 권을 그들에게 보여 주었다.
>
> 두 사람이 크게 놀라 "오늘 왕우군(王右軍)[7]이 손수 쓴 글씨를 보게
> 될 줄 몰랐다"고 말하니, 홍관이 "아니오. 이것은 신라 사람 김생이 쓴
> 것이오."라고 말하였다. 두 사람은 웃으면서 "천하에 우군을 제외하고
> 신묘한 글씨가 어찌 이와 같을 수 있겠소?"라고 말하였다. 홍관이 여러
> 번 말하여도 끝내 믿지 않았다.

라고 합니다. 김생이 진역의 서성(書聖)으로서 고금에 독보적임은
누구나 인정하고 있습니다. 이를 조선 서학사상으로부터 살펴보겠
습니다.

한나라의 예서, 진나라의 행서, 당나라의 해서가 그때마다 진역

글을 짓는 사람이고, 서자(書者)는 찬자가 지어준 비문을 글씨로 쓰는 사람이
다. 비문의 제목은 전서(篆書)로 써서 전액(篆額)이라 하였는데, 이 전액은 별
도로 전서를 잘 쓰는 사람에게 쓰게 했다.
7 왕희지(王羲之)의 다른 이름이다.

으로 전해졌습니다. 신라로 말하면 진흥왕비 이래로 2세기를 지나는 동안에 대체로 베껴 모방하는 정도를 벗지 못하다가 김생이 출현하게 되면서 탁월한 천품과 뛰어난 공부로써 고금을 녹여내어 비로소 독특한 경지를 열었습니다. 진실로 조선 서예의 독립은 이때에 있었다고 볼 것입니다.

이인로(李仁老)가 "김생이 붓을 쓰는 게 신(神)과 같아 초서도 아

백련사의 만덕산,
백련사 현판(전남 강진)

닌 듯 행서도 아닌 듯하니, 멀리 57종의 제가(諸家) 서체의 형세로부터 나왔다."고 하고, 또 "김생은 필법이 기묘하여 진(晉)나라·위(魏)나라 사람들이 발돋움하여 바라볼 수 없을 정도이다."라고 한 것이 다 정곡을 찌른 말로 결코 과한 칭찬이 아닙니다.

김생의 진적(眞蹟)이 고려 중엽까지 더러 전해왔음은 『삼국사기』에 보인 바와 같습니다. 이조 이후에도 창림사비와 산거첩 석본(山居帖 石本)과 경주의 대로원의 작은 편액과 강진의 "만덕산(萬德山) 백련사(白蓮寺)" 여섯 대자(大字)가 근세까지 전해져 감상할 수 있었습니다.

그러나 근 12세기 간에는 이것저것이 다 없어지고, 오직 고려 광종 5년(954)에 승려 단목(端目)이 김생의 글씨를 집자(集字)하여 새겨 세운 봉화 태자사 낭공대사백월서운탑비(郎空大師白月栖雲塔碑; 통칭 백월비) 하나가 돌아다닐 따름입니다.

세상에서는 김생이란 이름이 그대로 온통 그의 이름인 줄 모르고 후세의 통념으로 성은 김이고 이름은 없어진 것처럼 생각하며, 호사가 중에는 그 이름이 구(玖)라고 헛되이 지어낸 이도 있습니다.

다 턱없는 일이며, 좀 더 내켜 생각하면 김생이 본래 중이고, 중의 이름이 김생이었는지도 모를 것입니다.

고려 시대의 서학은 어떠하였습니까

신라 말엽에 서학이 두드러지게 구양순 본위로 모아지다가 고려에 들어와서 그 경향이 더욱 빨라졌습니다. 약간의 예외를 빼고는 붓대를 잡는 이는 거의 다 솔경체(率更體: 솔경은 구양순의 자)를 쓴다고 할 만하였습니다.

신라 말 고려 초의 서예가인 최인곤(崔仁滾) 등은 말할 것도 없고, 아래와 같은 주요 석문(石文)이 다 각양각태의 구양솔경체로 쓴 것들입니다.

- 태조 20년(937) 이환상(李奐相)가 쓴 광조사 진철대사비
- 태조 22년(939) 이환추(李奐樞)가 쓴 보리사 대경대사비와 비로암 진공대사비
- 태조 23(940) 구족달(具足達)이 쓴 지장선원 낭원대사비
- 태조 26년(943) 구족달이 쓴 정토사 법경대사비
- 혜종 원년(944) 최윤(崔潤)이 쓴 흥녕사 징효대사비
- 혜종 원년(944) 승려 선경(禪冏)이 쓴 오룡사 법경대사비
- 정종 원년(946) 유훈율(柳勳律)이 쓴 무위사 선각대사비
- 광종 9년(958) 승려 현가(玄可)가 쓴 옥룡사 통진대사비
- 광종 26년(975) 장단열(張端說)이 쓴 고달사 원종대사비
- 경종 3년(978) 한윤(韓允)이 쓴 보원사 법인국사비
- 현종 8년(1017) 작자 미상의 정토사 홍법국사비
- 현종 12년(1021) 채충순(蔡忠順)이 쓴 현화사비
- 현종 16년(1025) 김거웅(金巨雄)이 쓴 거돈사 원공국사비

- 현종 17년(1026) 백현
  례(白玄禮)가 쓴 홍경사
  비갈
- 연대·작자 미상의 양
  주 도봉산 영국사 혜
  거국사비
- 문종 8년(1054) 임호(林
  顥)가 쓴 부석사 원융
  국사비
- 문종 14년(1060) 민상
  제(閔賞濟)가 쓴 칠장사
  혜소국사비
- 연도는 미상이고 문종
  이 쓴 삼천사 대지국
  사비
- 선종 2년(1085) 안민후
  (安民厚)가 쓴 법천사
  지광국사비

봉선 홍경사 적갈비(충남 천안)

법천사 지광국사 현묘탑비 두전(강원 원주)

- 숙종 6년(1101) 고세칭(高世偁)이 쓴 흥왕사 대각국사묘지

구양순체가 아닌 것으로 태조 때 당 태종의 글씨를 집자한 홍법
사 진공대사비와 광종 때 김생 글씨를 집자한 태자사 낭공대사백
월비 같은 것들이 있지만 이는 물론 논외입니다.

고려는 광종 9년(958) 때부터 중국처럼 과거제를 시행하였고, 시
험 과목 중에 서업(書業)[8]이 들어 있습니다. 내용은 『설문(說文)』·

---

8 고려 시대에 관청의 기록을 담당할 기술관을 뽑는 시험으로 정식 명칭은 명

『오경자양(五經字樣)』의 문의(文義)와 진서(眞書)·행서·전서·인문(印文)의 서품(書品)을 시험하였습니다. 과거 제도가 분명히 당의 제도를 이어받았기 때문에 당나라 서학의 주조인 솔경체가 그대로 고려 서업의 원칙이 되었을 것입니다.

고려 이래 약 1세기 반 동안은 솔경체가 홀로 앞서 내려오다가 문종을 끝으로 하고 숙종(1096~) 대에 들어서면서부터 차차 반동의 기세가 나타났습니다. 먼저 김생으로 돌아가고 왕희지로까지 거슬러 올라갔습니다. 그 선구자가 홍관(洪灌; ~1126)이었습니다.

홍관은 학문에 힘쓰고 글씨 쓰기를 좋아하였고, 신라 김생의 필법을 본떠서 시류에 뛰어나고 평생 잠시도 김생의 글씨를 몸에서 떼어놓지 않았습니다. 숙종 9년(1104)에 송나라 사행에 끼어 갔는데, 송나라 학사들이 김생의 행서와 초서를 보고 왕희지의 글씨로 오인하였다는 것은 역사상 유명한 사실입니다.

홍관과 동시대인이자 바로 뒤를 잇는 사람으로 승려 탄연(坦然; 1069~1158)이 있는데, 글씨로는 오히려 홍관보다 더 이름났습니다. 김생·요극일(姚克一)·탄연·영업(靈業)이 다 왕희지를 본받아 높다랗게 기치를 날린 자들이고, 홍관과 탄연은 고려 서학의 대표적인 두 대가로 치는 이들입니다. 홍관과 탄연의 뒤로 왕희지와 김생의 서법이 차차 솔경체를 누르기 시작하여 마침내 고려 중엽 이후에는 서원(書苑)의 주축을 이루게 되었습니다.

명종 15년(1185)의 직지사 대장전비, 충렬왕 21년(1295)의 인각사 보각국사비와 같은 것은 다른 예이지만, 명종 2년(1172) 승려 기준(機俊)의 단속사 대감국사비, 명종 11년(1181) 최선(崔詵)의 용수사 개창비, 연도 미상인 최선의 분황사 화쟁국사비, 명종 15년(1185) 유공권(柳公權)의 서봉사 현오국사비, 고종 11년(1224) 김효인(金孝

_____

서업(明書業)이다.

印)의 보경사 원진국사비, 충렬왕 24년(1298) 김순(金恂)의 동화사 홍진국존비, 충혜왕 3년(1342) 전원발(全元發)의 법주사 자정국존비, 우왕 5년(1379) 한수(韓脩)의 신륵사 보제선사비, 우왕 9년(1383) 권주(權鑄)의 신륵사 대장각기, 우왕 9년(1383) 설경수(偰慶壽)의 신륵사 음기가 다 진체(晉體; 왕희지의 서체)

신륵사 대장각기 글자 부분
(경기 여주)

입니다. 고려 말기의 승려 혼수(混修), 성석린(成石璘) 등이 또한 진체의 명가로 이름났습니다.

고려 중엽 이후에도 솔경체가 아주 없어진 것은 아닙니다. 또한 예종 14년(1119) 이원부(李元符)의 반야사 원경화상비는 저수량(褚遂良)의 서법이고, 인종 3년(1125) 오언후(吳彦侯)의 영통사 대각국사비와 연도 미상인 탄연의 승가굴 중수기는 안진경의 서법입니다. 곽예(郭預)·문공유(文公裕)·문극겸(文克謙)·박효문(朴孝文) 등 명가들이 다 제각각 좋아하는 바를 좇았지만, 영도적 지위가 이미 진체로 옮겨가 있었음은 분명한 사실입니다.

한편으로 고려와 원은 정치와 문화를 통하여 한 집안의 관계에 있었고, 충선왕 같은 이는 원의 도읍에 있으면서 만권당(萬卷堂)을 짓고 내외의 문학지사(文學之士)를 모아서 문사(文史)의 논구를 일삼았습니다. 그 중에 원대의 대표적 서예가 조맹부(趙孟頫)의 필법이 은연히 본국으로 유입되었습니다.

당시 나라 사람들로서 저들과의 수작(酬酌)[9]을 담당한 이가 이제현(李齊賢)이므로 이제현이 실로 촉체(蜀體; 조맹부의 필법) 수입의 선

---

9 술잔을 서로 주고 받는다는 뜻에서 발전하여 서로 말을 주고 받는 것을 뜻한다.

구자이었습니다. 본국에서는 이군해(李君侅; 후에 개명하여 李嵒)가 실로 촉체에 능통하기로 이름났습니다. 충숙왕 14년(1327)의 문수사 장경비가 그의 대표작이며, 이암의 아들 이강(李岡)이 가학을 이어 세상에 알렸습니다.

고려의 서학은 대체로 전기는 솔경체가 주축이고, 후기는 진체가 주축으로 진행되었습니다. 말기에 이르러 촉체가 들어와서 한 번 새로운 기운을 만들 수 있게 되었으나, 그럴 겨를이 없어 이 약속을 이조에 넘겨 주었습니다.

진체니 촉체니 하는 것은 무슨 출처에 따른 말입니까

중국에서 서학이 확실히 성립되기는 진(晉) 대입니다. 종요·위부인·왕희지·왕헌지(王獻之) 같은 천고의 서학 영웅들이 다 이때에 나타났으니 이들을 중심으로 한 진대의 서법이 마땅히 다 진체(晉體)가 되어야겠지만, 실제로는 그렇지 않습니다.

진대의 대표적 서예가인 왕희지(321~379)의 필법만을 오로지 진체로 일컫는 것이 통례입니다. 왕희지가 동진에서 우군장군(右軍將軍)의 관직에 있었기 때문에 우군체(右軍體)라고도 부릅니다. 왕우군은 서성(書聖)의 이름을 얻었기 때문에 역대의 서학은 그의 서체를 최고의 모범으로 삼았습니다.

왕희지의 대표작인 「낙의론(樂毅論)」·「난정서(蘭亭序)」·「17첩」·「집자삼장성교서(集字三藏聖敎序)」 등은 판각본으로 성행하고, 그것들은 고려 이래로 대개 다 진역에도 전해져 판각되어 있습니다. 또 신라 정강왕 원년(886)의 선림사 홍각선사비, 고려 명종 15년(1185)의 직지사 대장전비, 충렬왕 21년(1295)의 인각사 보각국존비 등 그 집자비도 여럿이 있습니다.

촉체(蜀體)는 원나라 조맹부(1254~1322)의 글씨를 조선에서 부르

선림원지 홍각선사탑비 귀부 전액(강원 양양)

는 말입니다. 조맹부는 후저우(湖州) 사람이고 벼슬과 봉작 모두 다 촉과 아무런 관계가 없는데 왜 조맹부 글씨를 촉체라 하는지 이유를 알 수 없습니다. 유득공(柳得恭)의 『경도잡지(京都雜志)』에는 "촉(蜀)은 초(肖)의 잘못으로, 초(肖)는 조(趙)의 반자(半字)이다."라고 하였습니다.

여하간 이조 초엽부터 조맹부의 서법이 일세를 풍미하여 「증도가(證道歌)」·「자지가(紫芝歌)」·「천자문」·「적벽부」·「동서명(東西銘)」 등이 조정의 명으로 각지에서 판각되어 일반에게 전해졌습니다. 조맹부는 호를 송설도인(松雪道人)이라고 하였기에 그 글씨를 송설체라고도 합니다.

이씨 조선의 서학은 어떠하였습니까

고려 말에 조맹부의 서법이 일부에서 유행하긴 했으나 일대의 호상(好尙)을 받기까지는 이르지 못하더니, 이씨 조선에 들어와서

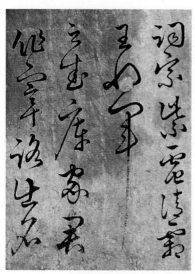

한석봉 글씨
한석봉이 류여장에게 준 서첩
이다.

예원(藝苑)의 요로에 신경향파가 많고, 세종의 왕자 안평대군 이용(李瑢) 이하 임금 또는 왕손의 서예가가 다 조맹부를 숭상하게 되면서 조맹부의 서법, 이른바 촉체(蜀體)란 것이 드디어 이조 전기 서학의 주조를 이루었습니다.

그러나 조맹부의 서법은 끝내는 서학의 대종(大宗)이 되지는 못하였고, 정통 서학은 의연히 진체(晉體)에 의거하게 되었습니다. 세종 17년(1435)에 승문원 사자관(寫字官)의 자획이 바르지 않아서 진자(晉字)를 법칙으로 삼게 하니, 이로부터 일반의 서학이 어떻게 변하든 간에 국가 공인 글씨의 기준은 언제나 진체를 모범으로 하였고 감히 고치지 못하였습니다. 사자관은 국가의 공용 문자, 특히 중국에 대한 외교 문서를 서사(書寫)하는 임무를 맡았는데, 글씨가 우아한지 속된지, 정교한지 졸렬한지 여부는 당시 국가 문화의 대외 표상으로 중요하였던 것입니다.

이렇게 일반인의 호상(好尙)은 촉체로 많이 기울었지만 국가 정칙(正則)의 서법인 진체도 상당한 지위를 가지고 있는 양립 상태로 두 세기를 지냈습니다. 그러다가 선조 때에 한호(韓濩: 石峯)가 진체의 대가로 일대의 중진이 되면서부터 진체가 단연히 서원(書苑)의 저울대를 붙잡아서 두 세기 동안 이 추세가 지속되었습니다.

영조와 정조 때에 안에서 일반 사상의 변화 기운이 움직이자 밖에서는 건가(乾嘉)[10]의 학풍이 스며들어와 모든 문화 사상(事象)이

10 건륭가경(乾隆嘉慶)의 준말이다. 건륭은 청나라 건륭제의 연호로 1736년

「세한도」 중 화제 부분(국립중앙박물관)
추사 김정희(1786-1856) 작품으로 제주도에서 귀양살이 하던 59세 때의 작품이다.

뒤잡아 흔들리게 되었습니다.

이런 가운데 서학이 또한 누추한 옛 투식을 벗고 자유 활달한 생명을 전개하려 하였습니다. 이에 한 · 위 · 진 · 당 · 송 · 원 · 명 · 청 내지 신라 · 고려의 제가제류(諸家諸流)가 죄다 새로운 약동을 시험하고 많은 변전을 거듭하였습니다.

그런 뒤에 김정희(金正喜)라는 재주와 학문을 두루 갖춘 거장이 나와서 조선의 독특한 서학 경지를 개척하고, 멀리 신라의 김생과 더불어 천고에 서로 호응하여 진인의 서예적 능력을 천하에 시원하게 과시하였습니다.

김정희 이후에는 그 보무(步武)를 추진하는 사람이 아직 드물고, 부동적인 약간의 서예가가 새벽녘 달과 별의 스러진 빛줄기를 사이사이 쏘는 데 그치고 있는 것이 오늘날의 현상입니다. 이제 이조 5백 년간의 주요 서예가를 서체별로 열거해 보면 아래와 같습니다.

부터 1795년까지 60년간 쓰였고, 가경은 건륭제의 아들 가경제의 연호로 1796년에서 1820년까지 25년간 쓰였다. 이 시기는 청나라의 국세가 극에 달하고 있어 건가성세(乾嘉盛世)라고도 표현된다. 건가의 학풍이란 이 시기에 발전했던 고증학을 이른다.

- 진체(晉體) : 성석린(成石璘), 승려 만우(卍雨), 신장(申檣), 김돈(金墩), 강석덕(姜碩德), 안숭선(安崇善), 성삼문(成三問), 김구(金絿), 이황(李滉), 황기로(黃耆老), 송인(宋寅), 양사언(楊士彦), 신효중(申孝仲), 윤근수(尹根壽), 백광훈(白光勳), 한호(韓濩), 승려 선수(善修), 유몽인(柳夢寅), 이해룡(李海龍), 금산군(錦山君) 이성윤(李誠胤), 이숙(李淑), 최전(崔澱), 김류(金瑬), 오익(吳翊), 윤신지(尹新之), 승려 각성(覺性), 이현(李袨), 오준(吳竣), 이지정(李志定), 의창군(義昌君) 이광(李珖), 허목(許穆), 이득원(李得元), 윤순거(尹舜擧), 윤학문(尹文學), 윤선거(尹宣擧), 해원군(海原君) 이건(李健), 이정영(李正英), 이명빈(李明彬), 이익신(李翊臣), 이수장(李壽長), 이서(李漵), 윤두수(尹斗緖), 윤순(尹淳), 엄한명(嚴漢朋), 이광사(李匡師), 김상숙(金相肅), 남유정(南有定), 조윤형(曺允亨), 이사국(尹師國), 윤필병(尹弼秉), 나열(羅烈), 현재덕(玄在德), 이지화(李至和)

- 촉체(蜀體) : 최흥효(崔興孝), 문종(文宗), 박팽년(朴彭年), 안평대군(安平大君) 이용(李瑢), 성임(成任), 정난종(鄭蘭宗), 안침(安琛), 임사홍(任士洪), 성종(成宗), 박경(朴耕), 박증영(朴增榮), 김희수(金希壽), 신공제(申公濟), 소세양(蘇世讓), 성수침(成守琛), 박눌(朴訥), 김노(金魯), 이택(李澤), 김인후(金麟厚), 성혼(成渾), 이산해(李山海), 이제신(李濟臣), 이충원(李忠元), 김현성(金玄成), 이우(李瑀), 남언순(南彦純), 이홍주(李弘冑), 장유(張維), 신익성(申翊聖), 김좌명(金佐明), 유혁연(柳赫然), 심익현(沈益顯), 조광강(趙正綱), 오태주(吳泰周)

- 진체 · 촉체 겸비 : 강희안(姜希顏), 조문수(曺文秀), 강세황(姜世晃)

- 구양순체(歐陽詢體) : 김정희(金正喜), 지운영(池雲永)

- 저수량체(褚遂良體) : 오경림(吳慶林), 김경림(金景林)

- 우세남체(虞世南體) : 정학교(丁學敎)

- 안진경체(顏眞卿體) : 박태웅(朴泰維), 조광진(曺匡振), 오경석(吳慶錫), 이희수(李喜壽), 조주승(趙周昇), 현채(玄采), 김돈희(金敦熙)

- 미불체(米芾體)[11] : 윤정기(尹廷琦; 舫山), 김성근(金聲根)

- 문징명체(文徵明體)[12] : 윤순(尹淳)
- 동기창체(董其昌體)[13] : 이상적(李尙迪), 이남식(李南軾), 박민영(朴晦榮)
- 옹방강체(翁方綱體)[14] : 신위(申緯), 이조묵(李祖默)
- 하소기체(何紹基體)[15] : 박태영(朴台榮), 지창한(池昌翰)
- 육조체(六朝體) : 신작(申綽), 김석준(金奭準), 김준영(金準榮)

진역에서 생긴 서체에는 무엇무엇이 있습니까

물론 진역의 글씨는 중국의 서체·서법을 배우는 데서 출발하지
만, 한 서예가나 여러 서예가의 서법을 배운 뒤에 스스로 한 중심
축을 이루어 운필(運筆)이나 작자(作字)에 독자적인 색채를 가지면
그것을 좋아하는 이가 서로 전습하여 누구의 체라는 이름이 생깁
니다.

진역에서 생긴 서체의 주요한 것을 들어보면, 첫째 신라의 김생
체이고, 다음 고려에서는 탄연체입니다. 이씨 조선에는 김구의 인
수체(仁壽體: 그가 살던 仁壽坊에서 비롯한 이름), 한호의 석봉체, 이광사

---

11 미불(1051~1107)은 중국 북송의 서예가·화가이다. 글씨로는 송4대가의
   하나로 꼽히며, 왕희지의 서풍을 이었다. 글씨뿐 아니라 수묵화·문장·시
   ·고미술 일반에 대하여도 조예가 깊었다.
12 문징명(1470~1559)은 중국 명나라의 서예가·화가이다. 글씨로는 명나라
   4대가의 한 사람으로 불리며, 그림으로는 산수·화조를 잘 그렸다.
13 동기창(1555~1636)은 중국 명나라 말기의 문인, 화가 겸 서예가이다. 서예
   가로서 명대 제일이라고 불리며 형동(邢侗)과 어깨를 겨루어, 북형남동(北邢
   南董)이라 불렸다.
14 옹방강(1733~1818)은 중국 청나라 학자로, 특히 금석학, 비판(碑版), 법첩
   학(法帖學)에 정통하였다. 청나라 법첩학 4대가 중의 하나로 꼽는다. 서예는
   당나라의 해서·행서와 한나라의 비석에서 배운 예서에 능했다.
15 하소기(1799~1873)는 청나라 후기의 대표적 서예가이다. 처음에 안진경을
   배우다가 후에 완원(阮元)에 사사하여 금석비첩을 배웠고, 한대 전예(篆隷)
   에 독자적인 경지를 열었다.

의 원교체(圓嶠體), 김상숙의 직하체(稷下體; 직하는 그가 살던 동네 이름), 현재덕의 엄산체(弇山體; 그의 호에서 딴 것), 김정희의 추사체(秋史體), 정학교의 향수체(香壽體; 그의 호에서 딴 것) 등이 있습니다.

이밖에 국부적인 것으로는 신덕린(申德隣)의 덕린체(德隣體; 筆札), 허목의 미수체(眉叟體; 岣嶁篆), 박종훈(朴宗薰)의 두계체(荳溪體), 이종우(李鍾愚)의 석농체(石農體), 이삼만(李三晩)의 창암체(蒼巖體; 그 제자 牟受明의 牟體) 등이 있습니다.

이조 이후에 김생체를 잇는 원류를 듣고 싶습니다

김생은 진역 서학의 조종(祖宗)으로서, 신라와 고려 이래의 대가라면 김생을 참고하고 연구하지 않은 사람이 거의 없습니다. 이조 이후에도 한호나 이광사 같은 이의 필획이 그 골격을 김생에게서 얻은 것임은 얼른 알아 볼 수 있는 일입니다.

김생의 모골을 그대로 이어받은 명가로는 홍춘경(洪春卿), 변헌(卞獻), 이현(李袨), 정생(鄭生) 등이 있습니다. 신대우(申大羽)와 같은 이는 백월비를 배워서 약간 변통한 자입니다. 정생(鄭生)은 정조 때의 반촌인(泮村人)[16]으로 김생체를 잘 써서 임금에게 대우받았고, 수원성이 완공되자 팔달문의 편액을 썼습니다.

액체니 설암체니 하는 것은 무엇입니까

액체(額體)란 전각·누정의 현판에 쓰는 서체입니다. 고려 말 이

---

16 조선 시대 성균관의 사역인들이 거주하던 성균관 동·서에 있던 동네를 반촌이라 한다. 반촌 거주민은 반인(泮人)·관인(館人)이라고 불렸는데, 이들은 6개월마다 번(番)을 나눠 입역하였고 그렇지 않은 자들은 각기 상업 등의 생업에 종사하였다.

조 초에 조맹부와 동시대인인 이광부(李光溥)의 글씨를 편액에 애용하게 되어, 액체라 하면 곧 설암체를 의미하게 되었습니다. 설암체의 명인으로는 이조 초에 신장(申檣)과 성임(成任) 등이 있습니다.

여류 서예가에는 누가 있습니까

진역에서는 여자에게 학문의 길을 주지 않았기 때문에 시문이건 서화건 간에 배울 길이 없었습니다. 그러나 타고난 재능을 스스로 버리지 못하여 어깨 너머 공부로 심오한 예술의 경지에 들어간 이들이 더러 있었습니다.

우선 글씨 쪽을 보겠습니다. 성종 때의 강(姜)씨는 강희안의 딸이고 김필(金珌)의 어머니로, 글씨로 이름을 전하였습니다. 명종 때의 신(申)씨 사임당(師任堂)은 이이(李珥)의 어머니로, 문한서화(文翰書畵)·침선자수(針線刺繡)에 다 정교하여 진역 규수 중에 가장 뛰어났습니다.

신사임당 동상(강원 강릉 오죽헌)

선조 때 서익(徐益)의 소실 아무개 씨는 대자(大字)의 액서(額書)에 능통하다고 칭찬을 받았습니다. 인조 때의 장(張)씨는 이현일(李賢逸)의 어머니로, 위나라 종요의 글씨를 본받아 전칙(典則)이 있고, 정조가 가져다 보고 크게 칭찬을 더하였습니다.

정조 때의 강(姜)씨 정일당(靜一堂)은 윤광인(尹光演)의 처로, 시율(詩律)에 능하고 경학에 통하고 또 문장 쓰는 것에 정교하였는데, 특히 초서와 해서로 이름났습니다.

이상은 행장(行狀)[17]이 실물로 세상에 전하여 누구나 아는 바이지만, 옛날 풍기로 규방의 일은 아무쪼록 꺼리고 감추었기 때문에 재주와 학문이 넉넉했는데도 알려지지 못한 사람도 물론 많습니다.

서울 안에 있는 유명한 현판 글씨의 임자를 들려주십시오

남대문의 숭례문 현판은 명종 때 유진동(柳辰仝)의 글씨이고, 동대문의 흥인지문(興仁之門) 현판은 역시 명종 때 이황의 글씨입니다. 창덕궁의 금호문(金虎門)은 성종 때 서거정(徐居正)의 글씨입니다. 경복궁의 광화문(光化門)은 고종 때 정학교(丁學敎)가 썼고, 덕수궁의 대한문(大漢門)은 고종 때 이종태(李鍾泰)가 썼습니다.

궁궐문 액자(額字)로 가장 유명했던 것은 경희궁(속칭 새문안 대궐) 정문의 흥화문(興化門) 현판입니다. 선조 때 명필 이해룡(李海龍)의 글씨입니다. 전하는 얘기에 의하면, 밤이면 신광(神光)이 종로 대로를 환하게 비췄었는데, 임진왜란 때에 왜인이 이를 시샘하여 조총을 쏘아 맞힌 뒤에 그 빛이 없어졌다고 합니다. 아닌 게 아니라 화(化) 자의 머리에 탄흔인지 화살자국인지가 남아 있었습니다.

고종 20년(1883)에 흥화문 내에 두었던 자초소(煮哨所)가 폭발한

---

17 사람이 죽은 뒤에 평생 동안의 이력과 업적을 기록한 글을 말한다.

뒤로 경희궁이 차차 황폐하였으나
홍화문과 현판은 그대로 남아 있더니,
1932년에 이르러 홍화문을 헐어서 장충단
으로 옮겨 세우고 현판도 따라가서 지금
도 옛 자취를 볼 수 있습니다.[18]

숭례문 현판
명종 때 유진동이 쓴 글씨이다.

---

18 홍화문은 1988년 서울시의 경희궁 복원 계획의 일환으로 원래의 자리로 이
전하여 복원되었다.

8

회 화

미술이란 말은 언제 생겼고 무슨 뜻입니까

미술(美術)이란 말은 일본인이 메이지 초년에 영어 "fine art"를 번역한 말로, 동양 옛날에는 없었던 것입니다. 그 어의를 근원적으로나 학술적으로 말하기는 심히 거추장스러운 일이어서 여기서는 피하겠습니다. 다만 상식적으로 말하자면 미술이란 것은 사람의 미적 감정이 어느 형체의 위에 발현하는 솜씨를 이른다고 할 수 있습니다.

통틀어 미술이라고 하지만 그 유래와 형태와 용도에 따라 여러 가지 구별이 있습니다. 첫째, 형상으로 표현되는 종류는 공간 미술 혹은 조형 미술이라고 합니다. 회화(동양에서는 서예를 포함) · 조각 · 건축 · 공예 등이 여기에 해당합니다. 둘째, 시간에 의거하여 표현되는 시간 미술이 있습니다. 음악 · 시문이 여기에 해당합니다. 셋째, 공간과 시간을 한데 어울러서 구성하는 또 한 종류 즉 무용 · 연극 등 종합 미술이 있습니다.

이밖에도 여러 가지 분류 방법이 있습니다. 이를테면 감수(感受)하는 관능에 따라 시각 예술, 청각 예술, 시청 예술 또는 상상 예술 등으로 구분하는 것이 한 예입니다. 미술과 예술은 대체로 공통의 의미를 지닌 말입니다. 그러나 보통 사용하는 미술이라는 말은 대개 조형 미술을 의미하며, 더 좁게는 회화와 조각을 가리키기도 합니다.

진역에서 가장 오랜 회화는 무엇입니까

진역에는 원시 시대의 회화 유적으로 대단한 것이 없습니다. 지난 왜정 1929년에 두만강 어귀에 가까운 웅기의 조개무지에서 나온 석기 시대 토호(土壺)에 홍단(紅丹)을 바탕으로 하고 어깨 부위에 흑색으로 꽃잎 비스름한 문양이 그려져 있는 것이, 말하자면 현존 최고(最古)의 그림이라 할 수 있습니다(경복궁 국립박물관 소장).

그 다음으로 제법된 회화로는 대동강 연안을 중심으로 분포해 있는 낙랑 시대(서기전 108~313)의 고분에서 나오는 칠기(漆器)에 그려진 무늬입니다. 놀랍게 발달한 칠기의 겉면에 섬세한 선으로 신선과 다른 물형을 그렸는데, 자못 정교하고 생동감이 넘칩니다. 어떤 것은 육안으로는 알아보기 어려울 만큼 가는 선으로 동물이 질주하는 모양을 나타낸 것도 있습니다.

왕우묘(王旰墓)[1]에서 출토된 칠반신선도(漆盤神仙圖), 대모(玳瑁)[2]로 만든 작은 함에 그려진 날개 달린 인물, 채협총(彩篋塚)[3]에서 출토된 채색 상자의 인물 군상도 등이 두드러진 유물입니다. 이것들은 물론 칠기공들의 솜씨에 지나지 않지만, 한위(漢魏) 시대의 이러한 육필 그림은 중국 본토에도 거의 없는 것으로서 동양 미술사상의 크나큰 보물들입니다.

고구려의 회화는 어떠하였습니까

고구려는 압록강 계곡을 중심으로 흥기한 나라입니다. 남쪽으로

---

1 평안남도 대동군 석암리에 있는 낙랑 시대의 무덤이다. 1925년 도쿄제국대학 문학부가 발굴한 목곽묘로, 가운데에 있는 목관에서 목제 도장이 출토되어 '왕우묘'라고 한다. 일명 '대동 석암리 205호분'이라고도 한다.
2 바다 거북의 일종으로, 등껍데기가 빛깔의 변화가 많아 대모갑(玳瑁甲)이라 하여 공예품이나 장식품으로 쓰인다.
3 평안남도 대동군 남천면 남정리에 있는 낙랑 시대의 횡혈식 목실분이다. 1931년 조선고적연구회가 발굴할 당시 '남정리 제116호분'으로 명명하였다. 유물 중 가장 주목되는 것은 채화칠협이다. 네 귀와 덮개의 윗면과 옆면에는 흑칠 바탕 위에 주·적·황·녹·다갈색 및 엷은 흑색 등을 사용해 각종 문양과 함께 100여 명에 이르는 인물화를 그려 넣었다. 이 특색 있는 유물로 인해 이 고분은 '채협총'으로 불리게 되었다.

는 낙랑 문화를 섭취하고, 서쪽으로는 한위(漢魏) · 육조, 북쪽으로는 흉노와 그 너머에 있는 서역 지방의 영향을 받았습니다. 그래서 다른 문물과 함께 조형 미술, 특히 회화는 꽤 일찍부터 발달하였습니다. 지상 유물은 거의 볼 것이 없지만, 압록강과 대동강 유역의 도읍지 부근에 있는 당시대 고분에서 발견되는 무수한 벽화와 천정화는 그들의 우수한 예술 솜씨를 세계에 자랑하게 되었습니다.

고구려의 고분은 연석 · 흙 · 회토로 네 벽을 두른 다음 그 위에 돌 천정을 얹고, 구덩이 속으로 들어가는

삼실총 갑주 무사 그림
(중국 지안)

통로의 좌우에도 돌벽이나 흙벽을 만들었습니다. 이 벽면(대개는 토총의 벽면)에 무덤 임자의 생활을 나타내는 갖가지 그림을 그리거나 사신도(四神圖)를 나누어 그렸습니다. 천정 · 완목(腕木) · 두공(斗栱) 등의 부분마다 일월성신 · 구름 · 화초 · 새 · 벌레 · 천인(天人) · 괴물 등을 찬란하게 채색하여 그려 넣었습니다.

그 중 주요한 유물을 들어보겠습니다. 압록강 방면에는 퉁거우 오괴분의 삼실총 누각무사도(樓閣武神圖), 신사신총의 사신도와 영수도(靈獸圖), 산연화총의 여러 모양의 연화도, 무용총의 무용도와 수렵도가 있습니다.

대동강 방면에는 대동군 노산리 개마총의 사신도와 노부도(鹵簿圖), 호남리 사신총의 사신도, 순천군 북창면 송계동천 왕지신총의 무덤 주인 부부도와 괴수도(怪獸圖), 용강군 대대면 매산리 사신총의 사신도와 일족수렵도(一族狩獵圖), 용강군 신녕면 화상리 감신총

의 배신도(拜神圖), 용강군 지운면 안성동 대총의 궁전누각도, 안성동 쌍영총의 일족생활도(一族生活圖), 강서군 강서면 우현리 대묘의 사신도, 우현리 중묘의 사신도 등이 가장 주의해 볼 만한 것입니다.

이밖에 본래 벽화가 있었으나 이미 마멸해 없어진 것, 수십 년 전 처음 발견 때까지도 일부 알아볼 수 있었는데 최근에 와서 아주 소실하여 버린 것, 약간의 벽화가 있지만 간단해서 대단치 않은 것 등이 여기저기에 있습니다.

고구려의 회화는 이상의 벽화들에서 비교적 많은 실물을 볼 수 있지만 각각의 연대와 유파에 관해서는 상세하게 판정할 만한 흔적이 없습니다. 다만 양식과 필치를 중국의 유형에 비교하여 연대의 대략을 추정해 볼 수는 있습니다.

학설에 따르면, 삼실총, 산연화총, 무용총, 각저총, 노산리 개마총, 매산리 사신총, 송계동 천왕지신총의 그림은 동진의 고개지(顧愷之)가 그렸다는 「여사잠도(女史箴圖)」[4]와 필의(筆意)가 같으므로 약 1,500~1,600년 전의 것으로 볼 수 있습니다. 안성동 대총과 쌍영동의 그림은 그보다 뒤진 1,400~1,500년 전의 것입니다. 우현리 대묘와 중묘의 그림은 또 좀 늦은 1,400년 전 중국의 남북조 말경에 해당한다고 합니다.

이 그림들을 자세히 살펴보면 단계가 있습니다. 솜씨가 서툴고 생경한 수준을 벗어나지 못한 초기(예; 무용총·각저총), 여기에서 사실적 솜씨가 크게 진보하여 섬세한 필치로 당시의 풍속을 곧잘 표현하면서 아직 북위식(北魏式)의 흔적을 보이지 않는 중기(예; 화상리 감신총), 여기로부터 북위나 기타의 수법을 가져다가 세련되게 순화하여 독특한 경지를 얻고 굳세고 빼어난 면조(綿條)를 자유로이 구

---

4 고개지(344~406)가 그린 인물화로, 황실 규방 여인들의 품행을 다룬 일종의 권계화(勸戒畵)이다. 서진의 장화(張華)가 지은 『여사잠(女史箴)』을 그림으로 표현한 것이다.

각저총 실내 생활 그림(중국 지안)

사하여 초사실적 사의(寫意)로써 웅혼한 기상과 아른아른한 신운(神韻)을 한껏 발휘하는 후기(예; 우현리와 오괴분의 사신총들)의 3단계가 있습니다.

이러한 3단계를 걸쳐 고구려의 그림이 차차 생장하고 원숙해졌음을 알 수 있습니다. 이들 벽화는 고구려의 예술이나 풍속을 밝혀내는 데 귀중한 재료입니다. 뿐만 아니라 중기 이전에 속하는 그림들이 중국에서 이미 멸망해 버린 북위 이전 진(晉) 대의 예술 양식을 알려준다는 점에서 동양 예술사에서 절대적인 보물입니다. 가장 초기에 속하는 삼실총 같은 것은 인도를 빼고는 동양에 있는 가장 오랜 벽화로 일컫는 것입니다.

고구려 화가로 이름을 전한 이는 누가 있습니까

고구려 화가로 이름을 진역에 전한 이는 아마 없는가 봅니다. 『일본서기』에는 스이코(推古) 18년(고구려 영양왕 21년, 610)에 고구려로부터 승려 담징(曇徵)과 법정(法定)이 도래하니, 담징은 불전뿐 아니라 유가의 오경에도 능통했고, 또 지묵·채색과 맷돌을 만들었다고 하였습니다. 『원형석서(元亨釋書)』[5]에는 담징을 담미(曇微)로 쓰고, 그가 채색화를 정교하게 그려 이때까지 일본이 그림 그리기에 서툴다가 그에게 배워서 능해졌다고 기록하였습니다.

또 『태자전력(太子傳曆)』(스이코의 태자 쇼토구의 전기)에는 담휘(曇徽)라는 이름을 쓰고 "담휘와 법정 두 사람이 오자 태자가 궁중으로 맞아들여 여러 가지를 묻고 호류사(法隆寺)에 머물게 하였다."고 하였습니다. 담징·담미·담휘 어느 것이 옳은지는 모르지만, 정사에 나오는 담징이라는 이름이 후세에 널리 쓰이고 있습니다.

이보다 앞서 스슌(崇峻) 원년(백제 위덕왕 35년, 588)에 백제에서 화공 백가(白加)가 건너갔습니다. 스이코 5년(위덕왕 44년, 597)에는 백제의 아좌태자(阿佐太子)가 건너가서 그렸다 하는 쇼토쿠 태자상[6]이란 것이 지금까지 전해 옵니다. 그러나 일본에 그림 같은 그림이 있고, 그림 그리는 재료를 만들게 되고, 그림을 배우고 가르치는 일이 생긴 것이 다 이 담징으로부터 비롯되었다고 합니다.

호류사는 담징이 건너가기 3년 전인 스이코 15년에 쇼토쿠 태자가 창건한 원찰(願刹)입니다. 세계에서 가장 오랜 목조 건물로 유명한 이 절은 백제식 칠당가람(七堂伽藍)[7]의 규모를 갖추었으며 일부가 원형대로 남아 있습니다. 금당(큰 법당)의 네 벽에는 사불정토

---

5 시렌(師錬; 1278~1346)이 지은 일본 최초의 편년체 고승전이다. 책을 지은 1322년이 일본 연호로 원형(元亨) 2년이므로 책 이름에 원형을 붙였다. 전(傳)·찬(贊)·논(論)·표(表)·지(志)의 다섯 부분으로 되어 있다.
6 원문은 '우아먀도(廐戶) 황자상'으로 되어 있다. 우마야도는 쇼토쿠(聖德) 태자의 초명이다. 쇼토구 태자상은 현재 일본 제실 박물관에 보관되어 있다. 쇼토쿠 태자는 일본을 불교 국가로 자리 잡게 하는 데 절대적인 공헌을 한 인물이다.
7 전각(殿閣)·강당(講堂)·승당(僧堂)·주고(廚庫)·욕실(浴室)·동사(東司)·산문(山門)의 일곱 가지 건축물을 갖추고 있는 사찰이다. 중국 남북조 시대에 유행하여 육조식(六朝式) 가람 배치라고도 하며, 또 이것이 백제를 통해 일본에 전해져 일본에서는 '백제칠당가람'이라고도 한다.

도(四佛淨土圖) 등을 그렸는데, 의장과 필법 모든 면에서 일본 회화사상 최고의 작품으로 치고 있습니다. 이 벽화를 호류사의 고전(古傳)에서는 담징의 작품이라고 일러 내려옵니다.

호류사 금당 벽화

일본 당시의 문화 사정과 담징이 건너간 시기로 보아 이 고전(古傳)이 이유는 있지만, 호류사의 건물이 뒤에 화재를 만난 일이 있어 당초의 벽화일 리가 없고 지금의 벽화는 담징이 직접 그린 것이 아니라는 말이 있게 되었습니다. 호류사가 재건되었느니 아니니 하는 것은 일본 학계의 중대한 논쟁 문제로 아직까지 귀결을 예상하기 어렵습니다.

대체로 생각해볼 때, 이렇게 갸륵한 고적(古蹟)이 중창되는 때에는 모든 것을 아무쪼록 원형에 맞추었을 듯하고, 벽화도 옛 것을 본떴으리라고 볼 수 있습니다. 그러므로 지금의 벽화가 담징이 직접 그린 것은 아닐지라도 담징의 의장·필법이 여기에 끼쳐 있으리라는 것은 대개 사실일 것입니다.

설사 백판 딴 사람의 솜씨일지라도, 호류사의 다른 여러 보물이 거의 다 반도계의 예술품인 것처럼 이것 또한 반드시 반도계 인물의 솜씨일 것입니다. 이 벽화의 작자가 누구든지 간에 결국은 반도계의 작품이 되는 것만은 변함없는 사실입니다.

일찍이 일본 미술 연구의 개척자인 미국인 페놀로사(E. F. Fenollosa: 1853~1908)는 일본 고대의 예술은 곧 조선의 예술이고, 조선 고대 예술의 정화는 호류사에 모여 있다고 늘 강조하고 있었습니다. 또 호류사에는 쇼토쿠 태자 사후에 그의 비가 추모의 의미로 수를 놓아 꾸민 '천수국 만다라(天壽國曼陀羅)'라는 휘장이 전하였는데, 그 밑그림을 그린 사람 중 하나가 고구려의 가서일(加西溢)이라는 화공이었습니다.

백제의 회화는 어떠하였습니까

백제의 모든 문화는 무엇이든지 백제 본국에서보다 일본에 있는 재료에서 징고(徵考)할 것이 더 많은데, 그림에 관해서는 더욱 그러합니다.

본국에서 볼 수 있는 백제의 그림은 부여 왕릉리 대분(大墳)[8]에 있는 사신도 벽화로, 떨어져 나가고 남은 것과 천장에 그려 있는 연꽃과 비운(飛雲)이 있을 뿐입니다. 그림에 준하는 것으로는, 와당과 벽돌에 남아 있는 산수·누각 등의 모양이 약간 있습니다. 이들의 수법이 대개 중국의 남북조 양식을 전해 받아 한편으로 일본의 아스카(飛鳥) 시대 작품과 일치하는 것이 문화사적으로 흥미로운 점이지만, 그밖에 따로 예술적으로 일컬을 것은 아무 것도 없습니다.

그런데 백제 문화의 곁가지인 일본에서는 백제 회화에 관한 약간의 구체적 사실을 얻어 볼 수 있습니다. 일본 예술사의 첫 장은 긴메이(欽明) 13년(552)에 불법이 백제로부터 전해진 때에 열립니다. 이때부터 회화·조각·주상(鑄像) 등이 다 불법 중심으로 발달하여 나갑니다. 이러한 추세를 절대적으로 주도한 것은 실로 백제이었습니다.

---

8 현재 모두 7기로 이루어진 부여 능산리 고분군 중에서 제1호분을 가리킨다.

처음에는 모든 것을 백제로부
터 수입해 쓰다가, 스슌(崇峻) 원
년(588)에 이르러 모든 기술자를
백제에 요청해 사공(寺工)·와
공(瓦工)·주반박사(鑄盤博士)·
와박사(瓦博士)가 일본으로 가게
됩니다. 이 가운데 화공 백가(白
加)라는 이가 끼어 가는데, 이것
이 실로 일본사에서 처음 나타나
는 화공 이름입니다.

산수 문양 벽돌(국립 부여박물관)
백제 회화의 일면을 보여준다.

다시 10년만인 스이코 5년
(597) 백제에서 왕자 아좌가 사신으로 갔는데, 이 사람이 그림 솜씨
가 있어서 당시 일본의 실제적인 지도자인 쇼토쿠 태자의 화상을
그렸습니다. 이 그림이 일본에서 가장 오랜 인물화가 되고, 그 실물
이 호류사에 봉안되어 오다가 메이지 유신 후에 제실(帝室) 소유로
돌아가 지금까지 곱다랗게 전해 옵니다(근래에 다른 설이 있다).

무릇 스이코왕 이후 약 백 년간은 도읍을 아스카에 두고 반도 방
면으로부터 활발하게 모든 문물을 수입하는 시기이었습니다. 회화
에서도 아시아 대륙 여러 나라의 회화 기법이 쏟아져 들어오는데,
백가는 역사상에 이름을 남긴 선구자이고, 또 백가와 아좌는 역사
상에 이름을 끼친 백제 화인(畵人)으로서 가장 오래고, 또 다시 없
는 이들입니다.

아스카 시대에는 모든 문물이 반도계 인물의 손에 지도되고 전
승되었습니다. 그 중에서 회화는 특히 백제계 이주민 사이에서 전
해져 내려간 듯합니다. 일본에 있는 사생화(寫生畵)의 시조로 일본
회화사상에 한 시기를 그은 구다라 가와나리(百濟河成)는 성에서 보
는 바와 같이 백제인의 자손이고, 본래 성은 여(余; 부여의 약칭)이었

조선상식문답속편

습니다.

한편 일본에 있는 옛 명화로 백제 화사(畵師)의 그림이라고 전하는 것이 많습니다. 고대에 대학료(大學寮)에 봉안하였던 공자상도 기비 마키비(吉備眞備)[9]가 당나라본을 얻어다가 어느 백제 화사에게 모사시킨 것이라고 전합니다.

신라의 회화는 어떠하였습니까

통일 이전의 신라 예술이 불교로 말미암아 크게 개발된 것은 다른 데서와 마찬가지입니다. 그러나 당시의 실물이 없는 탓에 명확히 말할 수 있는 것이 없습니다. 구차한 방법이지만 조각을 통하여 어느 정도 진보했는지 짐작할 수 있습니다.

연대는 모르지만 어느 시절에 솔거(率居)라는 이름난 화가가 그림을 용하게 잘 그렸습니다. 일찍이 황룡사의 벽에 노송을 그렸는데, 몸뚱이의 비늘지고 주름 잡힌 것과 가장귀[10]의 아드등하고 굼서린 것이 그냥 살아 있는 듯하여 새들이 바라보고 들어오다가 벽에 부딪혀 떨어졌습니다. 오래 되어 채색이 희미해지자 절의 승려가 단청을 덧발랐더니 다시는 새들이 날아들지 않았습니다.

경주 분황사의 관음보살과 진주 단속사의 유마상이 다 솔거가 그린 것인데, 세상에서 신의 그림이라 일컬었다고 합니다. 이 모두 『삼국사기』에 기록된 내용이니, 당시 신라의 그림이 얼마나 발달하였는지를 엿볼 수 있는 자료라 할 것입니다.

『삼국유사』에는 경주를 중심으로 명찰에 전해지는 불보살 화상

---

9 기비 마키비(695~775)는 일본 나라 시대의 학자이자 정치가이다. 당나라에서 17년 동안 유학했고, 지방 호족 출신이지만 높은 학식과 천황 일가와의 인연으로 대신의 지위에까지 올랐다.

10 나뭇가지의 갈라진 부분 또는 그렇게 생긴 나뭇가지를 이른다.

의 영험담을 많이 싣고 있습니다. 이 가운데 중생사의 관음상은 양나라 장승요(張僧繇)의 작품이고, 이밖에 당나라와의 교섭을 말하는 기사가 더러 있습니다. 이것을 그대로 믿을 수는 없지만 신라와 당나라의 예술적 교섭이 진작부터 있어 왔다는 것은 대개 분명한 사실일 것입니다.

통일 신라 시대에 내려와서 다른 예술과 함께 회화가 더 한층 발달되었으리라는 것은 얼른 상상되지만 이 또한 실물로 고찰할 것이 없습니다. 고구려와 백제에서 보는 것과 같은 고분 벽화조차 발견할 수 없어 못내 유감스럽습니다. 다만 몇몇 화가의 사적(事蹟)이 문헌에 전하고 있습니다.

신라 제38대 원성왕 때에 해당하는 당나라 덕종 때에 신라인 김충의(金忠義)가 정교함이 출중하고 화적(畵蹟)이 정묘하여 임금의 총애를 입어 소부감(小府監) 벼슬에까지 올랐다고 『당서』 위관지전(韋貫之傳)과 당나라 장언원(張彦遠)의 『역대명화기(歷代名畵記)』에 기록되어 있습니다. 제54대 경명왕 때에 흥륜사 승려 정화(靖和)와 홍계(弘繼)가 보현보살상을 그려서 신령한 이적이 있었다고 『삼국유사』에 기록되어 있습니다.

고려 시대의 회화를 말씀하여 주십시오

일반 예술 문화의 실제에 비추어볼 때에 회화 같은 것도 신라 시대에 더 장하게 발달하였으리라 추측할 수는 있으나, 전하는 실물이 없기 때문에 분명하게 어떻다고 할 길이 없습니다. 고려 시대에 내려와서는 관계 문헌도 많아지고 실물도 꽤 많이 후세에 전해오는 관계로, 진역 회화사의 보다 자세한 것은 고려 시대 이후부터나 겨우 설명할 수가 있습니다.

고려의 회화가 대체로 신라 문화를 계승한 범위 내에 있다는 것은 따로 말할 것도 없습니다. 이러한 바탕에다가 앞에는 송나라, 뒤에는 원나라가 영향을 주었습니다. 또 역대 군왕 중에 예술 애호가가 잇따라 나와서 화인(畫人)의 환경적 조건이 좋았기 때문에 고려의 회화는 꽤 순조로이 진보하고 발달하였습니다.

송나라 곽약허(郭若虛)의 『도화견문지(圖畵見聞誌)』(당나라 장언원의 『역대명화기』를 계술한 것)에 기록하여 말하기를,

송나라와 교통하는 나라가 무수하지만, 그 가운데 오직 고려국이 문아(文雅)를 숭상해서 예술 방면까지도 여러 나라에 비해 탁월하고 화법(畵法) 또한 정묘하다. 지금 전래된 것만으로 말해도, 전충의(錢忠懿)의 집에 있는 「저색산수도(著色山水圖)」 4권과 장안(長安) 이씨 집에 있는 본국 「팔로도(八老圖)」 2권과 기타 여기저기에 산재한 불서(佛書)를 볼지라도 모두 풍격(風格)이 훌륭하다.

희령(熙寧) 갑인년(고려 문종 2년, 1074)에 사신 김양감(金良鑒)이 왔다가 중국의 도서를 찾아 구하여 휘몰이하여 사는데 좋은 것이 적었는데도 300여 꾸러미를 허비하였다. 병진년(1076)에 또 사신 최사훈(崔思訓)이 화공 몇 사람을 데리고 와서 상국사(相國寺)의 벽화를 모사해 가겠다고 하여 이를 허락하니, 그 화공의 기술이 만만치 아니하였다.

또 그 사신들은 중국에 와서 흔히 접부채를 선사하는 데 그 부채는 아청지(鴉靑紙) 바닥에 남녀 인물과 산수와 화훼를 그려 자못 사랑스럽고, 이르되 왜선(倭扇)이라 하였다(取意)[11].

라고 하였습니다. 이것은 고려 건국 후 1세기 반쯤 된 때의 사실로서 당시 고려의 그림 솜씨가 높고 또 예술 문화의 교류가 이쪽저쪽으로 활발하였음을 나타내는 사실입니다.

---

11 글 전체를 번역한 것이 아니라 내용을 간추려 발췌역을 했다는 뜻이다.

또 원탕구(元湯垢)의 『화감(畵鑒)』에는 "외국의 그림 가운데에는 고려국에서 그린 관음상이 매우 정교한데, 그 원류를 캐면 당나라 울지을승(尉遲乙僧)의 필의(筆意)에서 나왔다."고 하였습니다. 울지 을승은 우전국 출신으로서 당나라 초기를 대표하는 불교 화가이니, 고려 불화의 연원을 말하면서 그 높은 수준을 말한 것입니다.

문종 이후 여러 대의 임금이 다 예술에 범연치 않았습니다. 사행편이나 무역하러 가는 길에 당나라와 송나라의 이름난 작품도 많이 들어와 연방 북을 돋우었습니다. 그 가운데 정득공(鄭得恭)·정지상(鄭知常)·왕경오(王儆傲)·이준이(李俊異) 등 명인이 앞길을 트다가, 드디어 인종 때(1123~1146)에 이르러 우뚝 높은 태산이 하늘을 뚫고 치솟는 것을 보게 되었으니, 바로 이녕(李寧)입니다.

이녕은 이준이의 제자로서 학문에 매진하여 내외 여러 유파의 정화(精華)를 말끔히 얻어냈습니다. 특히 산수누대(山水樓臺)의 실경 화에 용하였습니다. 일찍이 추밀사 이자덕(李資德)을 따라 송나라에 간 적이 있습니다. 이때는 정치보다 화예(畵藝)로 저명한 휘종 때라서 궁중에 명화가가 온통 다 모여 있었고 감상의 표준이 몹시 높았습니다.

휘종이 이녕에게 본국 「예성강도(禮成江圖)」를 그리게 해서 보고는 과연 묘수라고 크게 감탄하여 칭찬하고 곧 한림 대조(翰林待詔; 그림으로써 벼슬하는 이)인 왕가인(王可訓)·진덕지(陳德之)·전종인(田宗仁)·조수종(趙守宗) 등에게 이녕에게 와서 그림을 배우게 하였습니다.

이녕의 「천수사남문도(天壽寺南門圖)」는 본래 송나라 상인에게 그려 준 것인데, 오래 뒤에 인종이 송나라 상인에게 명화를 구하자 상인이 이것을 바쳤습니다. 인종이 더 없는 보물을 얻었다며 여러 화신(畵臣)에게 자랑하자 이녕이 "실은 제가 그린 것입니다."하고 배접한 후면을 떼어 보니 제지(題誌)가 분명하였다는 실화가 있는 터입니다.

이녕의 아들 이광필(李光弼) 또한 그림으로 명종에게 총애를 받았고, 그 동렬에 고유방(高惟訪)이 있었습니다. 명종 자신이 그림에 뛰어나고 산수화에 더욱 능하여 일찍 문신에게 명하여 소상팔경(瀟湘八景)[12]을 지어 바치게 하고 그냥 눌러 그림을 만들었습니다. 명종의 이「소상팔경도」는 후에 『패문재서화보(佩文齋書畵譜)』에 이름이 오르기도 하였습니다. 이녕·이광필과 같은 시기에 그들처럼 부자가 함께 그림으로 이름난 이로 이존부(李存夫)와 이전(李佺)이 있습니다. 이전은「해동기로도(海東耆老圖)」로 유명합니다.

명종 때의 명재상 최유청(崔惟淸)의 두 아들 최당(崔讜)과 최선(崔詵)이 또한 다 재상 자리에 올랐다가 다같이 물러나서, 역시 물러나 있던 노재상 7인과 함께 기로회(耆老會)를 만들고 소요자적하니 당시 사람들이 이르되 지상의 신선이라 하여 그림을 그려 채색하고 돌에 새겨 후세에 전하였다 합니다(『고려사』 본전).

이전 외에 또 화국(畵局)[13]의 화원인 박자운(朴子雲)은 조정 신하들의 청에 따라「이상귀휴도(二相歸休圖)」를 만들어서 조정의 자랑스러운 일로 삼았습니다. 대개 이전과 박자운이 다 당시의 대표적 화가였던 것입니다.

이러한 전문 화가 외에 문인 명사의 사이에 난죽(蘭竹)·송석(松石) 등 취미화도 차차 유행했던 듯합니다. 정서(鄭叙)·이인로(李仁老)·안치민(安置民)·정홍진(丁鴻進)·김군수(金君綏)·이자성(李子晟) 등과 방외인[14]인 귀일(歸一)·성총(性聰)·설봉(雪峰) 등이 다 취

---

12 중국 산수화의 화제(畵題) 중 하나이다. 소상은 중국 후난성 동정호의 남쪽에 위치한 소수(瀟水)와 상수(湘水)가 합류하는 지역이다. 소상팔경이란 이 소상 땅에서 여덟 가지의 뛰어난 경치를 고른 것이다.
13 그림을 전담하는 관청을 말한다. 고려 시대에 그림을 전담하는 관청은 도화원(圖畵院)이었고, 조선 시대에는 도화서(圖畵署)로 개칭되었다.
14 체제 밖의 인물로 지배 체제 안에서 주어진 위치를 받아들이지 않고 이념적

미화로 이름을 날렸습니다. 이상이 고려 시대 전기 화단의 개략적인 현황으로, 주로 송나라 회화의 범위 안에서 놀던 동안입니다.

고종과 원종을 지나 충렬왕 이후로는 원나라 문화가 스며들면서 화풍이 일변할 운세에 맞닥뜨렸는데, 그 계기에 선 이가 충선왕이었습니다. 충선왕은 원나라 수도에 있을 때 만권당을 짓고 글을 즐기면서, 본국에서 이제현을 불러다가 만권당에 두고 원의 명사 요수(姚燧)·염부(閻復)·원명선(元明善)·조맹부 등이 날마다 출입하게 하여 학문을 갈고 닦았습니다.

고려로 돌아오면서 문적(文籍)과 서화(書畵)를 말에 싣고 배로 옮기니 세상의 이름난 작품이 고려로 모여드는 모양이었습니다. 왕 자신도 그림에 능했고, 가까이서 모시던 이제현과 이간(李偘) 등이 또한 다 시서화로 이름났습니다.

그러나 고려의 후기 특히 말엽에는 내우외환으로 국정이 항상 불안한 상태에 있었기에 예술이 발달할 여유가 적었습니다. 차원부(車原頫)·윤평(尹泙)·신덕린(申德鄰)·옥침서(玉琛瑞) 등이 그림으로 이름을 전하고 있지만 다 대단하지는 않습니다.

대개 불교는 세상의 혼란에서 벗어나 있는 만큼 예술을 즐길 여유가 있었기 때문에 노영(魯英)·학선(鶴仙)·석행(釋行)·혹선(鵠仙)·혜근(惠勤)·달온(達蘊)·지암(止庵)·석풍(釋豐)·법유(法乳) 등 다수의 화인이 이름을 남겼습니다.

그런데 고려 말기에 이르러 오랜 동안 적막했던 예술계에 홀연 천둥소리를 울린 인물이 왕실로부터 나왔습니다. 바로 제31대 임금 공민왕(1352~1374)입니다. 공민왕은 예술적인 천성을 타고 났는데, 험난한 정치 상황에 대한 권태와 배우자를 잃은 데 대한 애절한 수심과 번민 등이 왕을 몰아서 예술 생활에 탐닉하게 되었습니

으로도 이단을 택하는 사람들을 지칭하는 말이다.

염제신 초상
(파주염씨 광주 종문회)
고려 말의 재상인 염제신의 초상
화로 고려의 공민왕이 그린 것으
로 전하여진다.

다. 이런 까닭으로 그 천분이 한껏 발전하여, 드디어 고려 후기를 대표하면서 동시에 진역 회화사에서 특이한 지위를 차지하게 되었습니다.

왕의 그림은 의장과 필법에서 다 독자적인 경지에 도달하였고, 산수·인물, 대작·소품 무엇에도 정묘하지 않은 것이 없었습니다. 제왕으로서 이름 난 화가인 점은 송의 휘종과 같지만, 휘종의 솜씨가 화훼영모(花卉翎毛)[15]의 소품에 그친 데 비해 공민왕의 무한한 재능은 진실로 내외 고금에 더없이 뛰어났다 할 수 있습니다.

왕의 인물화로는 윤해(尹侅)·염제신(廉悌臣) 등 총애 받는 신하들의 초상도 유명하지만, 도화서의 비장의 보물로 내려오던 「노국대장공주진(魯國大長公主眞)」과 비교적 근년까지 화장사에 전해 오던 「조경자사도(照鏡自寫圖)」는 특히 걸작으로 칩니다. 「석가출산상(釋迦出山像)」·「보현달마이상권(普賢達磨二像卷)」 등의 명작도 있었습니다. 산수화에도 놀라운 것이 많은데, 특히 「천산대렵도(天山大獵圖)」·「아방궁도(阿房宮圖)」 같은 대규모의 작품에는 누구도 얼른 따라잡을 수 없는 큰 솜씨를 보였습니다.

이 모든 것이 이럭저럭 다 없어지고 겨우 「천산대렵도」의 조각 일부가 지금 경복궁과 덕수궁 박물관[16]에 한 조각씩 간직되어 있을

---

15 그림의 소재가 되는 것들로, 화훼는 꽃과 풀, 영모는 새와 짐승을 뜻한다.

16 당시 덕수궁 박물관으로 통칭되기도 했으나, 이 책이 탈고된 1947년 당시의 정확한 명칭은 덕수궁 미술관이다. 일제 시기에는 이왕가 미술관으로 불리던 덕수궁 미술관은 1969년 국립박물관으로 통합되었다. 덕수궁 미술관에

뿐입니다. 여하간 이녕은 고려의 전기를, 공민왕은 후기를 한 손으로 떠받드는 큰 기둥이라 할 것입니다.

국내에서 고려화의 유품으로 전하는 것은 앞서 말한 공민왕의 단폭 외에, 영주 소수서원에 안향상(고려 숙종 5년, 1318)의 모사본이 있고, 영주 부석사의 조사전(고려 우왕 3년, 1377년 건립)에 사천왕과 두 보살의 벽화가 있습니다. 또 개풍 남산 수락동의 한 고분에 사신상과 방위신상이 있습니다. 그 나머지는 기물 · 불감(佛龕) 등 소소한 장식화뿐입니다.

당시의 불교화로서 왜구에게 빼앗겨 일본의 사원에 보존된 것

안향 초상(경북 영주 소수서원)

으로 아이지현(愛知縣) 다이온사(大恩寺)의 「왕궁만다라도(王宮曼陀羅圖)」(1312), 사이타마현(埼玉縣) 호온사(法恩寺)의 「석가삼존」 · 「아난가섭화상(阿難迦葉畵像)」, 와카야마현(和歌山縣) 다카노야마(高野山) 신노인(親王院)의 「석가설상도(釋迦說相圖)」(1350), 나가사키현(長崎縣) 사이쿄사(最敎寺)의 「열반도」 등이 현재 알려져 있습니다.

여기에 부기할 것은 고려 시대에는 역대 군왕과 후비(后妃)의 사진이 있었고 이조에 전승되었는데, 세종 8년(1426)에 도화서에 전해오던 진영(眞影)의 초안들을 소각했고, 세종 15년(1433)에는 진영

있던 유물들은 현재 용산에 있는 국립중앙박물관에 소장되어 있다.

18정을 땅에 묻어 버렸습니다.

　한편 명신에는 이른바 6공신과 안향(安珦)·이제현(李齊賢)·이조년(李兆年)·최영(崔瑩) 등의 상이 있다고 역사서에 실려 있는데, 이 중 안향·이제현의 상은 다 원나라 대가의 그림입니다. 안향의 상은 충숙왕 때 홍주 수령 최림(崔琳)의 모사본이 소수서원에 있고, 이제현의 상은 오수산(吳壽山)이 그린(세상에서 간혹 陳鑑如의 그림이라고 하나 잘못 전해진 것이다) 원본이 덕수궁 박물관에 수장되어 있습니다.

　이조년의 상은 성주의 영봉서원에 있고, 최영의 상은 그 이후를 알 수 없습니다. 다만 유래가 밝혀지지 않은 그림이 덕물산 신당과 청주·익산 등의 최씨 문중 사우에 봉안되어 전해옵니다. 이러한 화상(畵像)들은 진역 사진화의 전통으로서 후대에 계승되는 것입니다.

이씨 조선의 회화 연혁은 어떠하였습니까

　이씨 조선은 고려의 유산을 계승하여서 화업(畵業)이 처음부터 적막하지 않았습니다. 또 문화가 향상됨에 따라 일반인의 호상(好尙)이 함께 올라가서, 명인·대작의 기록에 오른 것이 많고 더러는 실물이 지금까지 전하고 있습니다.

　세종의 왕자 안평 대군 이용(李瑢)은 이조 초기의 예술의 애호가이자 수장가로 유명합니다. 신숙주가 기록한 그의 수장품을 보면, 당의 오도자(吳道子)·왕유(王維), 송의 곽충서(郭忠恕)·이공린(李公鱗)·소동파(蘇東坡)·문여가(文與可)·곽희(郭熙)·최의(崔懿) 이하 원·왜·조선 무릇 5대 35가의 산수 84점, 조수초목 76점, 누각인물 29점, 글씨 33종 등 도합 222축(軸)을 열거했습니다. 그 중에 이씨 조선의 것으로는 안견(安堅)의 「팔경도(八景圖)」 각기 1점, 「강천

「몽유도원도」(일본 덴리대학 중앙도서관)
안평 대군이 무릉도원을 꿈꾸고 그 내용을 안견에게 설명하여 그리게 한 그림이다.

만색도(江天晚色圖)」이하 20점이 들어 있습니다.

안견은 자(字)는 가도(可度) 또는 득수(得守), 호는 현동자(玄洞子) 또는 주경(朱耕)입니다. 타고난 재주가 탁월하였고, 옛 그림을 많이 구경하여 그 정화를 죄다 거둬 스스로 한 경지를 열었으니, 진실로 이조 초기를 대표하는 제1인자입니다.

그는 산수화가 더욱 뛰어나서 유명한 작품이 대단히 많습니다. 덕수궁 박물관에 「적벽도」·「설천도(雪天圖)」가 있고, 일본인의 손에 돌아간 것으로 안평대군을 위하여 그린 「몽유도원도(夢遊桃源圖)」[17]라는 대작이 있어 고고하고 호건한 필법을 짐작할 수 있습니다.

안견과 같은 시기에 이름을 나란히 한 사람으로 최경(崔涇), 강희안(姜希顔, 1419~1464)이 있습니다. 최경의 인물화는 안견의 산수화와 더불어 나란히 평가되고, 강희안은 산수화와 인물화로 다 칭송받았습니다. 최경의 작품으로는 덕종의 사진과 「채희귀한도(蔡姬歸漢圖)」가 있고, 강희안의 것으로는 덕수궁 박물관에 「누각도」·「도교도(渡橋圖)」의 소품이 있고, 국립박물관에 「누각산수도」가 있고,

17 「몽유도원도」는 현재 일본 덴리대학(天理大學) 중앙도서관에 소장되어 있다.

이 밖에 약간의 산수화와 인물화가 전합니다.

이상의 3인은 실로 이조 초기의 3대가입니다. 그 작품은 대개 의장이 웅혼하고 필치가 호방하고 굳세어 송나라와 원나라의 아름다운 풍을 가졌고, 인물화는 정교함과 풍취를 겸하고 있어 초상화의 묘를 극대화하였다고 하였습니다.

3대가와 동시대에 안귀생(安貴生)·배련(裴連), 3대가의 후에는 석경(石敬; 안견의 제자)·이종준(李宗準)·김굉필(金宏弼)·김정(金淨)이 이름이 났습니다. 유화(儒畵)[18]로 일컬어지는 자들도 약간 있지만 다 특기할 만하지 못합니다.

중종 때에 내려와서 이상좌(李上佐)·최수아(崔壽峨; 1478~)·양팽손(梁彭孫; 1488~)·정렴(鄭磏; 1506~1549)·이엄(李儼; 1499~1546)·신잠(申潛; 1491~1551)·신사임당(1512~1559)·채무일(蔡無逸; 1496~1546)·신세림(申世霖; 1521~)·이불해(李不害) 등이 동시에 나란히 나와서 성세를 이루었습니다.

그 가운데 이상좌가 가장 특출하여 산수화와 인물화를 다 잘해서, 중종 38년에 『열녀전』을 번역 간행할 때 그 삽화를 그렸고, 중종이 죽은 후에 어진을 기억으로 그려냈으며, 또 공신의 초상을 그려서 드디어 공신에 들었습니다. 그가 그린 「송하보월도(松下步月圖)」가 지금 덕수궁 박물관에 보관되어 있습니다.

신사임당은 율곡의 어머니로 덕과 예술로 칭송받았습니다. 그림에도 능하여 여류 화가로 진역 고금에 가장 으뜸이고, 영모화훼 등의 작품은 꽤 많이 세상에 돌아다닙니다. 두성령은 영모잡화(翎毛雜畵), 신잠은 묵죽(墨竹), 채무일은 초충(草蟲)으로 이름났습니다.

명종과 선조 사이에 이정(李霆; 1441~)·고운(高雲; 1495~)·이흥

---

18 문인화를 말한다. 사부화(士夫畵)·사인화(士人畵)라고도 한다. 왕공사대부를 비롯하여 벼슬하지 않은 선비와 시인 묵객들이 비직업적 입장에서 그린 그림이다.

「초충도병」(강원 강릉 오죽헌 율곡기념관)
신사임당이 채색하여 그린 8폭의 병풍그림으로, 각 폭마다 각기 다른 풀과 벌레를 그려 놓아 '초충도'라고 부르고 있다.

효(李興孝; 1537~1593)·이경윤(李慶胤; 1545~)·윤의립(尹毅立; 1548~) ·이성길(李成吉; 1562~)·허난설헌(許蘭雪軒; 1563~1589)·강항(姜沆; 1567~1618)·이정(李楨; 1578~1607)·최전(崔澱; 1568~1589)·이징(李 澄; 1581~)·김제(金禔)·어몽룡(魚夢龍) 등이 각각 한 자리를 차지하였습니다.

그 중에서 김제는 모든 화법에 두루 능하여 당대의 제일로 치고 이정이 거기에 버금갑니다. 이정은 아버지 이숭효(李崇孝), 작은아 버지 이흥효(李興孝), 할아버지 이배련(李陪連), 증조부 이소불(李小 佛), 이흥효의 아버지 이상좌 등 4대 6명이 다 그림으로써 이름을 날려 세업가법(世業家法)으로 고금에 유례가 드물었습니다. 고운의 호랑이, 이정의 대나무, 어몽룡의 매화 등은 다만 하나의 분야이지 만 그 이름이 천고에 무겁습니다.

이상이 이조 전기의 대체적인 모습입니다. 초기는 송·원의 풍 채를 지킨 때이고, 말기는 명 회화의 영향을 받은 때입니다. 그리고 전 시기를 통하여 문종·성종·인종·선조의 군주와 안평대군 이용, 영천군 이정(李定), 길안도정 이의(李義), 이성군 이관(李慣), 두성령 이암(李巖), 석양정 이정(李霆), 계림정 이경윤(李慶胤), 죽림수 이영윤(李英胤) 등 왕자 왕손과 같은 높은 신분의 화가가 많습니다.

거기에다가 김종직(金宗直)과 그 문하의 김굉필·이종준(李宗準), 김굉필 문하의 유우(柳藕)·성세창(成世昌), 기묘사인(己卯士人)[19] 중의 안찬(安瓚)·조욱(趙昱), 이산해(李山海)·이이(李珥) 및 그 아우 이우(李瑀)·이항복(李恒福)·권분(權吩)·박동량(朴東亮)·윤신지(尹新之)·신익성(申翊聖)처럼 높은 신분의 화가도 많습니다. 또 한편으로 이정과 같이 한 집안이 누대로, 이경윤과 아들 이징처럼 집안 대대로 그림을 업으로 하는 것이 늘어감이 주목할 만합니다.

선조 때의 임진·정유 왜란과 인조 때의 정묘·병자 호란에 걸치는 약 반세기는 사회적 격변기였습니다. 이때를 전후로 하여 문화의 양상이 칼로 자른 듯 두 시기를 짓는데, 그림에 있어서는 그 경계가 더 분명하게 보인다 할 수 있습니다.

이조 후기의 새 경계 위에 빼어난 재능으로 우뚝 솟은 태산은 실로 조속(趙涑: 1593~1668)입니다. 조속은 본래 독서하는 선비이고, 인격으로 당대에 추앙받았습니다. 천품이 극히 고상하고 도타워서 매죽(梅竹)·영모(翎毛)·산수(山水)의 여러 화법에 다 특이한 경지를 열었습니다.

본래 화업의 전통과 아무 관계가 없는 만큼 그림의 경지와 필치를 순전히 홀로 개척하여 세웠으므로, 실로 조속에 이르러서 조선의 그림이 중국의 방계적 존재를 떠나서 스스로 한 전범을 만들어 낸 것입니다. 조속의 작품으로 「노수서작도(老樹棲鵲圖)」가 덕수궁박물관에, 「쌍금도(雙禽圖)」·「매도(梅圖)」가 국립박물관에 있습니다.

---

19 1519년(중종 14) 조광조 등 신진 사류가 훈구 대신들에 의해 대대적 숙청된 사건인 기묘사화에 연루된 사람들을 뜻한다.

조속과 같은 시기에 화원 계통으로 김명국(金明國)이 있는데, 또한 자기류의 화법으로써 여러 체(體)에 자유자재하였습니다. 제자 조세걸(曹世杰)이 그 화법을 이었습니다. 역시 화원으로 한시각(韓時覺; 1621~)이 또한 유명하였습니다.

명류(名流)에는 허목(許穆)과 아우 허의(許懿)·허서(許舒), 조속의 재종제 조직(趙溭), 김휘(金徽), 구오(具鰲), 남구만(南九萬) 등이 그림으로 이름이 났습니다. 특기로는 김식(金埴)·김집(金集) 형제의 소(牛)와 조지운(趙之耘; 조속의 아들, 1627~)의 매(梅)가 있습니다.

왕실에서는 인조와 그 아들 인평 대군 이요(李㴭), 낭선군 이오(李俁), 능계수

윤두서 자화상
생동감 넘치는 필력을
보여준다.

(綾溪守) 이잉(李仍)이 또한 그림을 잘 그리기로 이름났습니다. 숙종 때에는 윤두서(尹斗緖; 1668~)와 아들 윤덕희(尹德熙; 1685), 정선(鄭歚; 1678~1759), 이재(李縡; 1680~), 윤순(尹淳; 1680~), 장득만(張得萬; 1684~), 박동진(朴東晋), 함세휘(咸世輝), 양기성(梁箕星) 등이 유명합니다.

그 중에 윤두서와 정선이 출중합니다. 윤두서는 모든 체에 다 능하지만 특히 인물·용마(龍馬)에 뛰어났습니다. 무릇 인물과 동식물을 그리려면 반드시 종일 주목하여 그 참 모양을 얻고야 말았다 합니다.

정선은 산수화가로서 본국의 실경을 즐겨 그렸는데, 힘차고 웅건하게 그 진수를 용하게 붙잡아냈습니다. 조속에서 시작한 조선적 화풍의 산수 분야를 정선이 완성하였다고 이를 만하였습니다.

「인왕제색도」(리움미술관)
1751년(영조 27) 정선이 76세 때, 비 온 뒤의 인왕산 경치를 그렸다.

시기를 옮겨 영조·정조의 사이에 내려와서는 문운(文運)의 고조와 함께 유명 화가가 끊임없이 이어졌습니다. 그 가운데 조영석(趙榮祏; 1686~1761)·진재해(秦再奚; 1691~1769)·변상벽(卞尙璧)·유덕장(柳德章; 1694~)·김광수(金光遂; 1696~)·김두량(金斗樑; 1696~1763)·이현곤(李顯坤; 1699~1743)·심사정(沈師正; 1707~1769)·윤용(尹熔; 1708~)·허필(許佖; 1709~)·이인상(李麟祥; 1710~)·강세황(姜世晃; 1713~1791)·김덕성(金德成; 1729~)·최북(崔北)·김응환(金應煥; 1742~1789)·이인문(李寅文; 1745~1821)·박제가(朴齊家; 1750~)·김종회(金宗繪; 1751~)·김득신(金得臣; 1754~1821)·신윤복(申潤福)·김홍도(金弘道; 1780~)·이방운(李昉運)·장한종(張漢宗; 1764~)·임희지(林熙之; 1765~)·이명기(李命基)·김현우(金玄宇)·이팔룡(李八龍)은 더욱 두드러진 사람들입니다. 이 가운데서도 조영석·진재해·심사정·최북·김응환·이인문·김홍도를 대가로 칩니다.

조영석과 진재해는 다 인물화를 주로 하면서 산수화를 겸장했습니다. 심사정은 정선의 제자로 스승의 법식을 이어받았고, 초충(草蟲)을 즐겨 그렸습니다. 조영석·정선·심사정를 합하여 '삼재(三

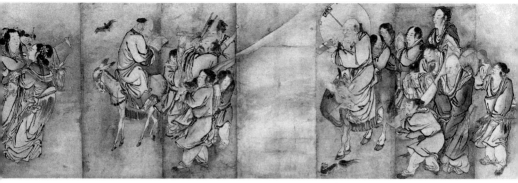

齋)'라 하여 세간에 이름을 날렸습니다. 최북은 색다른 산수화를 그려 파는 것을 업으로 하여 명성이 내외에 높았습니다. 김응환은 진경화에 능하여 정조 12년(1788)에 명을 받들어 금강 내외산을 모사해 올린 일이 있습니다.

이인문과 김홍도는 똑같이 도화서 화원으로 정조의 총애를 입었고, 명성이 세상에 날렸습니다. 특히 김홍도는 산수 · 인물 · 화훼영모 등 모든 체에 오묘한 경지를 보여주었고, 착상하여 붓을 들어 그림을 그리면 사람들의 예상을 뛰어 넘었으니, 실로 이조의 후기를 혼자 대표하는 자리에 있었습니다. 대개 조속에서 시작된 특수한 필법이 김홍도에 이르러 대성되었다고 할 것입니다. 이인문의 대표작으로는 「강산무진도(江山無盡圖)」, 김홍도의 대표작으로는 「해상군선도(海上羣仙圖)」가 있습니다.

유덕장의 대나무, 신윤복의 풍속화, 임희지의 난, 장한종의 어개(魚介)[20], 이팔룡의 인물화는 그 중의 특기이었습니다. 이 동안의 취미화 방면을 보면, 영조가 이미 산수화 · 인물화에 붓을 담갔으며, 명사에는 이광사(李匡師) · 조윤형(曺允亨) · 유한준(兪漢雋) · 박지원

조선상식문답속편

---

20 물속에 사는 동물을 통칭한다.

(朴趾源) · 이언진(李彦瑱) · 이덕무(李德懋) · 김기서(金箕書) · 정약용 (丁若鏞) 등이 다 그림으로 이름을 드러냈습니다.

여류로는 김씨(姜寅煥의 어머니, 영조 때)가 그림에 능하고 특히 포 도가 정교하였습니다. 또 아버지와 아들이 대를 잇는 경우를 보면, 윤용(尹熔)은 윤덕희의 아들, 이영상(李令翔)은 이광사의 아들, 김종 회는 김덕성(金德成)의 아들, 김용행(金龍行)은 김윤겸의 아들입니다.

순조 이후에는 세상의 흐름에 따라 화단의 침체가 두드러집니 다. 이지러진 달의 남은 빛을 발하는 자들로 정수영(鄭遂榮) · 김수 규(金壽奎) · 이의양(李義養; 1788~) · 신위(申緯; 1789~1847) · 김건종(金 建鍾) · 강이오(姜彝五; 1788~) · 김훈(金壎) · 조정규(趙廷奎; 1791~) · 유 최진(柳最鎭; 1791~) · 김양기(金良驥) · 조희룡(趙熙龍; 1797~) · 이재관 (李在寬; 小塘) · 방의용(方義鏞; 1805~) · 이교익(李敎翼; 1807~) · 이한철 (李漢喆; 1808~) · 허유(許維; 1809~1890) · 남계우(南啓宇; 1811~) · 백은 배(白殷培; 1820~) · 박기준(朴基駿) · 고진승(高鎭升; 1822~) · 전기(田琦; 1825~1854) · 유숙(劉淑; 1827~1873) · 조중묵(趙重默) · 유재소(劉在韶; 1829) 등이 있습니다.

여기에 억지로 등급을 붙인다면 이한철과 전기를 따로 뽑을 수 있습니다. 다만 분과적으로 특장을 발휘한 경향이 전에 비하여 현 저합니다. 신위의 대나무, 조정규의 어개, 김훈 · 이재관의 부처, 조 희룡의 매, 이한철과 조중묵의 인물, 허유의 묵화, 이교익 · 남계우 · 고진승의 호접(胡蝶),[21] 박기준의 선면(扇面),[22] 전기의 산수, 유숙 의 화조(花鳥) 등은 각각 최고의 경지를 보여준 것이었습니다.

이 기간의 새로운 경향으로 주의할 것은, 종래에는 서울 밖에서 는 거의 화인을 찾아볼 수 없었던 것이 조금 달라져서 지방의 여기

---

21 나비를 뜻한다.
22 부채 위에 그린 그림을 말하며, 선면화(扇面畵)는 동양화의 한 장르이다.

저기에 이름난 화인이 나타나게 되었습니다.

평양에서는 이팔룡(李八龍)이 나와서 중앙의 화원과 함께 정조의 어진을 그리는 데 참가한 특례가 있었고, 동시의 평양인으로 오상룡(吳祥龍)과 이관(李官) 등이 다 그림에 능하였습니다. 이관은 기성도(箕城圖)[23]의 창시자로 유명하였으며, 산수·영모에 능했던 조영승(趙永升; 1764)은 충주의 선비이고, 앞서 언급한 허유는 진도 사람이었습니다.

이 기간에 또 다른 새로운 경향은 첩실이나 기생들 사이에 그림 재주를 숭상하는 풍조가 나타난 것입니다. 신위의 『경수당집(警修堂集)』에 있는 김경혜(金景蕙; 權尙愼 의 첩)·진홍(眞紅; 竹石)·소미(小眉; 蘭) 같은 이들이 그것입니다.

이 시기 취미화 방면에는 김조순(金祖淳)·송상래(宋祥來)·김유근(金逌根)·김정희(金正喜)·정문승(鄭文升)·이조묵(李祖默)·이정민(李鼎民)·유본정(柳本正)·박규수(朴珪壽)·홍우길(洪祐吉)·신명연(申命衍) 등이 있습니다. 김정희는 그림 외에도 화론(畵論)에 높은 식견을 보였습니다. 부자가 화가인 경우로는, 김건종은 김득신의 아들, 김양기는 김홍도의 아들, 김하종은 김득신의 아들, 신명준은 신위의 아들, 이한철은 이의양의 아들이었습니다.

고종과 순종 때에는 홍세섭(洪世燮; 1832~)·장승업(張承業; 1843~1897)·양기훈(楊基薰; 1843~)·안건영(安健榮; 1844~)·배전(裵琠; 1842~)·우상하(禹尙夏)·유영표(劉英杓; 1852~)·조석진(趙錫晉; 1853~1920)·김응원(金應元; 1855~1921)·안중식(安中植; 1861~1910)·김규진(金圭鎭; 1870~1933)이 명가의 대열에 듭니다.

그 중의 큰 별은 장승업입니다. 여러 체에 모두 능통하였고, 그

---

23 기성(箕城)은 평양의 별칭이다. 시가지와 자연 환경을 그린 지도 산수체 그림으로, 연결식 병풍화로 꾸며진다.

필치는 남이 따라갈 수 없는 특징이 있습니다. 묘사의 정확성을 떠나 신운(神韻)을 서리게 하는 솜씨에 형언키 어려운 묘가 있어 이조 후기의 든든한 버팀목이 되기에 충분하였습니다.

특장으로는 양기훈의 노안(蘆雁)[24], 조석진의 기명절지(器皿折枝)[25], 김응원의 난을 들 수 있습니다. 취미화로는 이하응(李昰應: 대원군)·민영상(閔泳翔)의 난, 정학교(丁學敎)의 죽석(竹石), 오경석(吳慶錫)·이용림(李用霖)의 산수가 있습니다. 부자가 대를 잇는 경우로는 유숙과 아들 유영구가 있습니다.

「송하노승도」(호암미술관)
연도 미상의 장승업 작품이다.

지방의 화인들도 더욱 많아져 앞서 말한 배전은 김해, 우상하는 단천, 양기훈·김규진은 평양 화인입니다. 또 평양에는 이희수(李喜秀)·이경립(李慶立)이 있고, 대구에 정안복(鄭顔復)·서병건(徐丙建)이 있고, 전주에 조주승(趙周昇)이 있고, 동복[26]에 송수면(宋修勉)이 있는데, 대개 난죽(蘭竹)으로 이름을 얻었습니다.

이조 전기에 뒤로 내려올수록 명나라의 영향이 두드러졌던 것처럼, 후기에는 정조 이후부터 특히 문인화 방면에서 청나라 풍에 많이 물들게 된 것은 문물 교류상 당연한 일입니다. 특히 후기에 조

24 갈대가 우거진 곳에 내려앉은 기러기라는 뜻으로, 동양화에서 애용되는 소재이다.
25 그릇과 화초, 과일, 채소 등을 소재로 그린 그림이다. 정물화의 성격을 지니며 기명도(器皿圖)와 절지도(折枝圖)로 구분하기도 한다.
26 전라남도 화순 지역의 옛 명칭이다.

속·정선·김홍도·장승업을 그때그때의 한 매듭으로 하여 조선의 독특한 화법이 뚜렷이 성립된 것은 진역 회화사상에 꼭 기록되어야 할 사실입니다.

진역의 불화는 어떻게 성립하고 또 전승되었습니까

진역의 예술이 불교로 인하여 개발된 것은 가릴 수 없는 사실입니다. 회화만을 떼어서 보더라도, 삼국 시절의 회화란 것은 거의 불교 관계 그림에 한한다 하여도 과언이 아닙니다. 저 고구려 고분의 벽화 같은 것도 따지고 보면 불화의 한 곁가지쯤으로 보는 것이 타당할 것입니다. 또 내외 문헌에 전하는 이 시대의 화인들은 거의 다 불화를 그린 사람들이라는 것도 사실입니다.

그런데 이 불화의 배후에는 멀리는 그리스·로마·사라센·인도, 가깝게는 중국의 한·위·남북조를 종합한 전 세계의 기법이 있습니다. 유채(油彩: 주로 蜜陀僧), 요철법(凹凸法)처럼 동양 고대에 없던 요소가 연이어서 묻어 들어온 것이 문화사적으로 크게 흥미롭습니다. 송나라에서 유입된 고려 시대의 불화가 울지을승의 화법에서 나왔다고 송나라 사람이 지적한 것이 있습니다(『화감(畫鑒)』).

울지을승은 서역 우전국 사람으로 서역의 요철 화법을 당나라 초기에 수입하여 유명한 사람입니다. 그의 그림은 채색을 화지(畫紙) 위에 발라서 퇴기(堆起)시키는 것으로 사람의 주의를 끌었습니다. 고려 시대의 불화가 중국에서 소중히 여겨졌다는 것은 송대의 문헌에도 보였지만, 원대에 가끔 고려의 불화가 원나라로 건너간 일로도 짐작할 수 있습니다(『고려사』 충선왕 2년 12월, 충혜왕 2년 4월 참조).

이조에 들어와서는 불교 교단 안에 화원승(畫員僧)이라는 부서가 있어서 불보살신중탱화와 사찰 벽화와 불상 조성을 담당했습니다.

그 중에는 가끔 비범한 기량을 가진 이가 있었는데, 이러한 불화에는 아닌 게 아니라 서역 유래의 전통이 은은히 엿보입니다.

오랜 것은 찾아낼 수 없고, 숙종 때의 신민(信敏)과 제자 자우(慈雨), 영조 때의 유겸(有謙), 정조 때의 민관(敏寬)·상겸(尙謙)·설훈(雪訓)·봉현(奉絃)·상식(尙植)·계초(戒初)·풍계(楓溪) 등이 근세의 유명한 화원승이었습니다.

낙화란 무엇입니까

끝을 날카롭게 한 인두를 불에 달궈서 종이나 대나무 조각 등에 글씨나 그림을 검누르게 지져 내는 것을 낙필(烙筆) 또는 낙화(烙畵)라고 합니다. 옛날 것으로는 드러나는 게 없고, 중국에서는 명나라 말에 운남 무정에 무염(武恬)이라는 이가 그 지방의 특산물인 대나무 젓가락의 면(面)에 불로 동물·물고기·꽃·새·산수·인물·성문·누각 등을 그렸는데 정묘하기 짝이 없어 지방 관민이 중앙에 보내는 큰 선물감이 되었습니다.

도적떼가 운남에 들어와 무염의 젓가락 그림을 강요했으나 미친 체하고 응하지 않아서 세간에서 그를 무풍자(武風子)라고 불렀다고 왕사정(王士禎)이 지은 『지북우담(池北偶談)』이하 당시의 기록 가운데 많이 실려 전하고 있습니다.

조선에는 언제 어떻게 낙화가 시작되고 원류가 어떻게 전하였는지 자세하지 않습니다. 그러나 순조 때에 전라도 남원에 박창규(朴昌珪; 1783)라는 이가 있어, 사람은 못생긴 듯하지만 조각이 빼어나고 더욱이 낙죽(烙竹)에 오묘함을 얻었습니다.

서울의 재상들이 박창규를 데려다가 이집 저집 돌려서 기교한 물건들을 만드는데, 낙법(烙法)이 정밀하고 입신의 경지에 이르러 터럭만큼도 부족함이 없었다고 합니다. 그래서 나라 안의 낙화공들이 이 사람을 고금 제일이라고 쳤다 합니다. 그 뒤 이것을 대대로 업으로 하여 손자 박병수(朴秉洙)가 또한 서울 거리에 이름을 알렸습니다.

낙죽은 침통 · 칼자루 · 부채고리 · 담뱃대 · 죽침에 널리 사용되어서, 조그만 조각에 산수 · 누각 · 십장생을 그리기도 하고 「장한가(長恨歌)」[27] · 「적벽부」 등 장편 시문을 돌려쓰기도 하는데, 섬세하고 정교하며 농담(濃淡)이 자유자재였습니다. 지폭(紙幅)으로써 하는 것은, 작은 보벽화(補壁畵)[28]로부터 크게는 병풍에 이르기까지 무릇 화가가 하는 것은 모두 낙(烙)으로 못하는 것이 없었습니다.

낙화는 전라도가 주무대입니다. 대개 대나무가 많이 나고 담뱃대에 낙(烙)으로 문양을 장식하는 것이 생업이기 때문에 이 기술공의 전통이 그냥 지켜 나오는 것입니다.

근대의 서양화는 언제 어떻게 조선으로 들어왔습니까

근대의 서양화가 동양으로 전해진 것은 명나라 말에 예수회 선교사가 베이징에 들어와 천주교를 포교하면서 예수 기적도나 성모상 등을 이용한 데에서 비롯되니, 조선인이 서양의 화풍을 알게 된 것도 또한 이 때문이었습니다.

기록으로 증빙할 수 있는 것은, 병자란 후에 인조의 두 왕자가 인질로 선양(瀋陽)에 갔다가 1644년에 청나라 사람과 함께 베이징으로 들어가서 거소에 머무는 동안에 서양 선교사 아담 샬(Adam Schall)을 사귀어 천주당을 자주 찾아다녔고, 1645년에 돌아올 때는

---

27 중국 당나라 시인 백거이가 지은 서사적인 장가로, 현종과 양귀비의 비련을 4장으로 구성하여 읊었다.

28 벽에 걸린 서화를 말하며, 여기서는 작은 족자에 그려져 있는 그림을 의미하는 듯하다.

아담 샬이 교리와 학술에 관한 서책과 함께 천주상 한 폭을 주어서 가지고 돌아온 일이 있습니다. 이것이 아마 드러나게 서양화가 입국한 처음일까 합니다.

그때 베이징에는 명나라 말에 마테오리치가 처음 건설하였다는 천주당이 있었습니다. 천주교의 총본산인 그 건축의 아름답고 신기함과 설비의 황홀함이 유람하는 인사들의 이목을 놀라게 하였습니다. 그 뒤 교세의 발전과 함께 천주당도 점차 늘어나 동서남북 네 곳을 헤아리게 되었습니다. 선무문 안의 서천주당은 우리 사절단이 즐겨 찾아가서 풍금과 유리창 벽화의 기이함에 눈이 둥그레져서 오는, 유람하며 감상하기에 좋은 곳이었습니다.

이러한 그림은 벌써부터 기행문을 통하여 나라 안에 알려졌습니다. 정조 4년(1780)에 연운(燕雲)의 사이를 놀고 돌아온 박지원(朴趾源)이 『열하일기(熱河日記)』 중에 '양화(洋畵)'라는 제목을 달고

지금 천주당 안 담벼락과 천장 사이에 공중에 떠 있는 인물을 그렸는데, 지혜와 사려가 도를 헤아릴 수 없고 또 언어와 문자로 표현할 수 없다.

라 하고서 원근법 · 요철법 · 음영법 · 투시법 등을 야단스럽게 극구 칭찬하였습니다. 그 뒤로 일반인들의 서양화에 대한 흥미는 와짝 높아졌습니다.

이어 베이징으로부터 들어오는 실물을 보고 관심 있는 사람은 그 까닭에 대하여 더러 연구 해석을 시도하기도 했습니다. 이규경의 『오주연문전장산고』 권54 「엄화약수변증설(罨畵藥水辨證說)」에

베이징에서 유래한 이른바 양화(洋畵)라는 것은 도수(度數)와 경모(鏡摸)[29]를 갖추고 있어서 진짜 모습과 같고 움직임이 살아있는 듯하였다.

그림 위에는 다시 약물을 발랐는데, 유리를 덮은 것처럼 영롱하고 맑아서 색상이 그림 밖으로 돌출하게 하여 보는 사람이 망연자실하여 진짜인지 가짜인지 분별하기 어렵게 하였다. 그 약물이 무슨 물건인지는 모르겠지만 우뭇가사리 등의 종류를 달인 즙 같은 것으로 여러 차례 덮었기 때문인 것 같다.

라 한 것이 그 이야기입니다.

한편으로 청조에서는 강희·건륭 이후에 서양인 화가인 낭세녕(郎世寧)·예계몽(艾啓蒙)·마국현(馬國賢) 류가 화원으로 일했고, 또 화원 중에서도 초병정(焦秉貞)·냉매(冷枚)·당대(唐岱)·진매(陳枚)·나복민(羅福旼)·문응조(門應兆) 등은 다 서양화법을 써서 한 치 한 자의 작은 종이에 군산만학(羣山萬壑)을 그릴 수 있었습니다.

특히 초병정의 「경직도(耕織圖)」 46폭은 서양 투시법으로 그린 가장 유명한 그림인데, 이런 것들이 나라 안으로 유입되어 저절로 우리 화가에게 영향을 주지 않을 수 없었습니다. 약간의 필법을 차용한 것은 말할 것도 없고, 세간에서 김홍도의 작품으로 잘못 전하는 「투견도」 단폭(덕수궁 박물관 소장, 실상 작자는 알 수 없음)은 서양화의 음영법을 그대로 쓴 사실적 걸작으로 유명합니다.

고종 개국 이후에 서양화 실물이 많이 유입되었을 텐데 그 사실을 찾아내기는 어렵습니다. 광무 2년(1898)에 한성 종현에 천주교당(뾰족집)이 서고, 우리 선조들이 베이징에나 가서 구경하던, 아름답고 기이하며 장엄한 종교화를 우리 땅에서 누구나 관람할 수 있게 된 것은 진역의 서양화 유통사상에서도 대단한 일이었습니다.

이듬해인 광무 3년 7월에 미국의 화가 보스[30]란 사람이 유람하

---

29 거울로 비친 듯 사실적(寫實的)이라는 의미인 듯하다.
30 허버트 보스(Hubert Vos)는 네덜란드 태생의 미국인 화가로, 한국에 최초로 유화 기법을 소개하였다.

다 도중에 서울에 들어왔는데, 미국 공사의 소개로 황제(고종)의 어진과 황태자(순종)의 예진(睿眞)을 그리게 하여 초순경에 마치고 간 일이 있습니다. 이는 실로 조선에 서양화가 실제로 진출한 일대 사건입니다. 그 보수가 일만 원이었다 해서 당시에 큰 화젯거리였습니다.

1. 간행 경위

『조선상식문답속편』은 『조선상식문답』과 한 쌍을 이루는 것으로 말 그대로 『조선상식문답』의 속편이다. 1946년 『조선상식문답』이 출간된 후 막대한 부수로 팔리자 속편을 만들어 달라는 요구가 높아 이 책을 쓰게 되었다고 『조선상식문답속편』 서문에서 밝히고 있다. 아울러 『조선상식문답속편』은 학술·문예 분야를 중심으로 고급문화에 대한 내용으로 구성하여 『조선상식문답』보다는 어려워졌다고도 하였다. 이 책은 『조선상식문답』이 나온 이듬해인 1947년에 동명사에서 출간되었다.

『조선상식문답속편』도 『조선상식문답』과 마찬가지로 한국에 대한 제반 지식을 널리 알리려는 목적으로 집필되었다. 1937년 1월 30일부터 9월 22일까지 160회에 걸쳐 『매일신보』에 16편 456항목의 「조선상식」이 연재되었는데, 이 원고를 토대로 하여 『조선상식문답』이 먼저 출간되고 이듬해에 『조선상식문답속편』이 출간되었다.

『조선상식문답』과 『조선상식문답속편』에 이어 1948년에는 『조선상식-풍속편』, 『조선상식-지리편』, 『조선상식-제도편』 3책이 출간되었는데, 이 3책은 앞서의 두 책보다 전문적이고 학술적인 내용을 담고 있다. 정리하자면 『매일신보』에 연재된 「조선상식」을 토대로 하여 『조선상식문답』(1946), 『조선상식문답속편』(1947), 『조선상식』(1948)의 풍속편, 지리편, 제도편의 3책이 차례로 출간되었던 것이다.[1]

일련의 '조선상식' 시리즈 출간에서 나타나는 것처럼 해방 후 최남선은 자신의 저술을 단행본으로 출판하는 일에 주력하고 있었다. 『국민조선역사』, 『조선독립운동사』, 『쉽고 빠른 조선역사』, 『성인교육 국사독본』, 『중등국사』, 『조선의 고적』, 『조선의 산수』 등을 연이어서 냈는데, 이러한 출간물은 해방 후에 새로 쓴 글도 있고 일제 시기에 쓴 원고를 단행본으로 묶거나 복간한 것도 있다. 『조선상식문답속편』은 『매일신보』에 연재된 「조선상식」을 바탕으로 하고 있어도 새로운 형식으로 재구성되어 출간되었다.

2. 구성과 내용

『조선상식문답속편』은 총 8장 110항목으로 되어 있다. 원래의 『조선상식문답속편』은 『조선상식문답』의 10개 장의 속편이어서 제11장부터 시작하나 본 책에서는 일련번호를 새로 시작하였다.

---

1 『조선상식』 3책의 구성은 다음과 같다. 풍속편은 ① 세시류, ② 의례류, ③ 유희류, ④ 의복류, ⑤ 음식류로 구성되었고, 지리편은 ① 지문류, ② 산악류, ③ 강해류, ④ 인문류, ⑤ 국호류로 구성되었고, 제도편은 ① 내직류, ② 외임류, ③ 무관류, ④ 과거류, ⑤ 관방류로 구성되었다. 이 3책은 그 전문성으로 인해 한국학 자료로 널리 애용되었고, 1953년 국문사에서 합편하여 1책으로 내었고 1997년에도 민속원에서 합편하여 1책으로 낸 바 있다.

과학, 문학, 도서, 금석, 음악, 연극, 서학, 미술의 총 8개의 장을 두고 그 아래에 110항의 문답 항목을 두었다. 제8장 〈미술〉은 회화만 다루고 있는데, 원래는 회화, 조각, 건축, 공예 등으로 '미술'을 구성하려고 했으나 지면이 한정되어 회화만 다루었다고 저자가 서문에서 밝히고 있다.

제1장 〈과학〉에서는 자연 과학에 관한 것들을 다룬 장으로, 한국 과학사를 압축적으로 서술하였다. 고대 천문학을 비롯하여 조선 시대 천문학의 발달과 각종 관측 기기, 의학의 발달과 각종 의학서 편찬, 서양 의학의 전래와 보급, 농학의 발달 등에 대해 14항목으로 서술하였다.

제2장 〈문학〉은 한국 문학사의 정리라고 할 수 있다. 문학의 기원, 신라 고유의 문학 형식으로서의 도솔가와 향가, 고구려 · 백제의 가요, 고려의 시가, 조선의 시조 · 가사 · 잡가 · 판소리 · 소설 등 국문학의 발달, 그리고 한문학의 발달과 서양 문학의 전래 등에 대해 19항목으로 서술하였다.

제3장 〈도서〉과 제4장 〈금석〉은 합쳐서 우리나라 문헌학에 대한 정리라 할 수 있다. 통상 문헌학에서의 문헌은 활자화된 문헌만을 의미하는 것이 아니라 금석(金石) 등에 기재된 문자들까지 포함하여 전적(典籍), 서적(書籍), 서책(書册), 도서(圖書), 금석(金石) 등을 두루 포함한다. 우리나라 문헌학의 역사를 〈도서〉 8항목과 〈금석〉 13항목으로 나누어 서술했다고 할 수 있다.

제3장 〈도서〉에서는 가장 오래된 저술로 실전된 고구려의 『유기』, 백제의 『서기』 등을 들고, 현존하는 저술로는 『삼국사기』와 『삼국유사』를 비교 설명하였다. 최대의 저술로는 원효의 백부논주(百部論主), 세종 때의 『의방유취』, 고종 때의 『증보문헌비고』, 최한기의 『명남루집』 등을 들었다. 특히 세조 때 간행하려다가 못한 '제서유취(諸書類聚)'가 완성되었다면 명의 『영락대전』을 능가했을 것

이라고 하여 아쉬움을 나타냈다. 각판(刻板)도 도서에 포함되었는데, 우리나라 최대의 각판으로 고려 때 간행된 『팔만대장경』을 들고 있다.

제4장 〈금석〉에서는 우리나라 금석학사가 정리되었다. 금속이나 돌에 문자 또는 그림을 조각한 것을 금석문, 이러한 금석문을 역사학·고고학·문자학의 보조 학문으로 삼는 것을 금석학이라 한다고 정의하고, 금석문을 금문(金文)과 석문(石文)으로 구분하였다. 우리나라에 있는 가장 오래된 석문으로 낙랑군 때의 점제현 신사비를 들고 있고, 우리나라 사람이 지은 가장 오래된 석문으로는 광개토대왕비를 들고 있다. 이외에 신라 진흥왕 순수비, 백제 정림사지 오층석탑비, 신라 최치원의 사산비명(四山碑銘), 신라 낭공대사백월서운탑비, 조선 성종 때 세워진 대원각사 비 등을 대표적인 석문으로 꼽고 있다.

제5장 〈음악〉에서는 한국 음악사를 개관, 정리하였다. 고대 음악의 기원, 고대에 전래된 외국 음악, 고구려·백제·신라의 음악 등을 서술하고, 고대의 악기로 거문고·가야금·공후에 대해 서술하였다. 고려는 당악·속악·아악이 제도적으로 안착되는 과정을, 조선은 세종 때의 아악 정리를 필두로 하여 성종 때 완성된 것으로 보고 『악학궤범』을 중심으로 서술하였다. 『악학궤범』 이후의 정악은 영조 때의 '대악전후보(大樂前後譜)'로 정리되었다고 하였다. 삼현육각 등 악기에 대한 설명도 상세하고, 농악, 서양 음악의 전래와 보급에 대해서도 서술하였다. 제5장 〈음악〉에는 총 18항목이 설정되었는데, 항목도 많지만 분량도 상당하여 이 분야에 대한 저자의 관심과 해박함을 보여주고 있다.

제6장 〈연극〉에서는 희(戱)와 극(劇)에서 유래된 연극은 우리말로는 '노릇'이라 한다 하여 용어부터 정리한 후 우리나라 연극에 대해 12항목에 걸쳐 서술하였다. 전통 시대의 연극은 무악(舞樂)으

로부터의 분화가 확실하지 않아 무악과 희곡의 경계가 명백하지 않다고 하였는데, 이러한 특성상 〈연극〉의 일부 내용은 제2장 〈문학〉과 제5장 〈음악〉과 겹치고 있다.

연극의 기원은 고대의 제례에 있으며 '노릇', '짓', '짓거리'라는 말이 그 흔적이라 하였다. 신라의 극은 『삼국유사』, 고구려의 극은 중국 정사, 백제의 극은 일본 자료에서 그 원형을 찾을 수 있다 하였고, 특히 사선악부(四仙樂部), 향악, 처용무 등 신라의 극에 대해 상세히 서술하고 있다. 고려 시대의 희극, 조선 시대 희극에 많은 분량이 할애되었고, 희극의 종류로 나례(儺禮), 덧보기, 꼭두각시, 사지춤, 창극, 희대(戲臺), 화산대(火山臺) 등에 대해 구체적으로 상술하였다.

제7장 〈서학〉에서는 서예에 대해 15항목에 걸쳐 서술하였다. 중국 문화권에서 글씨는 단순한 도구가 아닌 예술임을 지적하면서 동양 예술사에서의 서예의 의의를 여러 인용을 들어 밝혔다. 가장 오래된 서체로는 고구려 광개토대왕비와 모두루 묘지, 신라 진흥왕비의 서체를 들고 있다. 고려 시대의 경우 전기는 구양순체가, 후기는 왕희지체가 유행했다 하면서 대표작들을 서술하였다. 조선 시대의 경우 전기는 조맹부체, 후기는 왕희지체가 유행하다가 김정희에 이르러 독특한 경지를 개척하였다고 하였다. 중국의 영향을 받는 서예라 해도 우리나라에서 독자적으로 개발된 서체에 주목하여 이에 관한 항목을 별도로 설정하였다.

제8장 〈미술〉에서는 회화에 대한 서술이다. 앞서 언급한 대로 원래는 조각, 건축, 공예까지 포함하여 공간 미술 전체를 다룰 계획이었으나 회화만 11항목에 걸쳐 서술되었다. 원시 시대 회화로는 웅기 조개무지 출토 토호, 낙랑 고분 출토 칠기에 새겨진 그림을 들고 있다. 고구려의 회화는 고분 벽화와 담징의 호류사 벽화에 대해 상술하였다. 백제와 신라의 회화는 간략한 편이고, 고려와 조선의 회화는 상세하게 서술하였다. 고려의 대표적 화가로는 이녕, 이광

필, 공민왕 등을 들고 있다. 회화는 조선 시대에 발전한 것으로 보고, 안견 · 최경 · 강희안을 조선 전기의 3대 화가로, 조석 · 정선 · 김홍도 · 장승업을 조선 후기를 대표하는 화가로 꼽고 있다. 이외 불화(佛畵), 낙화(烙畵), 서양화의 전래에 대해서도 서술하였다.

3. 의의

『조선상식문답』이 간명함을 특징으로 하고 있다면, 『조선상식문답속편』은 최남선의 박람강기(博覽强記)가 여실히 드러난 저술이라고 할 수 있다. 과학, 문학, 문헌학, 금석학, 음악학, 연극학, 서예학, 미술학 등 각종 분야에 대한 그의 해박함이 동서고금을 넘나들며 펼쳐져 있다. 그러면서도 문답 형식을 취해 난해한 내용들이 요령 있게 전달되고 있다.

목차 구성을 『조선상식문답』과 비교해 봐도, 『조선상식문답』이 국호 · 지리 · 물산 · 풍속 · 명절 · 역사 · 신앙 · 유학 · 종교 · 어문 등으로 개괄적인데 반해 『조선상식문답속편』은 보다 전문적이고 학술적이다. 『조선상식문답속편』의 각장은 한국 과학사, 한국 문학사, 한국 문헌학사, 한국 음악사, 한국 연극사, 한국 서예사, 한국 회화사 등으로 분책할 수 있을 만큼 내용이 전문적 · 학술적이고, 그러면서도 그 부문의 연원, 발달, 영향 등이 종횡으로 짜임새 있게 서술되어 있다.

『조선상식문답』은 첫 출간 이후 세월이 상당히 흐른 후에도 여러 번 간행되어 보급되었으나, 『조선상식문답속편』은 『조선상식문답』만큼 재발간되지는 않았다. 최남선 자신이 서문에서 표현한 대로 "내용이 고급 문화에 관한 것인 만큼 어쩔 수 없이 서술 방법과 표현 문투가 전편보다 좀 어려워졌다."는 것이 이유이지 않은가 한다. 그러나 한국학에 대해 보다 상세한 지식을 필요로 하는 독자들에게는 『조선상식문답속편』이 매우 유용할 것으로 본다.

사실 최남선의 '조선상식' 시리즈는 한국학에 대한 전문적인 관심을 가진 사람들에게 많이 이용되어 왔다. 그러나 출전을 밝히지 않고 인용하는 경우가 허다했다. 『조선상식문답속편』도 그런 대표적 예의 하나이다. 이번 『조선상식문답속편』의 출간을 계기로 인용 출처가 분명해졌으면 하고, 또한 널리 읽힘으로써 그 자체로 '한국학백과사전'이라 할 만한 최남선 학문의 넓이와 깊이를 실감하게 되기를 바란다.

최남선 한국학 총서를 내기까지

　현대 한국학의 기틀을 마련한 육당 최남선의 방대한 저술은 우리의 소중한 자산이다. 그러나 세월이 상당히 흐른 지금은 최남선의 글을 찾아보는 것도 읽어내는 것도 어려워졌다. 난해한 국한문 혼용체로 쓰여진 그의 글을 현대문으로 다듬어 널리 읽히게 한다면 묻혀 있던 근대 한국학의 콘텐츠를 되살려 현대 한국학의 발전에 기여할 것이었다.

　이러한 취지에 공감하는 연구자들이 2011년 5월부터 총서 출간을 기획했고, 7월에는 출간 자료 선별을 위한 기초 작업을 하고 해당 분야 전공자들로 폭넓게 작업자를 구성했다. 본 총서에 실린 저작물은 최남선 학문과 사상에서의 의의와 그 영향을 기준으로 선별되었고 그의 전체 저작물 중 5분의 1 정도로 추산된다.

　2011년 9월부터 윤문 작업을 시작했고, 각 작업자의 윤문 샘플을 모아 여러 차례 회의를 통해 윤문 수위를 조율했다. 본격적인 작업이 시작된 지 1년 후인 2012년 9월부터 윤문 초고들이 들어오기 시작했고 이를 모아 다시 조율 과정을 거쳤다. 2013년 9월에 2년여에 걸친 총 23책의 윤문을 마무리했다.

　처음부터 쉽지 않은 작업이리라 예상했지만 실제로 많은 고충을 겪어야 했다. 무엇보다 동서고금을 넘나드는 그의 박학함을 따라가는 것이 쉽지 않았다. 현대 학문 분과에 익숙한 우리는 모든 인문학을 망라한 그 지식의 방대함과 깊이, 특히 수도 없이 쏟아지는 인용 사료들에 숨이 턱턱 막히곤 했다.

　최남선의 글을 현대문으로 바꾸는 것도 쉽지 않았다. 국한문 혼용체 특유의 만연체는 단문에 익숙한 오늘날 독자들에게는 익숙하지 않았다. 그렇다고 문장을 인위적으로 끊게 되면 저자 본래의 논지를 흐릴 가능성이 있었다. 원문을 충분히 숙지하고 기술상 난해한 부분에 대해서는 수차의 토의를 거쳐 저자의 논지를 쉽게 풀어내기 위해 고심했다.

　많은 난관에 부딪쳤고 한계도 절감했지만, 그래도 몇 가지 점에서는 이 총서의 의의를 자신할 수 있다. 무엇보다 전문 연구자의 손을 거쳐 전문성을 확보했다는 것이다. 특히 최남선의 논설들을 현대 학문의 주제로 분류 구성한 것은 그의 학문을 재조명하는 데 도움이 될 것으로 본다. 또한 이 총서는 개별 단행본으로 구성되었다는 것이다. 총서 형태의 시리즈물이어도 단행본으로서의 독립성을 유지하여 보급이 용이하도록 했다. 우리들의 노력이 결실을 맺어 이 총서가 널리 읽히고 새로운 독자층을 형성하게 된다면 더 바랄 나위가 없겠다.

2013년 10월
옮긴이 일동

이영화

서강대학교 사학과 졸업
한국학중앙연구원 한국학대학원 역사학과 졸업(문학박사)
현 데이터밸류 소장

• 주요 논저
『최남선의 역사학』(2003)
『테마로 읽는 우리 역사』(2004)
『영토한국사』(공저, 2006)
「북한 역사학의 학문체계와 연구동향」(2007)
「일제시기 단군을 둘러싼 한일간의 공방」(2010)

최남선 한국학 총서 23

조선상식문답속편

초판 인쇄 : 2013년 10월 25일
초판 발행 : 2013년 10월 30일

지은이 : 최남선
옮긴이 : 이영화
펴낸이 : 한정희
펴낸곳 : 경인문화사
주　소 : 서울특별시 마포구 마포동 324-3
전　화 : 02-718-4831~2
팩　스 : 02-703-9711
이메일 : kyunginp@chol.com
홈페이지 : http://kyungin.mkstudy.com

값 19,000원
ISBN 978-89-499-0990-5　93910
ⓒ 2013, Kyung-in Publishing Co, Printed in Korea